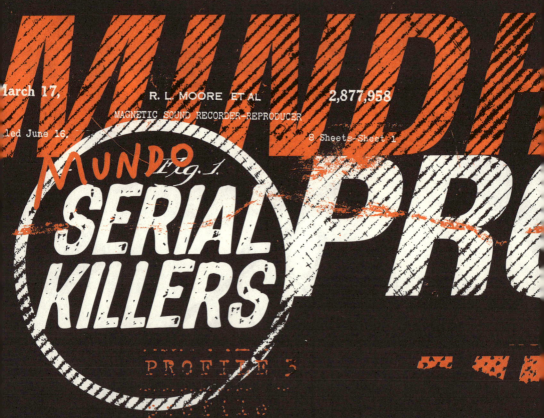

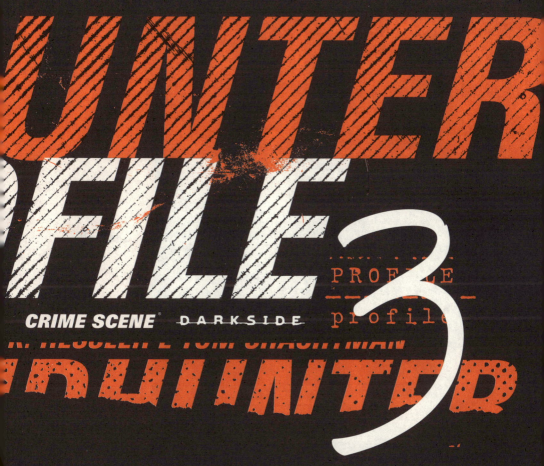

CRIME SCENE
DARKSIDE

KILLER BY DESIGN
Copyright © 2021 by Ann Wolbert Burgess

Tradução para a língua portuguesa
© Monique D'Orazio, 2024

Diretor Editorial
Christiano Menezes

Diretor Comercial
Chico de Assis

Diretor de Novos Negócios
Marcel Souto Maior

Diretora de Estratégia Editorial
Raquel Moritz

Gerente Comercial
Fernando Madeira

Gerente de Marca
Arthur Moraes

Editora Assistente
Jessica Reinaldo

Capa e Projeto Gráfico
Retina 78

Coordenador de Diagramação
Sergio Chaves

Designer Assistente
Jefferson Cortinove

Preparação
Lucio Medeiros

Revisão
Renato Ritto
Luciana Kühl
Retina Conteúdo

Finalização
Roberto Geronimo

Marketing Estratégico
Ag. Mandíbula

Impressão e Acabamento
Gráfica Geográfica

DADOS INTERNACIONAIS DE CATALOGAÇÃO NA PUBLICAÇÃO (CIP)
Angélica Ilacqua CRB-8/7057

Burgess, Ann Wolbert
  Mindhunter Profile 3 / Ann Wolbert Burgess ; tradução de Monique D'Orazio. – Rio de Janeiro : DarkSide Books, 2024.
  416 p.

  ISBN: 978-65-5598-439-2
  Título original: A Killer by Design

  1. Criminosos 2. Psicologia 3. Investigação criminal 4. Ciência forense I. Título II. D'Orazio, Monique

23-3672   CDD 364.152

Índice para catálogo sistemático:
1. Criminosos

[2024]
Todos os direitos desta edição reservados à
DarkSide® *Entretenimento* LTDA.
Rua General Roca, 935/504 – Tijuca
20521-071 – Rio de Janeiro – RJ – Brasil
www.darksidebooks.com

ANN WOLBERT BURGESS E STEVEN MATTHEW CONSTANTINE

MINDHUNTER PROFILE 3

Mundo Serial Killers

TRADUZIDO POR MONIQUE D'ORAZIO

ANN WOLBERT BURGESS E STEVEN MATTHEW CONSTANTINE

PROFILE 3

CRIME SCENE
DARKSIDE

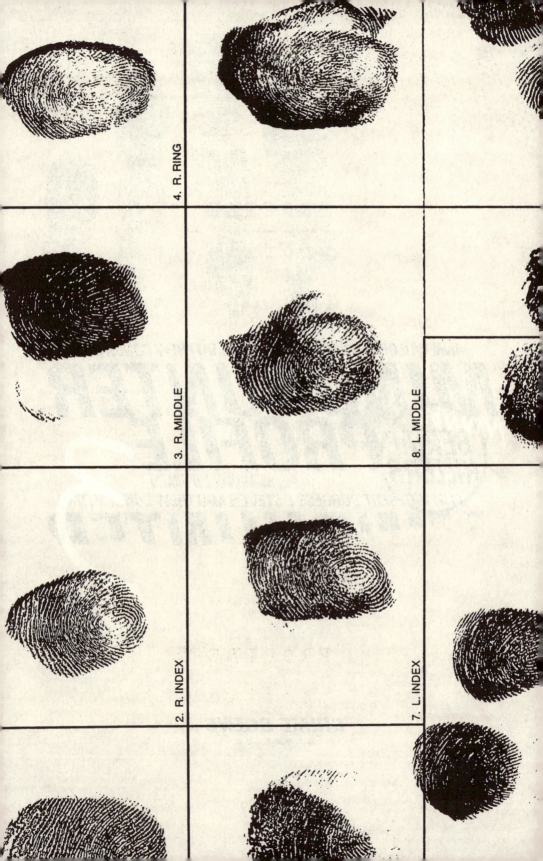

Em memória de
Robert Kenneth Ressler
Robert Roy Hazelwood
Lynda Lytle Holmstrom

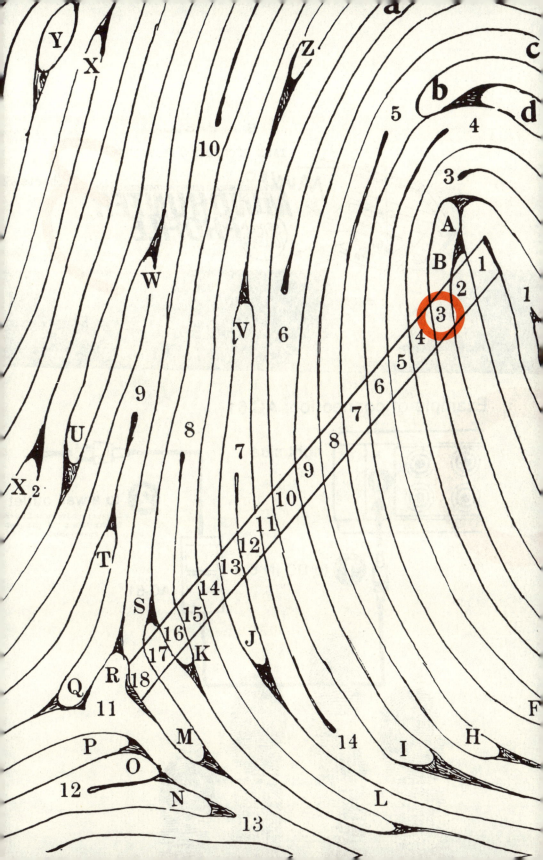

MUNDO MINDHUNTER PROFILE
SERIAL KILLERS
ANN WOLBERT BURGESS E STEVEN MATTHEW CONSTANTINE

3

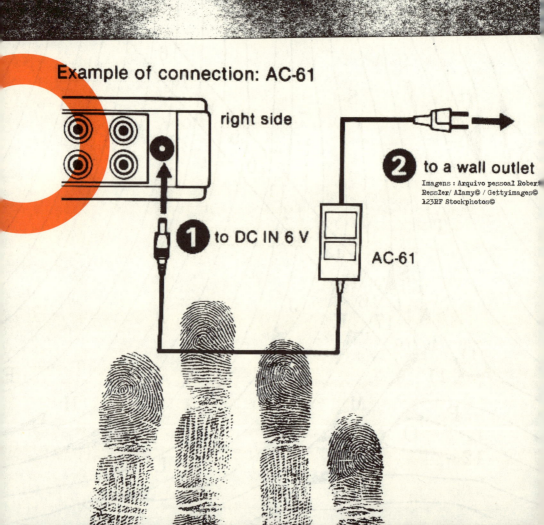

Imagens: Arquivo pessoal Robert Ressler/ Alamy© / Gettyimages© 123RF Stockphotos©

Nov. 16, 1965   S. L. PASTOR   3,218,397
TAPE RECORDER APPARATUS

Filed March 11, 1960   7 Sheets-Sheet 1

Inventors.
Robert L. Moore.
Sheldon Lee Pastor
By Kabd, Baker, York, Jones & Glithmar
Attorneys.

SUMÁRIO

NOTA DA AUTORA .15
INTRODUÇÃO .19
01. FBI CHAMA .28
02. ABRIGO SECRETO .54
03. PERFILANDO .78
04. EM CENA .102
05. MULHER FATAL .122
06. PEQUENA MISSY .154
07. VITIMOLOGIA .180
08. ROSTO OCULTO .196
09. SEM RECEITA .220
10. CONVERSA REAL .230
11. FANTASIA BRUTAL .252
12. TERCEIRO ATO .270
13. MÍDIA ALIADA .294
14. TORTURA E CAOS .308
15. QUEDA LIVRE .326
16. GRANDE ABISMO .342
17. MONSTRO INTERIOR .372
AGRADECIMENTOS .392
FONTES .396
ÍNDICE REMISSIVO .400

PE SELECT
ording to the
in the tape list.

❷

❶ Open the casset
compartment lid
the cassette pro
Close the lid.

Side to be recorded face
Tape surface is forwards.

ing with the
process, set the
switch to ON.
ing without the
process, set it

❸

❺ Depress the REC
button.

For connections, se

the tape, press
P button.

❽

❻ Set the recordin
referring to "To
recording level"

g the RECORD
ssed, depress
on. Recording

❼

❹ Set the LIMITER
to OFF.

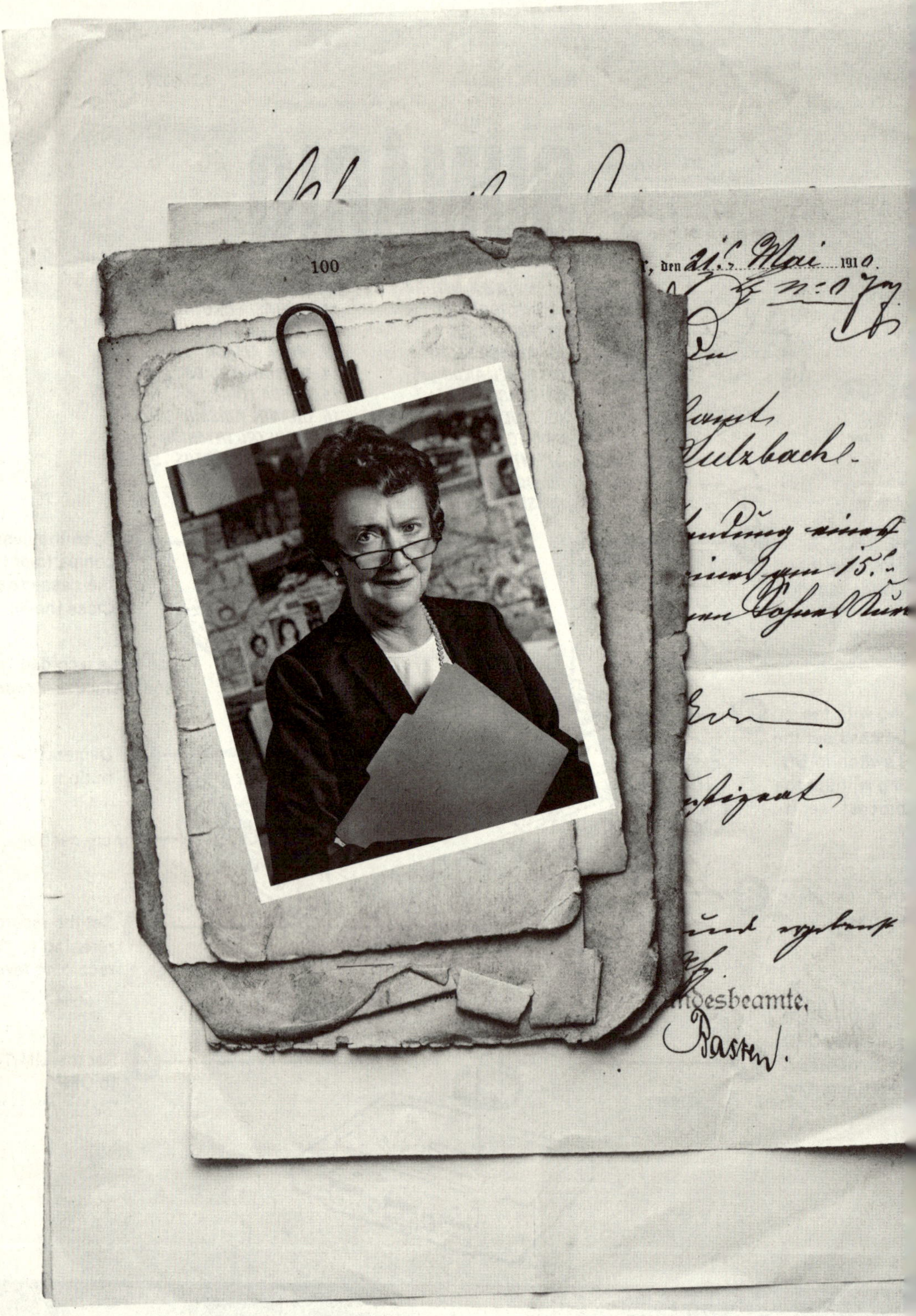
100
den 21. Mai 1910.
Sulzbach

NOTA DA AUTORA

Alerta de gatilhos: violência, assassinato, sequestro, agressão sexual, violência doméstica (incluindo contra crianças e animais), machismo/misoginia, racismo, saúde mental. Observe que este livro é um relato do meu trabalho interagindo com agentes da lei, vítimas de crimes perturbadores e criminosos violentos. As conversas apresentadas neste livro provêm de transcrições e gravações de eventos reais, da forma como realmente aconteceram. No entanto, nos casos em que os registros estavam indisponíveis, relatei conversas com base na documentação contextual e no melhor da minha memória. Ainda que alguns relatos desçam às minúcias desconfortáveis, não há neles nenhum sensacionalismo ou enfeites intrigantes. Fiz questão de permanecer fiel à realidade dos eventos conforme ocorreram — para, assim, não minar a verdadeira natureza dos crimes ou do trauma que infligiram. É minha mais sincera esperança que este livro recorde a todos nós de nunca nos esquecermos das vítimas. Espero também que ajude a honrar e lembrar aqueles cujas narrativas aparecem em suas páginas.

Carl Jung Conhecer o seu Pr...

CARL

Conhecer o seu pr

é a melhor. ma

o lado sombrio d

JUNG

"Conhecer o seu próprio lado sombrio é a melhor maneira de lidar com o lado sombrio das outras pessoas."

— CARL JUNG

INTRODUÇÃO

Começa com um teste.

Uma a uma, examinei as fotos espalhadas na mesa à minha frente. Estavam divididas em três conjuntos, cada um deles uma coleção forense padrão: planos gerais, planos médios e close-ups. No primeiro conjunto, intitulado "Danny 9.21", a imagem retratada em plano aberto pintava uma cena quase idílica na tranquila zona rural de Nebraska. No entanto, a paisagem só estava ali para contextualizar. A imagem principal das fotos era o pequeno corpo escondido dentro delas, parcialmente coberto por mato alto que crescia ao longo de uma estrada não pavimentada. As fotos em plano médio eram ainda mais perturbadoras. Estas retratavam a vítima masculina sem vida — uma criança ou adolescente — curvada para trás como um amontoado não natural. Com pulsos e tornozelos amarrados com cordas, ele estava nu, exceto por uma cueca azul-marinho. Os close-ups se concentravam no corpo mutilado do menino: o esterno dilacerado por um caos de facadas, uma laceração profunda cruzando horizontalmente a nuca, o cabelo emaranhado de terra e sangue seco. Havia moscas por toda parte.

Ao colocar essas fotos de volta na mesa e pegar a pilha seguinte, "Christopher 12.5", fui acometida por uma sensação de *déjà vu*. Essas fotos, tiradas no dia anterior, mostravam a continuação de um padrão. Retratavam uma segunda vítima do sexo masculino, indistinguível em idade e aparência da primeira, cujo corpo havia sido encontrado no mesmo local remoto do interior de Nebraska que o de "Danny 9.21". As semelhanças eram impressionantes. Nesse cenário, no entanto, o outono havia progredido para inverno e, ao inspecionar de perto as imagens em plano médio, pude ver uma fina camada de neve cobrindo a pele pálida do menino — apenas o suficiente para ocultar seus ferimentos e as feições de seu rosto, o que lhe emprestava um ar de manequim. Close-ups revelavam poças de sangue congelado delineando a cabeça e o abdômen da vítima. As duas fotos da autópsia — bem iluminadas e nitidamente focadas no pequeno corpo estendido sobre a mesa de exame — eram ainda mais arrepiantes. A primeira mostrava uma incisão profunda na qual uma faca havia sido pressionada na nuca da vítima para realizar um corte em curva, no sentido anti-horário, por vários centímetros, da orelha direita até imediatamente abaixo do queixo. A segunda se concentrava em sete lacerações ao longo da barriga e do peito. Era difícil dizer se esses cortes eram aleatórios ou se possuíam a intenção de transmitir algum tipo de significado.

Respirei fundo para organizar os pensamentos naquela manhã de dezembro. Era o início dos anos 1980, e eu estava ao lado de cinco investigadores em uma grande sala de conferências subterrânea conhecida como "o abrigo antiaéreo", no coração da Academia do FBI em Quantico, Virgínia. Não havia fotos nas paredes, nem telefones, nem distrações. A única janela era um pequeno quadrado de vidro reforçado com arame que dava para escritórios vazios e um corredor vazio. Essa era uma área de Quantico que poucas pessoas conheciam. Pertencia à Unidade de Ciências Comportamentais (BSU, na sigla em inglês, para Behavioral Science Unit) do FBI, e nosso isolamento era um lembrete diário da natureza controversa de nosso trabalho. Caçávamos assassinos em série. Nosso trabalho era estudá-los, aprender como pensavam e encontrar maneiras de capturá-los o mais rápido possível. Fazíamos isso empregando uma nova técnica chamada "criação de perfis criminais" — um procedimento que, na época, todos os nossos colegas do Bureau avaliavam com vários graus de ceticismo ou desprezo. Porém, as críticas não importavam, apenas os resultados. E estávamos determinados a provar o quanto nossa abordagem poderia, de fato, ser eficaz.

Criar um perfil criminal era o motivo pelo qual todos havíamos nos reunido naquela manhã de inverno. O agente especial Robert Ressler estava trabalhando em um caso urgente em Nebraska e, na noite anterior, enviara a cada um de nós, da pequena equipe da BSU, um fax com o resumo da investigação, além de se articular para que a sala fosse montada e estivesse pronta para a ação até o momento de chegarmos, antes de o sol nascer. Aguardávamos o próprio Ressler aparecer. E enquanto esperávamos, nos mantivemos ocupados com os vários documentos que se estendiam sobre a mesa enorme à nossa frente. Havia arquivos de casos, relatórios de autópsias, depoimentos de testemunhas, retratos falados, listas de suspeitos e a coleção de fotos forenses que eu segurava em minhas mãos. O conjunto todo era, em partes iguais, horripilante e impressionante.

Pelo menos para mim era assustador. Porque, apesar de fazer parte da BSU havia vários meses, e apesar do papel de liderança que eu assumira no desenvolvimento das metodologias centrais de elaboração de perfis criminais, os policiais me mantinham a certa distância. Não sabiam como me encaixar naquilo tudo. Eu havia sido trazida como uma especialista em vitimologia e crimes sexuais violentos — algo pelo qual sabia que meus colegas me respeitavam —, contudo ainda me viam como uma estranha, uma caixinha de surpresas, um tipo de recurso quebre-o-vidro-em-caso-de-emergência. Podia ser uma especialista, mas não uma investigadora. E era isso que tornava a sessão daquela manhã tão importante. Era a primeira reunião de uma investigação em curso a qual me pediam para comparecer. Estava sendo testada, desejavam ver se eu conseguiria lidar com o trabalho ao lado dos agentes como um membro de seu círculo íntimo. Para mim, a sessão já havia começado.

Também havia outros fatores em jogo. Eu não só integrava a equipe durante o processo investigativo pela primeira vez como também tinha que lidar com o fato de ser a única mulher na BSU e uma das poucas na

polícia, que é um ambiente em geral dominado por homens de Quantico. Eu podia sentir o quanto minhas ações eram atentamente observadas. Mentiria se dissesse que de vez em quando não ficava desconfortável por ter que enfrentar essa situação. Tudo o que buscava era uma oportunidade de provar o meu valor. Já tinha visto os bastidores de uma das agências mais fechadas do mundo e estava pronta para deixar minha marca.

A realidade é simples. A partir do momento em que você entra pelas portas do FBI, o Bureau a observa para ver se você vai fraquejar. O recrutamento pode se dar em razão de suas habilidades, talentos e pontos fortes, mas a avaliação é feita com base nas suas falhas. Essa é a cultura que predomina. De certa forma, é difícil e redutiva — essa técnica de avaliar as pessoas com base em sua probabilidade de fracassar —, mas é eficaz. E aqueles que permanecem, que persistem em atravessar uma onda de provação provocada por uma pressão avassaladora, passam por uma iniciação. E se tornam necessários. Recebem um encargo que, espera-se, devem executar com excelência. Fora assim para os cinco agentes ao meu lado naquela manhã, e isso era tudo o que queria para mim.

Então, desconectando-me do murmúrio de especulação e suspense que zumbia ao meu redor, reuni meus pensamentos e me concentrei nos conjuntos individuais de fotos. Estava ciente de que cada conjunto continha detalhes invisíveis e pistas ocultas que poderiam determinar o sucesso ou o fracasso da investigação. As respostas estavam lá. Só precisava encontrá-las.

"Oi, Ann. Como está lidando com tudo isso?"

A voz me assustou. Larguei as fotos, todas, menos uma, e me virei para ver quem havia feito a pergunta. O agente John Douglas esperava uma resposta.

"Bem", respondi. "Mas quem quer que seja esse cara, está começando a ganhar confiança. Olhe para essas lacerações." Entreguei a Douglas a foto do peito da segunda vítima. "Os cortes não são mais frenéticos. Ele está se tornando mais frio."

Douglas assentiu.

Claro que sabia que ele não estava interessado na foto ou no que eu tinha descoberto. Estava somente conferindo se eu poderia suportar o caso em todos os seus detalhes repugnantes. Já o tinha visto fazer isso antes. Como boa parte do Bureau, Douglas e os outros investigadores sondavam constantemente os colegas em busca de fraquezas — e eles não usavam de sutilezas. Na verdade, um dos testes favoritos de Douglas envolvia um crânio humano que era mantido em lugar de destaque em sua mesa. Caso alguém entrasse em seu escritório e não conseguisse olhar diretamente para o crânio, era reprovado. A única maneira de passar era reconhecer a presença do crânio ali e seguir em frente, como se não o incomodasse.

Eu tinha passado na prova do crânio, e também passei em uma série de outros testes. Na verdade, quando nós dois estávamos no abrigo antiaéreo naquela manhã, eu já havia me provado o suficiente, a ponto de receber uma carta formal de reconhecimento do diretor interino do FBI, James D. McKenzie, dando-me as boas-vindas oficiais à BSU. No entanto, apesar do passo sem precedentes dado pelo Bureau para me trazer — alguém de fora, uma mulher — totalmente a bordo, os próprios agentes ainda não estavam de todo convencidos. Precisavam de mais provas de que eu era capaz de lidar com a violência em sua forma mais bruta.

Passar nesse teste final significava que eu poderia me juntar a Douglas e Ressler no projeto secreto no qual estavam trabalhando, em caráter informal, desde o início daquele ano. Eles tinham uma ideia persuasiva que desafiava as normas investigativas. Durante décadas, os agentes da lei haviam descartado certos crimes como atos de pura insanidade e para além da compreensão racional. No entanto, Douglas e Ressler pensavam diferente. Aqueles dois acreditavam que, ao entrevistar assassinos encarcerados para saber o que motivava seus comportamentos, teriam condições de obter *insights* a respeito da conduta criminosa que poderiam ajudar os investigadores a mudar o roteiro e usar a própria psicologia dos criminosos contra eles próprios. O Bureau enxergou potencial suficiente no conceito a ponto de dar luz verde para as entrevistas extraoficiais que Douglas e Ressler haviam feito com assassinos em série encarcerados, no contexto de um estudo oficial do

FBI relacionado à psicologia das mentes criminosas. Apesar disso, nem Douglas nem Ressler tinham muita experiência em psicologia. Precisavam de ajuda para formalizar a abordagem e organizar o método de coleta de dados a fim de que pudessem extrair sentido de suas descobertas. Era aí que eu entrava.

Como uma profissional psiquiátrica estabelecida, portadora de um título de doutorado, eu entendia tanto a psicologia de indivíduos perturbados quanto os passos necessários para desenvolver esse tipo de pesquisa confusa e não numérica em um estudo padronizado. Por ter trabalhado com vítimas de agressão sexual e trauma havia anos, acumulara experiência direta em lidar com os tipos de violência indescritíveis que certamente veríamos nos dias subsequentes. Porém, mais importante, eu sabia exatamente o que estava em jogo ali e entendia o efeito profundo que esse trabalho poderia ter na sociedade como um todo. Poderia salvar inúmeras vítimas de serem forçadas a suportar o mesmo trauma horrível que meus ex-pacientes. Poderia abrir novos caminhos na compreensão da psicologia criminal. Poderia revolucionar a luta contra o crime de uma forma que o mundo jamais tinha visto antes. Meu trabalho era garantir que isso acontecesse.

ANN WOLBERT BURGESS E STEVEN MATTHEW CONSTANTINE

FBI
Law Enforcement Bulletin

December 1986

Side B

Ⓟ1986

ANN WOLBERT BURGESS E STEVEN MATTHEW CONSTANTINE

An American Response to an Era of Violence

PROFILE 3
profile — 28

abordagensinovadoras

FBI
CHAMA

Não há maior agonia que suportar uma
história não contada dentro de você.
Maya Angelou, *Eu sei por que o pássaro
canta na gaiola*

ANN WOLBERT BURGESS E STEVEN MATTHEW CONSTANTINE

MINDHUNTER PROFILE 3

CAPÍTULO 1

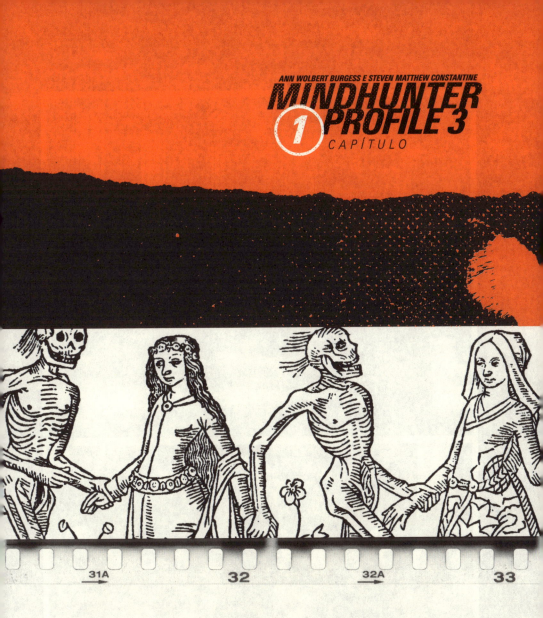

Comecei a aprender sobre o lado violento da natureza humana quando cursava o programa de doutorado em enfermagem psiquiátrica. Eu era fascinada pela mente humana, seu funcionamento e como suas instabilidades podiam levar às formas mais extremas de comportamento. No entanto, como era típico na década de 1970 — uma era em que o machismo explícito estava entremeado na cultura —, os homens no comando muitas vezes menosprezavam meu interesse em entender o que motivava

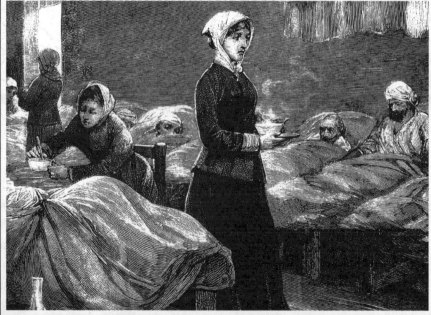

PROFILE 3
profile

esses comportamentos anormais como "uma fase", "uma novidade" ou, o pior de tudo, "toto". Naquela época, esperava-se que as mulheres que seguiam a carreira de enfermagem se conformassem ao estereótipo da "auxiliar submissa" — figuras parecidas com bonecas em vestidos totalmente brancos, meias altas e toucas engomadas. Mediam nosso valor pelo quão bem conseguíamos cumprir as ordens de um médico, não por nossa própria contribuição. Porém isso não funcionaria comigo. Eu lutava para fazer a diferença. E queria fazê-la em meus *próprios* termos, independentemente das expectativas arcaicas que há muito tinham sido impostas ao meu gênero.

Claro que eu não era do tipo que facilitava as coisas para mim mesma. Além dos obstáculos culturais que enfrentava, ainda tinha que lidar com o fato de a enfermagem psiquiátrica ser, naquela época, um conceito amplamente desconhecido. Com efeito, a própria especialidade só havia se tornado parte obrigatória do ensino profissional de enfermagem em 1955 — uma resposta ao fim da Segunda Guerra Mundial e à crescente necessidade de profissionais qualificados para cuidar de militares que retornavam do combate com necessidades psiquiátricas. Some-se a isso o fato de que a enfermagem havia alcançado o nível mais elevado possível apenas alguns anos antes da minha formatura, e tudo isso fez com que eu fosse uma dentre um número restrito de especialistas habilitados para atuar em um campo quase desconhecido. Eu estava em território inexplorado.

Minha primeira oportunidade de ajudar pacientes com necessidades psiquiátricas veio por meio de um trabalho de pós-graduação no Spring Grove State Hospital, em Maryland. Apesar de ser uma instituição grande, as unidades psiquiátricas dela estavam superlotadas e subfinanciadas, de modo que me foi dada a liberdade de trabalhar com "quaisquer pacientes que você possa ajudar". De início, fui atraída pelas pacientes mulheres que sofriam de transtornos mentais. Percebi quase imediatamente que a grande maioria delas não havia nascido com os transtornos nem os havia desenvolvido em tenra idade. O fio comum que unia a maioria dessas mulheres era serem vítimas de agressão sexual. Essas mulheres tinham sido atacadas, estigmatizadas e então forçadas a lidar sozinhas com o trauma de sua experiência, em silêncio, ou enfrentar a provável consequência de serem culpadas de instigar o próprio ataque vil que haviam sofrido. Um fardo impossível de suportar. E que cobrava um preço contínuo. Quando não aguentavam mais, acabavam em uma enfermaria de hospital.

Uma paciente em particular se destacou para mim. Chamada Maria, estava com vinte e poucos anos quando o marido, de forma cruel, pedira o divórcio após descobrir que a esposa havia sido estuprada. Quando conheci Maria, ela passava os dias esfregando as mãos e resmungando enquanto andava de um lado para o outro pelos longos corredores de madeira do hospital — pisos de tábuas largas de pinho desbotadas e um pouco azuladas pelo pequeno impacto de inúmeros passos. Eu andava ao seu lado em apoio, esperando que em algum momento ela se abrisse para mim. Isso continuou por várias semanas, até que um dia, depois de estar em seu encalço enquanto ela arrastava os pés cada vez mais rápido de um lado para o outro no corredor, me inclinei para mais perto buscando ouvir o que Maria murmurava. Ela olhou bem na minha cara e, com todo o caos de uma chaleira sibilante, silvou: "Pare de me seguir, sua maldita cadela ruiva".

Eu *parei* — bem no meio do caminho. Algo nas palavras de Maria me deu um clique. Até aquele momento, não tinha passado pela minha cabeça que duas pessoas pudessem interpretar um evento de forma tão diferente, cada uma com suas próprias realidades opostas se desenrolando dentro da percepção de uma e da outra. Na minha mente, confortava Maria e oferecia companhia. Para aquela mulher, por outro lado, minha proximidade e insistência implacável pareciam quase a de um predador. Percebi que essa dinâmica, em um grau muito maior, também era um elemento central nas interações violentas. Estava tão focada na experiência da vítima que não considerei o fato de que havia outra pessoa envolvida nesses ataques, uma que eu simplesmente descartava como cruel, dominadora ou doente. Percebi que, se quisesse entender completamente a natureza de um crime, teria que ver a vítima e o perpetrador como duas metades da mesma história. Precisava aprender *por que* os infratores se comportavam daquela forma e o que estava acontecendo em sua mente durante a prática de atos de violência tão indescritíveis.

Essa experiência com Maria marcou um ponto de virada na minha carreira. Nas semanas que se seguiram, deixei de trabalhar com pacientes do sexo feminino acometidas por transtornos mentais para me concentrar nos pacientes do sexo masculino na ala forense da unidade psiquiátrica — onde os indivíduos com questões relacionadas ao tribunal eram colocados até que seus casos pudessem ser julgados. Muitos haviam cometido delitos graves, como agressão sexual ou estupro, e, por isso, nem mesmo os médicos lhes davam muita atenção — e, certamente, ninguém falava com eles sobre seus crimes. No entanto, essa realidade tornava esses homens ainda mais intrigantes para mim. Queria saber como enxergavam seus crimes e suas vítimas e ver o que poderia aprender com o ponto de vista deles. Sendo objetiva, meu interesse não era reformar esses homens. Simplesmente os via como uma oportunidade no campo incipiente da psicologia criminal, e a partir deles eu poderia obter *insights* dos perpetradores que poderiam ser úteis para ajudar as vítimas mais tarde. Eu não tinha nada a perder. Então, comecei a me encontrar com eles empregando uma abordagem baseada em entrevistas que se concentravam na história da primeira infância e adolescência deles e que facilitava uma recontagem completa de seus crimes em suas próprias palavras.

Meu interesse e minha abordagem de entrevista pareciam surpreender os homens com quem falava. Eles eram tratados como párias desde o momento em que eram admitidos na ala. E, no entanto, à medida que se abriam lentamente — às vezes com cautela, às vezes de forma divertida, às vezes agressivamente enquanto reviviam cada momento de seus crimes —, também expunham uma semelhança comportamental mais profunda. Todos eles tinham o mesmo hábito de me olhar com muita atenção para ver como eu responderia aos detalhes explícitos da violência que tinham cometido. Queriam ver se eu me encolheria. Parecia ser uma obsessão estranha, porém quase universal, pelo controle. E embora cada um deles tivesse sido classificado como portadores de algum tipo

de transtorno mental subjacente — esquizofrenia, depressão psicótica ou um dos inúmeros outros diagnósticos comuns que eram genéricos para condições mal compreendidas na época —, eu poderia dizer que algo mais estava acontecendo. Algo que valia a pena aprofundar.

Fiquei intrigada. Parecia que eu estava prestes a ter uma epifania de vital importância que poderia ajudar a explicar a dinâmica entre vítimas e agressores. Tratava-se exatamente do tipo de trabalho que faria a diferença, e era o que eu estava procurando. Meus colegas, por outro lado, não demonstravam nem um pouco de interesse. Preferiam descartar a violência sexual como algo indecente, uma parte marginal da sociedade ou uma "questão feminina" que não deveria ser discutida — como se os homens nem estivessem envolvidos.

Essa postura, no entanto, estava completamente descolada dos fatos. O estupro estava entre os quatro maiores crimes violentos perpetrados nos Estados Unidos. Era um problema de grande escala — com 37.990 casos relatados apenas em 1970 —, agravado pela falta de opções de tratamento disponíveis para as vítimas que lutavam contra as consequências psicológicas.

"Vocês não estão entendendo o cerne da questão", frisava, sempre que meus colegas me tratavam com desdém. "Esta é uma oportunidade de entender um tipo único de comportamento humano que nunca foi estudado antes. É um ramo de pesquisa que não foi mapeado. É uma chance de fazer algo tão importante quanto positivo."

Todos respondiam da mesma forma: "Deixe isso de lado. Não vale a pena o dano que pode causar à sua carreira. Você não quer seguir carreira acadêmica estável no futuro?".

Eu não conseguia acreditar. Esses profissionais — muitos deles amigos e mentores com os quais trabalhava diariamente, além de admirar como líderes no campo psiquiátrico — contribuíam para perpetuar o estigma que eu queria expor. Fico na dúvida se não me entendiam ou não queriam me entender. De qualquer forma, estavam piorando o problema.

Essa percepção foi um divisor de águas para mim. Quando ficou claro que meus colegas do hospital nunca entenderiam a importância de se debruçar com mais atenção sobre esse tipo de comportamento, larguei meu emprego para começar uma nova carreira acadêmica. Compreendia a importância de ajudar um paciente de cada vez, porém almejava efetuar mudanças em um nível sistêmico. Queria quebrar as barreiras que impediam as vítimas de receber os tratamentos e apoios que mereciam. Meu próximo passo seria dado em direção à academia. Foi isso que me permitiu continuar minha pesquisa com o objetivo de compreender mais plenamente a psicologia dos infratores em crimes de estupro, agressão sexual e violência sexual. Esse estudo ainda criava uma oportunidade para mudar a percepção cultural mais ampla que viabilizava a proliferação desses tipos de crimes, ainda teimosamente enraizados em uma mentalidade ultrapassada de culpar a vítima.

Se por um lado minhas pacientes mulheres no Spring Grove State Hospital me ensinaram a importância de ver a vítima e o agressor como duas metades da mesma história, com meus pacientes homens, pude perceber como era abrangente o elemento de controle. O controle — ou melhor, a sensação de ausência dele — era a razão pela qual tão poucas mulheres se apresentavam para relatar ou falar a respeito de seu trauma. E era a razão pela qual a visão psicanalítica da violência sexual — a teoria predominante de que o estupro acontecia por causa das roupas que as mulheres usavam ou porque elas fantasiavam ser estupradas — não foi contestada por décadas, apesar de não fazer nenhum sentido. O controle causava estigma, e esse elemento mantinha todo o problema estritamente reprimido. Afinal, ninguém nunca perguntava o que as vítimas pensavam.

Foi isso que motivou Lynda Lytle Holmstrom e a mim a lançarmos um projeto de pesquisa interdisciplinar focado na resposta da vítima ao estupro. Lynda era uma colega minha, socióloga, que conheci pouco depois de assumir um cargo de professora de enfermagem psiquiátrica no Boston College. O objetivo de nossa pesquisa era entender melhor os efeitos emocionais e traumáticos da violência sexual, que muitas vezes superavam em muito os efeitos físicos do ato em si.

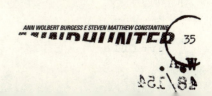

Esperávamos que nossa pesquisa não apenas ajudasse os médicos a reconhecer e entender os sinais de trauma de estupro, como também possibilitasse o oferecimento de serviços mais amplos para as vítimas. Nosso método funcionava assim: ao longo de um ano, toda vez que uma vítima de estupro era admitida no pronto-socorro do Boston City Hospital, a enfermeira da triagem imediatamente ligava para mim ou para Lynda, e nós tínhamos permissão para entrevistar a vítima imediatamente. Nossa abordagem era surpreendentemente distinta da pesquisa típica feita na época. Em vez de recrutar um grande grupo de pesquisadores para analisar os sujeitos de maneira indiferente e clínica — como se as vítimas fossem simples dados a serem observados —, Lynda e eu encontrávamos as pacientes em seus termos, muitas vezes na privacidade de seus próprios cubículos hospitalares na sala de emergência. Nós as tratávamos como indivíduos. Elas compartilhavam suas histórias e, de nossa parte, fornecíamos aconselhamento de intervenção em crises; isso ocorreu em um momento da história em que poucas vítimas recebiam esse tipo de atendimento especializado. A troca não era monetária: não pagávamos às vítimas nem éramos pagas por nossos serviços. Porém, os conhecimentos obtidos por ambos os lados eram inestimáveis. Nossa abordagem nos ajudou a nos conectar melhor com as vítimas e deu um nome — pela primeira vez — ao conceito de síndrome do trauma de estupro: o trauma psicológico que as vítimas experimentam após um ataque. Mais importante ainda, funcionou. Ao todo, entrevistamos 146 indivíduos de 3 a 73 anos e coletamos 2.900 páginas de anotações para serem catalogadas, analisadas e interpretadas. Demos voz a essas vítimas.

Em 1973, publicamos nossas descobertas no *American Journal of Nursing* como "The Rape Victim in the Emergency Ward" [A Vítima de Estupro na Ala de Emergência]. E, em 1974, seguimos com um segundo grande artigo no *American Journal of Psychiatry* intitulado "Rape Trauma Syndrome" [Síndrome do Trauma de Estupro], que expandiu nosso alcance para além da enfermagem, alcançando um público psiquiátrico. Uma das maiores conclusões do nosso estudo foi que a violência sexual tinha mais a ver com poder e controle do que com o ato sexual em si.

Essa nova compreensão da experiência da vítima provocou um dramático efeito cascata. Ajudou a validar sistemicamente o trauma da vítima, trazendo uma nova consciência e uma demanda por mudanças, e como a aplicação da lei interagia com as vítimas, como as instituições de saúde respondiam às necessidades das vítimas e como o sistema legal processava casos de estupro. E as ondas desse estudo se propagaram para muito mais longe do que eu poderia ter previsto. Assumiram um poder e um impulso próprios, alterando não apenas a percepção sistêmica da violência sexual como também o percurso da minha carreira.

Foi essa pesquisa que me colocou na mira do FBI.

A despeito de nossos artigos, o FBI já havia notado um aumento acentuado nos crimes sexuais violentos no final dos anos 1970. Parte da missão do Bureau era entender e enfrentar as novas tendências da violência. Isso significava que, à medida que os relatórios sobrecarregavam as delegacias de polícia locais, a epidemia de violência sexual se tornou problema a ser resolvido pelo FBI. Inicialmente, adotaram uma abordagem padrão: atribuíram aos agentes da Divisão de Treinamento da Academia do FBI a tarefa de instruir as repartições responsáveis pela aplicação da lei em todo o país a respeito de como melhor entender e responder a esses tipos de crimes. E eles acreditavam que essa tendência, como todas as anteriores, passaria. Porém, havia um problema. Ninguém na Academia sabia nada relacionado à violência sexual. Nenhum dos agentes tinha histórico ou expertise para falar de questões envolvendo agressão sexual, estupro, homicídio sexual ou vitimologia. Eles simplesmente não tinham capacidade de se envolver com a questão ou instruir outros oficiais da lei.

Apesar dessa lacuna de conhecimento, a expectativa do Bureau era clara. Enviaram uma diretriz atualizada para toda a divisão de treinamento, deixando bem claro que a violência sexual era agora uma parte obrigatória de todo o programa de capacitação. Um novo agente da BSU chamado Roy Hazelwood recebeu essa diretriz e fez questão de mencionar o tema da nova atribuição de ensino enquanto ministrava uma aula sobre negociação de reféns no Departamento de Polícia de Los Angeles, em 1978. No entanto, ao depois admitir que sabia pouco sobre

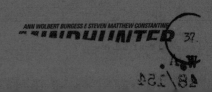

vitimologia de estupro, rapidamente passou para outros tópicos. Já tinha feito esse tipo de salto antes sem nenhum comentário ou efeito. Mas desta vez foi diferente. No final do treinamento, uma policial feminina — que também era enfermeira e trabalhava aos fins de semana na emergência do hospital local — abordou Hazelwood para contar de um artigo que havia lido e que explicava a natureza física e psicológica da violência sexual. Ela acreditava que as descobertas do estudo poderiam ser úteis para os tipos de casos que Hazelwood mencionara. O agente se interessou. Enxergou isso como uma oportunidade de obter *insights* a respeito de um problema que ninguém no FBI parecia entender. Então pediu os detalhes à policial e, na semana seguinte, ela lhe enviou uma cópia do artigo do qual eu era coautora.

Por volta da mesma época, no outono de 1978, eu estava focada em dar aulas e desenvolver um novo projeto de pesquisa. Eram meados de setembro, o semestre acabara de começar e eu estava trabalhando com uma nova bolsa de pesquisa para entender as vítimas de ataque cardíaco e seus riscos psicossociais de voltar ao trabalho. Houve uma batida na porta do meu escritório, e minha assistente inclinou o corpo para dentro e me informou que se tratava de um telefonema.

"Você pode anotar o recado?", pedi, sem levantar os olhos. "Estou muito ocupada."

Ela ficou lá por um momento, eu podia senti-la olhando para mim antes de finalmente sussurrar: "Acho que você precisa atender. É do FBI".

Bem, isso certamente chamou minha atenção. Assenti e pedi que ela fosse embora e então lentamente peguei o telefone. "Alô?"

A voz do outro lado respondeu com um sotaque de vogais curtas e sílabas desconectadas. "Olá. Aqui é o agente especial supervisor Roy Hazelwood. Estou falando com a professora Ann Burgess?"

"É ela", respondi.

"A mesma Ann Burgess que escreveu um artigo intitulado 'The Rape Victim in the Emergency Ward'?"

"Isso mesmo."

"Bom", pontuou ele. "Espero não estar interrompendo nada. Gostaria de falar com a senhora sobre a natureza específica do seu trabalho."

O tom de Hazelwood mudou rapidamente depois disso. Sua formalidade nítida deu lugar a algo mais suave e preciso. Ele era amigável, ainda que cuidadoso com as palavras, falando em frases longas e lentas que pareciam dançar em torno dos argumentos que pretendia apresentar. Inicialmente, eu não tinha ideia do que o havia inspirado a procurar meu número. Levou alguns minutos para me explicar como havia se deparado com meu artigo, e mais alguns minutos para chegar ao motivo de sua ligação.

"Veja, mesmo em uma instituição com tantos recursos quanto o FBI, às vezes — em raras ocasiões, pelo menos — procuramos especialistas externos que possam nos oferecer novas perspectivas. E está sendo difícil entendermos essa tendência de violência que você menciona em seu artigo." Fez uma pausa após dizer isso. "Suponho que seja porque tão poucos indivíduos se apresentam para falar a respeito da própria experiência. A questão é que suspeito que estejamos olhando para todo esse problema de trás para frente. No fim, só temos estatísticas que ajudam a medir o escopo de um problema. Mas você conseguiu se aprofundar no elemento humano do que está acontecendo, e estou interessado em saber como fez isso. ==Gostaria que viesse a Quantico para dar uma palestra e nos apresentasse sua pesquisa. Acho que ajudaria muito nossos agentes a aprender algo valioso ligado à vitimologia e agressores sexuais violentos.=="

Hesitei. Até então, vinha falando principalmente com grupos de enfermagem e equipes de crise de estupro a respeito de minha pesquisa. Os grupos femininos eram receptivos ao tema. As mulheres se conectavam com o meu trabalho. E se conectavam comigo. Entendiam por que, como estudante de graduação, eu saía correndo pelo Boston Common depois do meu turno no hospital, ansiosa para voltar para a casa da república estudantil Tri Delta antes do anoitecer. No entanto, mais importante, entendiam o medo que senti uma noite quando um grupo de adolescentes saiu correndo de um beco e começou a me assediar, agarrando minha capa de enfermeira e segurando meu braço até que finalmente conseguisse me soltar. Eu não tinha certeza se um público masculino reagiria da mesma maneira. Vacilei por um momento, porém a curiosidade falou mais alto.

"Tudo bem, agente Hazelwood", respondi. "Me conte os detalhes. Eu gostaria de ver como o FBI treina agentes para abordar os crimes sexuais."

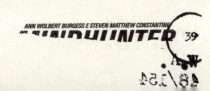

O público da minha primeira palestra na Academia do FBI consistia em um grupo de cerca de quarenta agentes homens, que, em sua maioria, pareciam-se exatamente com seus retratos da cultura pop na TV: atletas robustos com cabelo cortado rente à cabeça, vestidos com camisas azuis impecáveis quase idênticas. Pareciam até estar interpretando um papel, acomodando-se em seus assentos com cinco minutos de antecedência, com cadernos e canetas na mão.

Otimista, comecei com uma pergunta. "O que os senhores conhecem de vitimologia em casos de estupro?"

Vários agentes olharam para baixo e alguns sorriram discretamente. Ninguém respondeu.

Minha breve ilusão de nobres homens do governo desmoronou de forma abrupta.

"Porque, tradicionalmente, é definido pelo sexo", continuei. "Mas na verdade não é assim que funciona. O estupro é um ato de poder e controle. As vítimas sabem disso, e é por isso que muitas não se manifestam. Elas se sentem impotentes, esgotadas emocionalmente e envergonhadas. Essas vítimas são violadas no sentido mais absoluto da palavra. E nos raros casos em que se apresentam e pedem ajuda, o fazem movidas por uma pequena crença de que vocês podem ajudá-las a recuperar o que lhes foi tomado, corrompido e enfeiado quando perderam o controle de seus corpos. Isso é o que vocês devem saber a respeito do estupro. Porque, no momento em que uma vítima se apresenta, a forma como você responde é a coisa mais importante do mundo."

Ergui os olhos das minhas anotações e observei que todos estavam sentados eretos em seus assentos. Eu havia capturado a atenção deles.

"Certo", prossegui. "Vejamos alguns casos."

Apaguei as luzes do teto e liguei um projetor, depois passei uma série de fotos que mostravam roupas íntimas manchadas de sangue, quartos reviradas pela violência e closes de rostos de mulheres cobertos de hematomas e marcas de agressão. Alguns agentes tomaram notas, mas a maioria apenas olhou para a gravidade dos crimes. Nenhum deles sorriu depois disso.

PROFILE 3
profile

Aquela primeira palestra correu bem o bastante, e logo fui trazida de volta para dar aulas regularmente. Foi surreal. Com exceção das funcionárias e secretárias do Bureau — um grupo que tendia a evitar contato comigo além de olhares curiosos —, muitas vezes eu era a única mulher no prédio. E dada a minha área de especialização, só posso imaginar os rumores que circulavam a meu respeito como a nova especialista do FBI em violência sexual. Mas Hazelwood se esforçou para garantir que eu não tivesse problemas. Ele não se furtou em me explicar as nuances da cultura do Bureau e pedir minha opinião sobre casos e pesquisas nos quais estava trabalhando. Também criou o hábito de me apresentar a outros agentes. Essas conversas tendiam a ser breves, profissionais e distantes — como a maioria das minhas interações com os oficiais —, porém havia exceções notáveis.

Uma dessas exceções ocorreu bem no início, logo após o recém-nomeado diretor assistente Ken Joseph anunciar que todos os instrutores da Academia — incluindo os "*mindhunters*" da Unidade de Ciências Comportamentais, como os investigadores da BSU eram chamados, em referência ao seu interesse em compreender o modo de pensamento dos assassinos em série — deveriam realizar pesquisas originais. Essa diretriz marcou uma mudança notável na maneira tradicional de pensar do Bureau. Falava de uma troca da guarda. As lideranças da era de J. Edgar Hoover haviam começado a deixar o cargo, aposentar-se ou seguir em frente, e com eles foi-se a crença de que, como uma vez descreveu o antecessor de Joseph, o diretor assistente John McDermott, "o trabalho do FBI era capturar criminosos, levá-los ao tribunal e prendê-los. Pesquisar era trabalho de sociólogo". Os tempos estavam mudando. Hazelwood entendia essa mudança e via como uma oportunidade de agendar uma reunião entre mim e dois de seus colegas: Robert Ressler e John Douglas.

"Eles querem conhecer melhor o seu estudo", esclareceu Hazelwood, conduzindo-me para um elevador que nos levou vários andares abaixo do solo. "Os dois ficaram impressionados com a abrangência do seu trabalho, porque... bem..." Ele fez uma pausa. "Provavelmente não deveria discutir isso com você, mas eles têm um projeto paralelo que pode lhe interessar. Acredito que irá se encaixar muito bem nele."

Hazelwood estava certo. Eu me conectei com Ressler e Douglas imediatamente. Em parte por causa do meu conforto em falar de violência, e em parte porque mostrei um interesse genuíno no trabalho deles quando poucos outros o fizeram. E também tinha muito a ver com a crença de Ressler a respeito da importância de se aprender a partir de perspectivas externas.

Douglas, por outro lado, foi inicialmente mais distante, mas também se abriu assim que Ressler começou a explicar a história de fundo de seu estudo não muito ortodoxo.

"Estamos chamando de estudo de personalidade criminosa", explicou Douglas. "Foi ideia de Bob visitar prisões e entrevistar assassinos em série quando viajávamos em serviço pela Academia. Víamos todos aqueles casos de crimes sem motivo aparente e parecia que a melhor maneira de obter respostas era entrevistar os próprios assassinos condenados. Acontece que essa era a parte fácil. Nossos crachás nos levaram às prisões, sem problemas. Conseguimos fazer gravações com todos, de Edmund Kemper a Sirhan Sirhan e Richard Speck."

"Certo", Ressler interveio. "A parte difícil é descobrir o que as gravações realmente *significam*. Neste momento, são meras entrevistas. Foi por isso que as descrições de Hazelwood do seu trabalho despertaram nossa atenção. Pode haver alguma sobreposição entre as técnicas que você usou e o que estamos tentando descobrir. O que acha?"

Interesse despertado, concordei e escutei as fitas ali mesmo.

O que me mostraram equivalia a ouvir a periferia mais visceral da humanidade atrás da porta. Uma por uma, apertei o play em cada fita e escutei atentamente até finalizarem com um chiado. Tomei notas e escutei novamente. As conversas mostravam a arrogância dos assassinos e eram, ao mesmo tempo, fascinantes e assustadoras. As entrevistas também eram mal estruturadas e não tinham base em nenhuma escola convencional de pesquisa. Não mostravam uniformidade entre as sessões, nenhum planejamento aparente e nenhum olhar para análises futuras. O único objetivo parecia ser manter os assassinos falando. Ainda assim, fiquei impressionada. Ressler e Douglas realmente estavam envolvidos em um tipo de investigação comportamental que nunca havia sido feita antes. Eu lhes disse isso em nosso encontro seguinte.

"Acho que vocês têm algo aqui", asseverei. "Isso pode levar a uma maneira totalmente nova de entender o comportamento criminoso. Até onde sei, ninguém nunca tentou descobrir por que assassinos em série matam. As implicações são profundas."

"Eu sabia." Douglas sorriu, virando-se para Ressler.

"Espere um segundo." Ressler não prestou atenção em Douglas. Em vez disso, cuidadosamente se concentrou em mim. "O que acha que temos aqui, exatamente? Porque, para meus ouvidos, isso é apenas um bando de doidos fantasiando sobre seus crimes e não oferecendo muito mais do que isso. O que estou deixando de notar?"

"Falta muita coisa neste momento: informações básicas, infância e criação, história de violência", admiti. "Mas tudo isso pode ser corrigido se formalizarmos a abordagem de vocês e criarmos a metodologia certa. O que precisam é de um roteiro de perguntas para estabelecer uma linha de base para poder comparar uma entrevista com a outra. É necessário tratar isso como uma pesquisa real com um objetivo claro de coleta e análise de dados. Essa é a única maneira de descobrir o que faz os assassinos agirem de um determinado modo. E vocês precisam publicar suas descobertas para que outras pessoas também possam compreendê-las."

"Tipo um livro?" perguntou Douglas.

"Eu estava pensando em um artigo acadêmico que pudesse ajudar a validar as descobertas", comentei. "Mas talvez um livro."

Sem sequer olhar para Ressler, Douglas perguntou se eu poderia ajudá-los.

Graças à natureza de seu trabalho, aqueles oficiais da lei tinham acesso a um catálogo incrível dos tipos exatos de casos criminais que esse projeto precisava: assassinos em série que incorporavam atos de estupro ou violência sexual em seus crimes. Estava tudo ao nosso alcance. O desafio era apresentar uma abordagem rigorosa e abrangente que pudesse resistir ao intenso escrutínio que certamente enfrentaríamos por parte do FBI. Na verdade, Ressler já havia sido chamado ao

escritório do diretor William Webster para uma reunião de almoço, na qual, sem aviso prévio, lhe foi solicitado que explicasse a natureza do estudo de personalidade criminosa enquanto os outros participantes comiam. Foi o que ele fez, mas o resultado foi um alerta severo do próprio diretor de que não haveria tolerância para qualquer "pesquisa meia-boca". Ressler não estava preocupado com isso. O que o deixou zangado foi ter que pagar 7,61 dólares por um sanduíche que ele nunca teve a chance de comer.

De minha parte, entendi o que estava em jogo. Meu trabalho no estudo do estupro e o ceticismo que enfrentei dos meus colegas na academia haviam me preparado para quaisquer formas de supervisão burocrática e escrutínio que estivessem à frente. Tinha consciência de que nosso projeto seria visto como um desafio ao status quo. Seria ridicularizado, bloqueado e esperariam que falhasse. No que dizia respeito à maioria das pessoas, os assassinos eram simplesmente doentes. Era isso. Não havia letras miúdas para entender, nenhuma lição a aprender, e qualquer esforço dispendido no tema seria visto como desperdício de energia. Só que nada disso importava para mim. Eu sabia que as ==verdades psicológicas nunca eram tão simples==. Mais importante, estava segura de que uma boa pesquisa sempre traria a verdade à tona. Eu confiava no processo.

Minha maior preocupação era quanto à amplitude e abrangência do estudo da personalidade criminosa naquele momento. Precisava ser dividido em partes claramente focadas — pelo menos três — para torná-lo um estudo mais gerenciável. Primeiramente, analisaríamos as entrevistas realizadas com criminosos condenados, o que nos ajudaria a entender crimes sem motivo aparente. Então, analisaríamos os casos de assassinos em série — 36 no total — para ver quais informações sobre a infância, a criação e a personalidade dos criminosos poderiam ser combinadas com os padrões e comportamentos de seus crimes. E, por fim, criaríamos a base para a construção do próprio perfil criminal. Cada parte estava claramente conectada às outras. No entanto, como processo de pesquisa, para fazer algum sentido metodológico, todo o empreendimento precisava ser organizado como fases individuais que pudessem evoluir a partir das anteriores.

Também não pude deixar de imaginar quanto tempo levaria para Douglas e Ressler confiarem totalmente em mim. Mesmo depois de pedir pela minha ajuda, os dois não baixavam a guarda quando eu estava por perto — eram cuidadosos ao falar das vítimas e hesitavam em compartilhar os detalhes violentos de um caso. Mas se faziam isso como forma de proteger seus próprios interesses ou para tentar me proteger, eu ainda não tinha certeza.

Assim, me mantive na rota e me concentrei puramente no que estava sob meu controle. Como as entrevistas seriam a principal ferramenta de coleta de dados do estudo — a espinha dorsal do projeto — fazia sentido projetar uma metodologia em torno da abordagem de entrevistas. O objetivo era aprender o máximo possível sobre a natureza dos assassinos em série, concentrando-me em três pontos principais: por que os sujeitos matavam, como enxergavam sua própria violência e como esta evoluía. Comecei desenvolvendo um instrumento de dados composto de cinco seções separadas em 57 páginas codificadas por cores, que incluíam 488 itens por criminoso e que abordavam tudo, desde a demografia do infrator até as características da vítima, motivos do agressor, seleção da vítima, táticas de agressão, características de ataque e uma infinidade de outros detalhes forenses. Esse processo era inspirado por um colega meu, o psicólogo Nick Groth, que usava uma ferramenta semelhante para compreender as motivações de estupradores encarcerados no Somers Correctional Facility em Connecticut. O que nos distinguia, porém, era que minha ferramenta não seria usada por acadêmicos: seria usada por agentes do FBI próximos a alguns dos assassinos mais notórios já conhecidos. Eu precisava refinar a ideia de Nick em algo mais adaptável e intuitivo para se adequar à realidade da tarefa que nos aguardava.

A ferramenta de coleta de dados resultante não possuía complexidade. Parecia um questionário e era lido como se fosse um, contudo sua verdadeira função era guiar de modo sutil a conversa, a fim de manter o agente no controle. Controlar o processo, é claro, era o ponto principal. Pois só dessa forma seríamos capazes de obter tipos específicos de informação — não apenas aquelas que o infrator decidisse oferecer.

Queríamos encontrar a chave que abriria a mente de um assassino em série para que pudéssemos entender como ela funcionava e o que a tornava diferente. Nós estávamos buscando isso. Então, certifiquei-me de projetar as perguntas da entrevista de tal forma a manter a atenção vinculada à recontagem do crime pelo sujeito, bem como em sua história de violência e suas primeiras memórias de fantasia e pensamentos violentos.

Também analisamos a documentação: de relatórios oficiais de crimes, fotografia forense, relatórios de médicos legistas, avaliações psicológicas e informações alusivas às vítimas. Esse passo foi crucial. Foi o que nos deu uma referência para determinar como a visão do criminoso se alinhava com as evidências do próprio caso e confrontá-lo caso sua entrevista se tornasse inconsistente ou se desviasse dos fatos. No final, desenvolvemos uma abordagem acadêmica para organizar informações qualitativas e quantitativas que poderíamos usar para explorar a composição psicológica de criminosos violentos. Em outras palavras, ==analisaríamos esses dados para decifrar o código que estruturava esses assassinos==. E usaríamos suas próprias mentes contra eles.

Notícias da pesquisa inovadora da BSU sobre comportamentos criminosos se espalharam por Quantico como um incêndio. Todos pareciam ter uma opinião. Alguns grupos dentro do FBI torceram contra nós, desprezando nosso trabalho como coisa de detetives de poltrona ou — na melhor das hipóteses — uma abordagem não confiável que nunca poderia competir com o trabalho de oficiais em campo. No entanto, outros reconheciam as aplicações práticas de nossa análise e estavam interessados em ver a prova de seus resultados. Isso facilitou um pouco nosso trabalho. Se pudéssemos fornecer exemplos baseados em evidências que demonstrassem um valor claro do nosso trabalho, poderíamos fazer com que o Departamento abraçasse as nossas propostas. Era aí que a fase de criação de perfis, a terceira parte do estudo da personalidade criminosa, entrava em ação. A criação de perfis preencheria a lacuna entre a pesquisa e os resultados do mundo real. Os perfis capacitariam os agentes a resolver casos complexos mais rápido do que jamais se pensou ser possível. A criação de perfil seria a recompensa do estudo.

Depois de desenhar uma metodologia para as duas primeiras fases do estudo da personalidade criminosa, coleta e análise de dados, voltamos nossa atenção para a terceira fase. Decidimos que a melhor maneira de avançar na criação de perfis era desenvolver uma abordagem passo a passo assemelhada a um manual em sua profundidade e clareza. Já estávamos coletando os dados relevantes por meio da pesquisa, só precisávamos refiná-los — para moldar nossa compreensão da psicologia criminal em um mapa e definir o que motivava e diferenciava um assassino em série com base em suas vítimas, métodos e cenas de crime. E sabíamos que a técnica precisava ser fácil de entender, mas poderosa como ferramenta. Nós a chamamos de processo de geração de perfil criminal e funcionava seguindo cinco etapas distintas:

> **Entrada de dados:** Esta primeira etapa concentra-se na coleta de dados. Os dados incluem análise da cena do crime (provas materiais, marcas e sinais do crime deixados no local, posição do corpo, armas), vitimologia (histórico, hábitos, estrutura familiar, visto pela última vez, idade, ocupação), informações forenses (causa da morte, ferimentos, atos e ferimentos sexuais pré/pós-morte, relatório de autópsia, relatórios de laboratório), relatório policial preliminar (informações de antecedentes, observação policial, hora do crime, quem relatou o crime, nível socioeconômico do bairro, taxa de criminalidade) e fotos (aérea, cena do crime, vítima).

> **Modelos de processo de decisão:** O estágio dois analisa o tipo e estilo de homicídio, intenção primária, risco da vítima, risco do infrator, escalada, tempo para o crime e fatores de localização.

> **Avaliação do crime:** O estágio três concentra-se na reconstrução do crime, classificação do crime, organizado/desorganizado/misto, seleção da vítima, controle da vítima, sequência do crime, encenação, motivação e dinâmica da cena do crime.

Perfil criminal: O estágio quatro é a construção do perfil composto do infrator. Esse processo define características físicas, hábitos, comportamento pré-crime que leva ao crime e comportamento pós-crime do perpetrador, e oferece recomendações para os investigadores que desejam afunilar a busca até um grupo de suspeitos.

Investigação e apreensão: A última etapa envolve trabalhar com a polícia local para rastrear e capturar o infrator.

Foi Douglas quem veio com a peça final do quebra-cabeça. Concluiu que a melhor maneira de demonstrar a eficácia desse processo de criação de perfil era pedir à polícia local que enviasse relatórios de seus casos de assassinatos não resolvidos mais desafiadores para que nossa equipe pudesse trabalhar neles. Ele enfatizou que a BSU deveria estar sempre disponível para ajudar a polícia local com investigações difíceis. "Esse é o objetivo de fazermos tudo isso", declarou. "Podemos nos focar na busca aos suspeitos mais prováveis e oferecer técnicas proativas para atrair os verdadeiros criminosos."

O número de respostas que chegaram aos montes das delegacias de polícia de todo o país foi revelador. Só nos primeiros meses, a BSU recebeu dezenas de casos. E à medida que os relatórios continuavam chegando, a equipe teve que implementar uma regra afirmando que o FBI não se envolveria até que a polícia local passasse pelo menos três meses tentando resolver um caso por conta própria. Ainda assim, havia muitos casos para escolher. Era a hora de começar a trabalhar.

A equipe de perfil, composta por oito membros, começou a trabalhar nos casos com a maior diligência possível, reunindo de três a seis agentes da BSU disponíveis para atuar em cada uma das investigações. A todo momento, sempre havia vários casos acontecendo em paralelo. O que tornava complicado, porém, era que a criação de perfil consistia em apenas uma parte do nosso projeto, que por sua vez equivalia somente a uma fração do trabalho geral naquele momento. A pesquisa tinha que ser espremida entre palestras, escola itinerante, atribuições

PROFILE 3
profile

de casos e qualquer outra coisa que o Departamento lançasse em nosso caminho. O outro desafio foi que Douglas e Ressler promulgaram uma regra estrita afirmando que ninguém poderia começar a criar perfis até que os investigadores locais enviassem todas as suas informações investigativas. Era difícil esperar, dada a urgência desses casos em série e a probabilidade de ataques subsequentes. Mas fazia sentido metodológico e mantinha a integridade de nosso trabalho — além disso, um olhar penetrante de Douglas ou Ressler era um aviso mais do que suficiente para evitar que alguém se desviasse do processo.

Apesar de todos os obstáculos, e dos fins de semana passados no escritório — intermináveis períodos de longos dias e noites sem dormir —, quando nos reuníamos para traçar os perfis, as sessões funcionavam. Para cada investigação, um oficial principal era designado e recebia antecipadamente todos os detalhes de um caso. Esse agente, então, apresentaria o status da investigação aos demais integrantes do grupo da forma mais clara e concisa possível. Devia se ater aos fatos. Esse investigador apresentava o básico "quem, o quê e quando" de cada caso, complementado por quaisquer relatórios policiais disponíveis ou informações de autópsia. Em seguida, abria para perguntas visando a esclarecer eventuais dúvidas ligadas ao inquérito.

O perfil real começava depois disso. Era quando a equipe pegava os fios do caso: as pistas deixadas na cena do crime, as características da vítima e as nuances do ataque. A partir daí, podíamos ver o caso pelos olhos de um infrator e começar a descrever quem seria essa pessoa nos detalhes mais nítidos. Poderíamos nos concentrar em seus comportamentos e características únicas para descobrir quem era o "suspeito" — o sujeito desconhecido ou não identificado — e para onde eles iriam em seguida. Simplificando: o perfil indicava o modo como poderíamos entrar na cabeça de um infrator.

Essas reuniões eram intensas — explícitas em suas descrições e apaixonadas em seus debates. Havia um elemento teatral nas trocas rápidas de vai e vem, mas as reuniões sempre terminavam com um perfil abrangente, o qual o investigador principal podia enviar de volta à agência de aplicação da lei original que solicitou nossa ajuda.

Desses primeiros casos, um relatório particularmente horrível veio de Nebraska. Chamou a atenção do chefe da unidade da BSU, Roger Depue, que imediatamente ligou para Ressler e lhe disse para pegar o primeiro voo disponível para Omaha. Um assassino em série tinha acabado de fazer uma segunda vítima infantil. Investigadores locais não tinham pistas. Mas pelas fotos da cena do crime e relatórios de autópsia enviados, uma coisa ficou clara: o assassino estava ganhando confiança. Se ele não fosse prontamente parado, haveria uma terceira vítima, depois uma quarta e mais e mais na sequência. O relógio estava correndo. Precisávamos agir rápido.

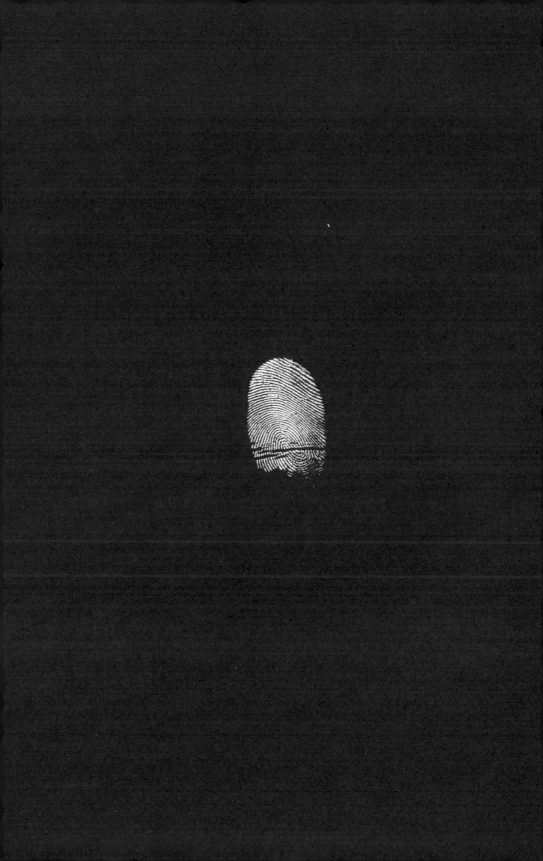

PROFILE 3
profile   54

mais fundo que os mortos

ABRIGO
SECRETO

Quando você elimina o impossível,
o que sobra, por mais improvável que
seja, deve ser a verdade.
Arthur Conan Doyle, *O Cão dos Baskerville*

ANN WOLBERT BURGESS E STEVEN MATTHEW CONSTANTINE
MINDHUNTER PROFILE 3
CAPÍTULO 2

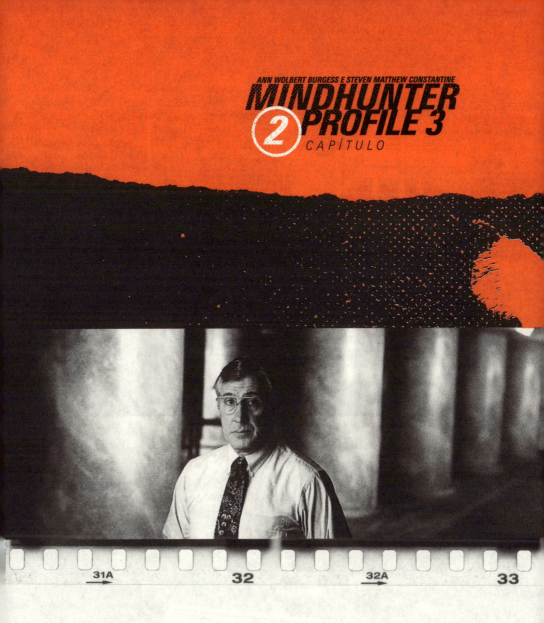

"Em algum momento, todos os assassinos em série cometem um erro. Você nunca sabe qual será esse erro."

Ressler disse isso depois que o primeiro menino de Nebraska desapareceu. Essa não foi a primeira vez que o ouvi falar assim. Na verdade, já ouvira antes todos os agentes dizerem isso em um momento ou outro. Virou um aforismo de uso regular, um truísmo que facilitava um pouco suportar os casos mais difíceis. E funcionava, acho — essa

abreviação colegial de otimismo e apoio. Era reconfortante. Mas, na minha cabeça, também soava como uma desculpa. Parecia uma admissão tácita de nossa própria falta de controle em casos de vida e morte, o que me incomodava. E, ao mesmo tempo, recuperar nosso controle nesses casos constituía a motivação do meu trabalho, porque eu sabia que o perfil poderia nos dar uma vantagem. Caso conseguíssemos alcançar o máximo potencial que a criação de perfis seria capaz de atingir, poderíamos virar a mesa. Não teríamos que esperar mais que os assassinos em série escorregassem. Poderíamos rastreá-los antes mesmo de eles terem a chance de agir novamente.

Eu pensava nisso naquela manhã de dezembro, quando Ressler me pediu para participar, com a equipe dele, da apresentação do resumo do caso em Nebraska. O pedido inicialmente me pegou desprevenida. Embora tivesse trabalhado nos estudos e nas metodologias para desenvolver as técnicas de perfil da BSU, eu não era investigadora nem havia ido antes ao abrigo antiaéreo para participar de uma investigação em andamento. Mas nada disso importava para ele.

"Olha", ele me falou, "não comece a se preocupar com as regras agora. Preciso de toda a ajuda que puder obter nessa investigação. Quero descobrir antes que haja outro ataque."

Ele estava certo, é claro. Aquela era uma oportunidade para eu ajudar as vítimas. E se alguém visse meu envolvimento no caso como uma violação do protocolo padrão, bem, eu lidaria com as consequências mais tarde. Coisas mais importantes estavam em jogo.

A urgência de Ressler foi projetada para a sessão de perfil na manhã seguinte. Assim que ele entrou no abrigo antiaéreo, desligou uma fileira de luzes fluorescentes no teto, foi direto para o projetor e imediatamente voltou sua atenção para mim e para os demais membros da equipe.

"Certo", ele começou. "Vamos ser inteligentes. Esse idiota está indo atrás de crianças. Não quero que mais ninguém se machuque."

Ele mergulhou direto nas especificidades do caso, esclarecendo alguns detalhes usando fotos e depoimentos de testemunhas. Durante todo o tempo teve o cuidado de limitar sua apresentação aos fatos. Essa era uma parte deliberada e incrivelmente importante do processo. Sempre

que começávamos a desenvolver um novo perfil, esperava-se que o investigador principal permanecesse o mais neutro possível e não revelasse quaisquer opiniões pessoais ou preconceitos que pudessem afetar a forma como a equipe categorizava o suspeito no centro do caso.

Esse suspeito era um assassino cruel de crianças. Já havia assassinado duas vítimas conhecidas naquele momento, mas provavelmente haveria outras.

Em uma manhã de domingo, em meados de setembro de 1983, Danny E., de 13 anos, saiu discretamente da cama e vestiu-se para sua rota diária de entrega de jornais pela pequena cidade de Bellevue, Nebraska. Ainda estava escuro quando o menino tateou pelo corredor, passou de fininho pelo quarto dos pais e saiu, onde o zumbido das esperanças preenchia o ar. Ele abriu a trava da bicicleta — com cuidado para não chacoalhar a corrente barulhenta — e caminhou pela calçada da garagem até chegar ao meio-fio. Os faróis de um carro piscaram ao longe. Eram 5h15. O sol estava logo abaixo do horizonte quando Danny foi descalço até a loja de conveniência local, pegou sua carga de jornais e a dobrou no chão perto da janela. Em seguida, partiu para sua rota regular.

Algumas horas depois, por volta das 7h, o pai de Danny acordou com um telefonema do supervisor do menino.

"Estou recebendo reclamações de entregas não feitas", resmungou o homem ao telefone. "Você pode colocar Danny no telefone?"

"O que quer dizer?", o pai de Danny perguntou. "Ei, Danny?" Bateu na porta do quarto de seu filho e esperou um momento antes de gritar novamente. "Danny!"

Ainda sem resposta. Danny não estava lá. Nem sua bicicleta. Cada vez mais preocupado, o pai do menino entrou em seu carro para refazer a rota de entrega. Começou pela loja de conveniência, conversou com o balconista, depois passou por uma, duas, três casas antes de encontrar a bicicleta do filho encostada em uma cerca. O filho, no entanto, não estava em parte alguma. Todos, exceto três jornais, ainda estavam cuidadosamente guardados dentro da sacola de tecido da bicicleta. Nesse ponto, o pai de Danny chamou a polícia.

Investigadores locais organizaram imediatamente uma equipe de busca para pessoas desaparecidas. Vasculharam a área e realizaram uma inspeção sistemática, edifício por edifício. Examinaram cada centímetro da bicicleta de Danny, mas não encontraram sinais de luta. Verificaram com o resto da família, incluindo uma tia e um tio que estavam viajando para fora do estado, porém ninguém sabia do paradeiro do adolescente. Uma testemunha relatou ter visto um carro desconhecido estacionado perto de onde a bicicleta havia sido encontrada mais cedo naquela manhã e descreveu um indivíduo saindo do carro e olhando para a rua. Contudo, não havia detalhes específicos — nenhuma pista que fornecesse elementos mais sólidos. Para todos os efeitos, o menino havia evaporado no ar.

Dois dias e meio depois, quando os investigadores já haviam ampliado as fronteiras de sua busca, o corpo de um menino foi encontrado parcialmente escondido em uma porção de mato alto ao longo de uma estrada não pavimentada. Seus tornozelos e pulsos estavam amarrados atrás das costas. A boca estava fechada com fita adesiva. E seu corpo havia sido tratado com selvageria: uma grave laceração no ombro, algumas contusões no rosto, um corte na perna, cortes no pescoço que penetravam até a coluna vertebral e várias facadas no peito que haviam escancarado suas entranhas. Ele estava nu, exceto pela cueca azul-marinho. O resto de suas roupas nunca foi encontrado.

O relatório do médico legista atribuiu a morte de Danny à perda de sangue decorrente das inúmeras facadas que devastaram seu corpo. As feridas na perna e nas costas foram consideradas como tendo ocorrido após a morte e pareciam sugerir simbolismo ou padrões intencionais em sua forma cruzada, mas isso não estava totalmente claro. Poderiam ter sido apenas cortes aleatórios, o que parecia fazer sentido porque também havia uma fatia de carne faltando no ombro da vítima. Não havia nenhum sinal de agressão sexual e eram escassas as marcas da ação deixadas no local pelo agressor. O relatório observou, no entanto, que a corda usada para amarrar a vítima era incomum, distinta. Tinha fibras azuis por dentro, uma característica que só ficou visível quando as cordas foram cortadas dos tornozelos e pulsos do menino.

A pedido do agente especial encarregado (SAC) do escritório do FBI em Omaha, solicitaram a Ressler que escrevesse um perfil preliminar do suspeito. Ele concordou em elaborar o perfil, mas só depois de voar para Nebraska a fim de, antes de tudo, falar pessoalmente com os investigadores. As descobertas que fez lhe pareceram estranhamente semelhantes a dois casos anteriores conhecidos pelo FBI, ambos sem solução e ambos envolvendo meninos de idade semelhante. A primeira era de um ano antes, nas proximidades de Des Moines, onde outro entregador de jornais havia desaparecido em uma manhã de domingo enquanto fazia sua rota matinal. O menino nunca fora encontrado. O segundo caso ocorreu na Flórida e envolveu um menino que desapareceu enquanto fazia compras com a mãe em um shopping ao ar livre. Vários dias depois, a cabeça do menino foi encontrada flutuando em um canal. Os investigadores falaram com várias testemunhas que afirmaram ter visto um homem atraindo o menino para longe do shopping e depois para dentro de um carro com placa de outro estado. Na época, não era suficiente para fazer uma prisão. E a investigação definhou logo depois, com o FBI sendo forçado a assistir de fora por causa de políticas de "falta de jurisdição" e outras burocracias.

Depois de falar com os investigadores em Nebraska, visitar a cena do crime e avaliar os arquivos do caso, Ressler considerou que Danny provavelmente tinha sido alvo de um assassino em série. Tendo isso em mente, o perfil preliminar do criminoso descrevia um homem com idade entre o final da adolescência até vinte e poucos anos, que talvez conhecesse Danny, mencionando no relatório que o homicida encarava o assassinato como um ato de domínio e controle. A ausência de violência sexual sugeria que o agressor não estava interessado em sexo, pelo menos não no sentido tradicional, podendo até ser assexuado. Não havia muita informação de partida na época, então esse primeiro perfil era um pouco tênue e se baseava em grande parte na idade da vítima, na baixa taxa de criminalidade naquela área e na tipologia de criminosos seriais conhecidos com vítimas semelhantes que fomos capazes de compreender estudando assassinos em série. Ressler compartilhou essa análise com a força-tarefa conjunta — uma equipe de policiais locais e estaduais, autoridades militares e agentes do escritório local do FBI em Omaha. Nenhuma das agências envolvidas havia se deparado antes com um assassinato de criança tão brutal quanto aquele. Porém, todos concordavam que um esforço coordenado de recursos e conhecimentos compartilhados era nossa melhor chance de resolver o caso.

"Infelizmente, não obtivemos muita coisa desse primeiro perfil." Ressler acendeu as luzes do teto novamente. "Era uma descrição muito genérica: homem branco, adolescente, trabalhava na área, provavelmente ligado a algum tipo de clube ou grupo social para tentar se encaixar. Não havia um volume de informações suficientes para trabalharmos. Certas medidas foram adotadas: hipnose, trabalho forense, polígrafos para testemunhas, retratos falados baseados em alguém que poderia ou não estar nas proximidades quando o sequestro ocorreu. Porém nada disso resultou em algum dado relevante. Então esse é o caso um. Esse é Danny. Alguma pergunta?"

"Sim." Hazelwood foi o primeiro a falar. "Aquela faixa de carne retirada do ombro da vítima. Ela acabou sendo encontrada ou continua desaparecida?"

"Desaparecida", respondeu Ressler.

"E qual era o tamanho?"

"Provavelmente da largura de uma moeda de um dólar." Ressler pensou por um momento. "Apenas um corte limpo, como se você cortasse a ponta de um presunto ou algo assim."

"Ei, Bob", Douglas entrou na conversa. "A beira da estrada foi só o local de descarte ou foi o local do assassinato também?"

"Ficou muito bem determinado que a estrada era apenas o local de descarte", afirmou Ressler. "Na verdade, havia marcas de seixos por todo o corpo, mas nenhum seixo no campo onde o menino foi encontrado. A vítima foi morta em uma área de cascalho ou o corpo foi deixado em algum lugar no cascalho antes de ser transportado para o campo."

Uma ideia começou a se formar na minha cabeça. As fotos mostravam o corpo à beira de uma estrada de terra, mas não muito escondido. Parecia que haviam desovado o corpo e fugido. E isso podia levar a deslizes. "Eles verificaram as marcas de pneus? Houve alguma análise forense útil? Para mim, o descarte do corpo parece ansioso, apressado."

"As marcas dos pneus não eram claras o suficiente para tirarmos impressões", respondeu Ressler. "Nenhuma pegada também. Achamos que o suspeito parou e jogou o corpo. Não houve cuidado em encontrar uma posição específica para acomodá-lo. Foi simplesmente largado lá."

O agente Ken Lanning levantou a mão. Ressler assentiu em sua direção.

"Você falou sobre cordas com fibras coloridas", inquiriu Lanning. "No que deu isso? A vítima tinha alguma marca de corda nas extremidades?"

"Boa pergunta. Quando os policiais olharam para os braços e pernas da vítima depois de cortar as cordas, não havia marcas profundas ou outras indicações de que o menino tivesse ficado amarrado por um longo período. Até o mato do campo deixara mais marcas do que as cordas. A corda foi enviada para o nosso laboratório, mas não correspondeu a nenhuma amostra conhecida."

Lanning tentou pedir uma réplica, mas Douglas interrompeu. "Como você classificaria a vítima? Passiva? Agressiva? Assertiva?"

"Ele era um típico garoto bem masculino do Meio-Oeste", descreveu Ressler. "Muito normal. As buscas em seu quarto não mostraram drogas ou conexões com o tipo de pessoa que poderia ser capaz de lhe fazer algo assim."

"E a arma?", perguntei. "Alguma indicação sobre o tipo de faca?"

"As feridas tinham de sete a nove centímetros de profundidade", explicou Ressler. "O melhor palpite é que foram feitas por algum tipo de faca de caça. Sem serrilhas incomuns, lâminas duplas ou algo assemelhado. Uma faca comum, fácil de ser comprada em qualquer loja."

Lanning levantou a mão, mas Ressler o ignorou para seguir em frente com sua própria linha de pensamento — por ser o investigador mais jovem da equipe, Lanning muitas vezes era tratado sem a devida atenção, como se fosse um irmão mais novo.

"Olha", continuou Ressler, "vocês estão fazendo boas perguntas, mas ninguém está focando na bicicleta. É ela que se destaca para mim. Quer dizer, seria de se esperar que a bicicleta estivesse jogada no chão em vez de inclinada propositalmente contra a cerca. Mas então... o assassino conhecia o garoto? Já tinha uma arma? Tem alguma coisa pessoal aqui. Uma coisa importante no aspecto do controle. Fica perceptível na agressividade do ataque e na forma como o menino foi amarrado. Mas não há agressão sexual. Então o que aconteceu durante aquelas 24 horas entre o sequestro e o momento do assassinato?"

"Cuidado, Bob", alertou Douglas. "Você está se deixando levar pela emoção, está tentando criar um perfil. Não sabemos se foi pessoal ou não."

Ressler fez uma pausa. O zumbido das luzes fluorescentes aumentou.

"Sim, você está certo", ele admitiu. "Vamos ao segundo homicídio. Vamos falar sobre o que aconteceu na sexta-feira da semana passada."

Ressler carregou um novo carrossel de slides no projetor, desligou a fileira de luzes do teto e ligou o interruptor do projetor.

"Vocês notarão como as vítimas se parecem, como são semelhantes os locais de descarte e como as feridas parecem ser semelhantes. Há vários elementos relacionando esses casos entre si. Porém este segundo é mais cruel que o primeiro."

Christopher W., filho de um oficial da Base Aérea de Offutt, foi sequestrado aproximadamente às 7h30 da manhã de sexta-feira, 2 de dezembro. Christopher, um menino frágil, alto e magro, era um tanto novo na região e ainda não havia feito amigos. Mas era conhecido na cidade por causa da posição de seu pai e porque morava em um bairro cheio de soldados a menos de um quilômetro e meio da base. Foi onde uma testemunha o viu conversando com um homem branco, nos arredores da Base Aérea de Offutt, ao sul de Omaha e logo ao lado de Bellevue, Nebraska. A testemunha não estava perto o suficiente para perceber outras características além da cor do suspeito (branco), idade ("bastante jovem") e como ambos pareciam estar com frio, pois havia espessas nuvens de vapor de respiração pairando entre eles enquanto falavam.

Christopher pulou no banco de trás do carro do suspeito sem nenhum sinal de luta, briga ou discussão. O menino podia ter se mostrado preocupado, mas parecia ter entrado no carro por vontade própria.

"Imaginei que ele estava pegando uma carona para a escola", disse a testemunha.

Essa foi a última vez que Christopher foi visto vivo. Seu corpo foi encontrado três dias depois em um local semelhante ao da vítima anterior. Era o mesmo tipo de espaço rural e amplo — um campo cercado por bosques no meio do nada.

Os investigadores tiveram sorte de encontrá-lo. Aquele fim de semana em particular trouxe fortes tempestades em todo o estado, e os caçadores encontraram o corpo da vítima por acaso antes que estivesse coberto de neve. Os homens haviam se dirigido à periferia da cidade para caçar perdizes. Depois de estacionarem o carro na beira da estrada, notaram dois conjuntos de pegadas se afastando da via, mas apenas um par voltando. Seguiram os rastros por cerca de 150 metros antes de tropeçarem no corpo e imediatamente chamarem as autoridades locais.

A força-tarefa conectou de imediato esse corpo ao caso anterior. Como a primeira vítima, essa criança estava nua, exceto pela roupa de baixo. Exibia cortes profundos semelhantes ao longo de seu peito e abdômen, e seu pescoço havia sido cortado do topo da coluna até o queixo, possivelmente em uma tentativa de decapitação. Mais uma vez não havia evidência de atividade sexual. O garoto tinha 13 anos, pesava aproximadamente 56 quilos e era, segundo todos os relatos, bastante puritano.

Por mais que as vítimas e seus locais de descarte exibissem semelhanças, três diferenças entre os dois casos eram notáveis. Primeiro, a última vítima havia sido encontrada com as roupas colocadas em uma pilha organizada a poucos metros do corpo, enquanto as roupas de Danny nunca foram localizadas. Em segundo lugar, não havia cordas envolvidas no ataque mais recente. E terceiro, o relatório preliminar do laboratório mostrava que o corpo encontrado agora havia sofrido mais cortes *post-mortem* do que a vítima anterior.

• • •

PROFILE 3

profile

"É basicamente isso." Ressler voltou a acender as luzes. "Os detalhes ainda estão chegando e há outra testemunha para entrevistar. Mas isso é tudo que a força-tarefa sabe até o momento. A polícia local está trabalhando com os jornais e emissoras de TV da região para pedir a ajuda da população. Foi criada uma linha direta para a qual as pessoas podem ligar com pistas, números de placas ou descrições de pessoas suspeitas. Também fizeram circular um aviso direcionado aos moradores para que denunciem qualquer pessoa que seja vista conversando com crianças ou à espreita nas imediações. Perguntas?"

"Você afirmou que as roupas estavam dobradas", disse Douglas. "Pode nos mostrar esse slide de novo?"

Ressler clicou para retroceder o projetor algumas imagens. "Aqui. É meio difícil de ver. Porém elas foram colocadas de forma organizada e não apenas jogadas uma em cima da outra. Não é que estejam perfeitamente certinhas, mas foram ajeitadas. Mais ou menos como dobramos um casaco no meio em vez de apenas jogá-lo em algum lugar, de qualquer jeito. Vale a pena notar a ordem das roupas empilhadas aqui."

Ressler fez uma pausa, dando a todos nós um momento para escrever em nossos cadernos. Então Lanning falou:

"Só fico me perguntando se há alguma indicação de remoção de órgãos".

"Não." Ressler balançou a cabeça. "Os ferimentos são apenas talhos. Parece que poderia haver algum tipo de padrão; porém, aparentemente, foram cortes aleatórios."

"Já não tenho tanta certeza", Lanning retrucou. "Considero muito parecido com a última vítima. Neste momento, eu chamaria de ritualístico. É raiva."

"Ok, espere um pouco. Deixe-me voltar um segundo", disse Ressler. "Enviamos nossos próprios caras para dar uma olhada na perícia na primeira vítima. Ainda nada sobre o corte, contudo chegaram a uma interpretação diferente para o pedaço que faltava no braço do garoto. Encontraram uma marca dentária. Era apenas parcial, mas a conclusão foi que a ferida poderia estar encobrindo um fetiche por mordedura."

"E a vitimologia?", perguntei. "Acho importante considerar as características das vítimas em tudo isso e o que pode ligá-las ao agressor, no entanto nenhuma das fotos nos dá uma visão clara do rosto das vítimas. A idade é o fator-chave ou eles também têm aparência semelhante?"

"Os dois eram muito parecidos", disse Ressler. "E em termos de vitimologia, há muito para ser analisado. Esse assassino selecionou vítimas fáceis. Escolheu homens jovens, não mulheres — isso é significativo. Você está olhando para o tipo de cara que, em regra, opta por meninos como suas vítimas, e acho que isso é fundamental para a personalidade dele. Esse cara é um covarde. E sim, sim, eu sei. Estou sendo tendencioso." O agente deu de ombros e olhou rapidamente para Douglas, confessando o deslize antes que alguém pudesse reclamar. "Então, é hora de começar. Vamos traçar um pequeno perfil aqui."

Essa última parte era o verdadeiro motivo do encontro. Todas as pessoas na sala naquela manhã já haviam se familiarizado com o caso — tínhamos estudado o resumo. E embora a apresentação de Ressler fosse completa e perspicaz e adicionasse um novo contexto por meio de suas fotos e slides, continuava a ser uma revisão. Seu verdadeiro propósito era simplesmente um pretexto para que a elite de criadores de perfil colaborasse para restringir a busca ao menor grupo possível de suspeitos. Era assim que o processo funcionava. Cada agente trazia *insights* e perspectivas únicos que ajudavam a definir quem era o suspeito. Era arte e ciência. E embora algumas pessoas dentro do Bureau tivessem criticado nosso método por esse motivo, eu o via como uma vantagem. Isso também significava que o processo precisava ser o mais rigoroso possível. Cada indício de prova, cada detalhe, deveria ser considerado com cuidado, pois havia sido testado, contextualizado e refinado para formar uma visão mais clara do suspeito como um indivíduo abrangente. O resultado final estabelecia um todo maior que a soma de suas partes. A criação de perfil não era capaz de nomear com exatidão a pessoa responsável por um crime, mas usava todos os indícios disponíveis para criar um retrato profundo e cheio de nuances do suspeito — incluindo idade, raça, estatura física, trabalho, educação, hobbies e quase qualquer outro detalhe imaginável.

Para o caso de Nebraska, usamos cada prova à nossa disposição para chegar à descrição mais abrangente possível. Começamos com o perfil original de Ressler, que já deduzia que o assassino provavelmente trabalhava em um emprego que o colocava próximo de jovens do sexo masculino, talvez como treinador de futebol ou líder de escoteiros. E porque o assassino fizera uso grosseiro de uma faca para eliminar os vestígios de marcas de mordida em suas vítimas, Ressler acreditava que o suspeito lia revistas policiais e de detetives que discutiam ciência forense. Também concordamos que o assassino era obcecado por controle e estaria assistindo atentamente à cobertura jornalística de seus crimes para ver como estava sendo retratado pela mídia. A isso, adicionamos dados demográficos básicos que nossa pesquisa em andamento sobre assassinos em série tornava bastante óbvia. Ele era branco, já que os assassinos em série tendiam a matar dentro de sua raça; era jovem, pois as vítimas mais jovens eram um sinal de imaturidade sexual; e seu grau excessivo de violência falava de profundos sentimentos de raiva e inadequação no mundo.

Porém eram sempre os menores e mais sutis detalhes que podiam fornecer o sucesso ou o fracasso de um perfil. Esse precisava ser o nosso foco. Descrevemos o suspeito da seguinte forma:

Homem branco no final da adolescência ou de vinte e poucos anos. É dono de um carro bem conservado, algo apresentável o suficiente para que suas vítimas se sintam à vontade para entrar. É capaz de projetar confiança e possui uma facilidade de conversa com as vítimas preferidas por causa de sua semelhança de idade. Mas essa confiança é apenas superficial, como é evidente pela natureza pré-planejada dos ataques — o assassino estava preparado com cordas e lacres plásticos para controlar suas vítimas — em contraste com a maneira apressada de descartar seus corpos, o que mostra falta de experiência e urgência.

O uso de cordas também sugere uma natureza sexual dos crimes, o que está de acordo com a ausência de provas cabais de agressão sexual antes ou depois da morte. Há um elemento de *bondage* nas cordas que é consistente com o controle sexual. E a falta de consumação do ato é evidência de imaturidade sexual, experiência limitada e paranoia. As

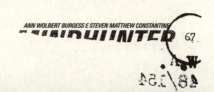

feridas agressivas da faca mostram as frustrações e a raiva do assassino por não conseguir converter o ataque em uma experiência sexual. Isso sugere que o criminoso é levado a viver uma fantasia sexual, que provavelmente está enraizada em seu próprio trauma sexual de infância.

O hábito do assassino de fazer sequestros matinais aponta para um trabalhador braçal que exerce sua atividade em turnos, algo parecido com um mecânico semiqualificado que trabalha à noite. Mais uma vez, isso aponta para uma inteligência mediana, para alguém que provavelmente não concluiu o ensino médio, porém nada mais. Ele não é casado, não se sente confortável com mulheres, não tem experiência sexual. Pode ser definido como emocionalmente retraído e impulsivo. É um morador local da região. Tem uma fixação por meninos e é provável que esteja envolvido em uma atividade que lhe permita aproximar-se dessas crianças, como um time da liga infantil ou atividade semelhante. Mora sozinho em um apartamento. Lê revistas de detetive como uma forma de pornografia. Talvez possua histórico de menor infrator que mostre crimes sexuais anteriores com meninos. É uma pessoa solitária e quer sair da cidade, mas não pode por causa do potencial limitado de emprego. Está ganhando confiança e talvez venha a se expor adotando um comportamento de alto risco.

Também notamos que é bem possível que o homicida ataque outra vez, mais cedo ou mais tarde. A polícia local não gostaria de ouvir essa parte — afinal já estavam sobrecarregados com os horrores dos acontecimentos até ali —, contudo precisávamos conscientizá-los da probabilidade de novos atos criminosos acontecerem. Além disso, o suspeito havia mostrado sinais de progresso em sua técnica entre a primeira e a segunda vítima. E com as festas de fim de ano chegando e as escolas fechando para o recesso de inverno, as crianças estariam fora da segurança de suas salas de aula e mais vulneráveis a ataques. A oportunidade seria muito tentadora para o bandido resistir.

Nas semanas que se seguiram, os investigadores identificaram numerosos suspeitos para serem interrogados. Isso incluiu um suspeito potencial conhecido por forçar meninos a entrar em seu carro para praticar atos de pedofilia. Porém, embora esse histórico o tenha levado a uma condenação e prisão, esse suspeito não estava relacionado aos casos Danny E. e Christopher W. Dezembro se passou sem mais incidentes. Assim como o início de janeiro.

O caso finalmente foi solucionado na manhã de 11 de janeiro. As aulas haviam recomeçado e a professora de uma creche da igreja notou um carro suspeito parado no estacionamento. Essa senhora começou a anotar o número da placa; no entanto, o motorista deu ré, estacionou o carro e ameaçou matá-la caso o papel não lhe fosse entregue. A testemunha conseguiu passar pelo homem e correu para dentro. Então ela ligou para o número da linha direta que vira no noticiário. O homem fugiu.

A polícia local e agentes especiais do escritório do FBI em Omaha foram rápidos em responder. Os investigadores rastrearam o automóvel até uma oficina mecânica próxima e descobriram que ele fora alugado por um homem da Força Aérea lotado na Base Aérea de Offutt. O carro do homem estava atualmente na oficina para reparos. Os oficiais olharam pelas janelas do veículo e viram uma corda semelhante à encontrada na primeira vítima. Em seguida, entraram em contato com policiais do Escritório de Investigações Especiais da Força Aérea (OSI) para obter acesso imediato à residência do proprietário do carro, um técnico de radar chamado John Joseph Joubert IV. Uma operação de busca e apreensão foi autorizada, e evidenciou mais cordas iguais, uma grande faca de caça e várias dúzias de revistas de detetives muito lidas, uma das quais tinha uma página dobrada com uma história sobre matar um jornaleiro. As descobertas — junto à aparência física de Joubert, de 21 anos, como um jovem homem branco com uma constituição franzina — batiam perfeitamente com todos os itens do perfil.

Como se viu, Joubert era um trabalhador de baixa especialização que realizava manutenção diária básica em equipamentos da Força Aérea durante o período noturno. Ele também fazia parte dos escoteiros havia anos e era chefe assistente desse grupo em uma tropa da base aérea.

Durante o interrogatório, Joubert inicialmente negou ter matado os meninos, porém hesitou quando confrontado com as provas. Quando os investigadores lhe disseram que a corda em seu carro combinava com a que fora usada para imobilizar a primeira vítima, Joubert alegou

que por ser chefe assistente de escoteiros seu superior hierárquico havia lhe dado a corda como presente. Então disse que queria falar com o chefe dos escoteiros. Isso nos apresentou uma oportunidade estratégica. Servia como uma técnica interrogativa de aliviar os medos de um suspeito, trazendo alguém que já ganhara sua confiança. Essa reunião foi marcada e, após uma longa conversa entre os dois, Joubert seguiu o conselho do chefe dos escoteiros e confessou os homicídios de Danny E. e Christopher W. Ele disse que matou os meninos logo após buscá-los. Também admitiu que nunca tivera um relacionamento sexual consentido e se sentia sexualmente atraído por meninos. Além do mais, divertia-se lendo revistas de detetives sobre domínio, poder e controle.

A confissão de Joubert combinava ainda mais com o perfil do FBI. Ele era emocionalmente retraído, sexualmente inseguro e impulsivo, exatamente como prevíamos. Isso ficou mais claro no relato dele, em um formato de lista, de como matara Danny:

> Coloquei meu despertador para acordar [às 5h30] da manhã para sair e fazer o que precisava. Entrei no meu carro, fui a uma Quick Shop e vi uma criança lá. Danny estava entregando jornais. Passei pelo menino no estacionamento. Enquanto cruzava com ele, me veio à cabeça a ideia de pegar o garoto e colocá-lo no porta-malas e levá-lo para algum lugar. Andei atrás dele, coloquei a mão sobre sua boca e disse: "Não faça barulho". Então coloquei o esparadrapo sobre a boca dele e amarrei suas mãos atrás das costas. Pensei, não posso fazer isso aqui [...]. Dirigi para uma estrada de terra e estacionei. Então eu o puxei do porta-malas e lhe disse que devia tirar a camisa e as calças. Lembro-me de colocar as mãos na sua garganta. Ele soltou as mãos e tentou me impedir. Eu lhe disse: "Não se preocupe", e então puxei uma faca, que era uma faca de cortar peixe em filé. Era barata. O esparadrapo era do hospital. Eu havia cortado o dedo com uma faca de precisão [X-Acto] enquanto trabalhava nos meus modelos e recebi o esparadrapo no hospital.

Joubert então descreveu como esfaqueou Danny uma vez no peito e ouviu seus gritos antes de esfaqueá-lo lentamente uma e outra vez, sentindo excitação sexual cada vez maior a cada golpe da faca.

Não houve nenhum sinal de emoção durante a confissão de Joubert até o momento em que mencionou a grande laceração na coxa esquerda de Danny. "Era para encobrir uma marca de mordida", explicou. "Era importante que eu matasse os meninos seguindo o manual. Tinha que ser bem-feito." O assassino enfatizou que não sentiu nada quando matou Danny — ele apenas estava representando uma fantasia bem ensaiada. "Sei que parece ridiculamente frio", acrescentou Joubert, descrevendo como foi ao "McDonald's com sangue nas mãos, rumei para o banheiro masculino e lavei as mãos. Então pedi o café da manhã e comi. Depois fui para casa, caí na cama e dormi profundamente por uma ou duas horas".

Joubert tinha muitas das mesmas características que outros criminosos no estudo de assassinos em série nos quais eu trabalhava na época. Encaixava-se em um padrão discernível que estava se tornando cada vez mais claro a cada caso que eu analisava. De certa forma, pesquisar o passado de Joubert realmente ajudou a confirmar o que estava suspeitando desde o início: assassinos em série se desenvolviam de acordo com uma certa lógica. O fato de se tornarem homicidas seriais não era algo aleatório ou fruto do acaso, mas resultado de um *design de fábrica* distorcido, uma mistura de criação, personalidade e psicologia do assassino — tudo isso combinado como causa que lhes fazia responder a certos gatilhos de forma horrivelmente violenta. Joubert era um exemplo que parecia ter saído de um livro didático.

Os pais do homicida se divorciaram quando ele era jovem e sua mãe deslocou a família para o Maine, onde havia se esforçado para ganhar dinheiro. Frustrado e irritado, Joubert começou a se tornar agressivo. Cometeu sua primeira série de atos violentos durante um período de quatro meses, quando tinha apenas 13 anos. Tudo começou quando golpeou uma menina de 6 anos, que passava por ele de bicicleta, com um lápis ou chave de fenda. Várias semanas depois, usou uma faca para atacar uma mulher de 27 anos que cruzou seu caminho na rua. E dois meses depois disso, com uma faca de precisão, cortou a garganta de um menino de 9 anos — o menino sobreviveu, porém precisou de uma dúzia de pontos para fechar a ferida de cinco centímetros. Esses ataques serviram como um teste preliminar para o futuro assassino em série enquanto desenvolvia suas fantasias assassinas.

Joubert disse que tinha fantasias violentas desde quando conseguia se recordar. A primeira de que se lembrava ocorreu aos 6 anos. Nela, ele se esgueirava atrás de sua babá, estrangulava-a e depois a devorava até que a mulher desaparecesse por completo. Joubert disse que repassou essa fantasia na cabeça várias vezes, repetindo-a e aprimorando-a ao longo de sua infância e até seu primeiro assassinato. Não conseguia se lembrar de quando suas fantasias tinham mudado de mulheres para meninos, contudo sabia que a imaginação parecia mais autêntica que a realidade. A vida real apresentava uma série de decepções e limitações. Já a fantasia permitia-lhe dar vazão à sua imaginação.

Após a prisão, o psiquiatra encarregado de avaliar Joubert observou: "Ele parece tão descolado das experiências emocionais que sugere algum tipo de processo dissociativo crônico. Suspeito que o paciente possua uma vaga consciência desse defeito ou falta em si mesmo e, em parte, os homicídios foram uma tentativa de experimentar emoções fortes".

Joubert parecia concordar com essa avaliação. Ele acreditava que suas fantasias eram uma maneira de esquecer os episódios de violência familiar que presenciara quando jovem, incluindo vários incidentes de agressão envolvendo seu pai e sua mãe. Daquele ponto em diante, Joubert começou a ter fantasias sempre que se sentia estressado.

"Eu tinha esses pensamentos que me aliviavam a tensão", declarou. "Aprendi que isso fazia com que me sentisse melhor e, à medida que cresci, tornou-se um hábito."

O assassino também deu informações relacionadas à idade de suas vítimas. "Fui muito infeliz dos 11 aos 13 anos, e acho que ==escolher meninos dessa idade era como mirar em mim mesmo==."

Outros detalhes dentro do relatório se destacavam para mim, e fiz questão de incluí-los em nosso estudo em andamento relacionado a assassinos em série no FBI. Primeiro, como parte de seus testes

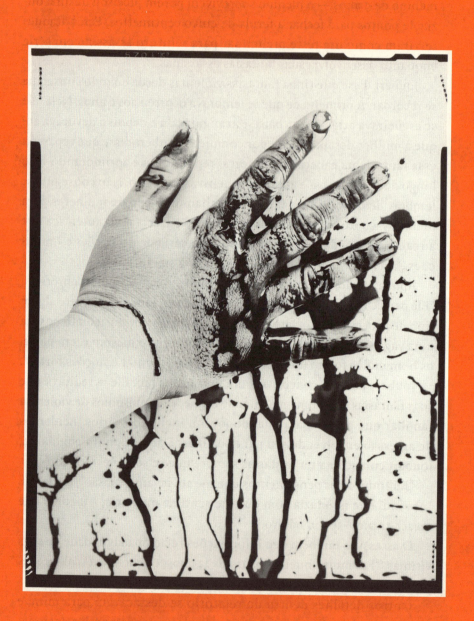

PROFILE 3
profile

psiquiátricos, Joubert demonstrou um QI alto e uma memória excelente. Em segundo lugar, sua recontagem dos eventos era tão objetiva, tão imparcial e tão clínica que parecia que estava rememorando um filme em vez de seus próprios atos horrendos de violência. E terceiro, tanto seus pensamentos quanto suas ações eram extremamente bem estruturadas.

Minha conclusão foi que Joubert era um indivíduo brilhante, meticuloso e bem-organizado, com pouca ou nenhuma capacidade de estabelecer empatia com os outros. Ao mesmo tempo, tinha consciência suficiente de suas diferenças para se sentir profundamente isolado por causa delas. Isso o levou a construir uma intrincada rotina de fantasias, na tentativa de superar sua cisão emocional com a realidade do mundo ao seu redor. Mas não foi o suficiente. Ele precisava causar dor aos outros para sentir qualquer tipo de emoção real. E em sua busca por vítimas, em seus métodos de provocar sofrimento nos outros, encontrou uma maneira parasitária de sentir as emoções que lhe haviam sido negadas por muito tempo.

O caso Joubert marcou um momento crucial para mim, Douglas e Ressler. Até então, nosso interesse principal era entrevistar assassinos em série condenados e analisar os dados como parte de nosso estudo de personalidade criminosa. Porém, ao aplicar o lado da pesquisa de nossas descobertas à técnica investigativa de perfis criminais, alcançamos uma posição melhor no Bureau. Demonstramos o potencial inexplorado da criação de perfis criminais em tempo real para ajudar até nas investigações mais urgentes. Confirmamos que a criação de perfis, embora ainda rudimentar, poderia ser uma ferramenta poderosa e eficaz. E por último, embora não menos importante, mostramos que a criação de perfis podia ser bem-sucedida mesmo dentro da estrutura complexa da colaboração entre agências — recursos compartilhados nos níveis estadual, local e federal. Perfilar criminosos funcionava.

Imediatamente, Ressler começou a incluir o caso Joubert como parte de suas atribuições na Academia para enfatizar a importância da colaboração entre agências. E foi durante uma dessas primeiras palestras que um policial de Portland, no estado do Maine, notou as semelhanças entre o caso de Nebraska e um caso não resolvido de sua jurisdição. O oficial pediu para falar com Ressler depois da aula, momento em que explicou que o caso do Maine havia ocorrido enquanto Joubert ainda morava nas proximidades, três meses antes de ingressar na Força Aérea. Ressler concordou que as semelhanças eram coincidências demais para serem ignoradas. O agente pediu cópias dos registros investigativos e soube que, em 22 de agosto de 1982, Richard "Ricky" Stetson, de 11 anos, fora encontrado morto por golpe de faca e estrangulamento. O que mais se destacou, no entanto, foram as fotos forenses de uma marca de mordida humana na perna da vítima, que o infrator aparentemente tentou encobrir com uma série de cortes cruzados. Ressler usou essa análise de mordida para provar que Joubert era responsável pelo assassinato de Stetson no Maine, além dos dois assassinatos que cometera em Nebraska.

O caso Joubert também foi importante em maior escala. Foi coberto pela mídia nacional como o caso "Esfaqueador de Woodford", referente ao Condado de Woodford, Nebraska, onde os crimes ocorreram. Esta foi a primeira vez que a BSU esteve no centro das atenções assim. E nosso sucesso ganhou um aceno de aprovação do próprio diretor do FBI, William Webster, que escreveu uma carta de elogio na qual reconhece o papel que a criação do perfil teve para a resolução dos crimes. O destaque dado pela mídia nacional à solução dos assassinatos também colaborou para a publicação do caso no *Congressional Record*, vinculada a uma nota dizendo: "Todas as partes envolvidas merecem o mais alto elogio".

Essa demonstração pública de apoio foi um marco significativo na validação da Unidade de Ciências Comportamentais para o FBI em geral. Os tradicionalistas do Bureau ainda viam a criação de perfis como acadêmica demais para causar qualquer impacto duradouro nos crimes do mundo real. No entanto, mesmo nossos detratores mais convictos não podiam negar nosso sucesso recente. Provamos que havia valor em entender a mente criminosa. Estávamos no caminho certo.

PROFILE 3
profile

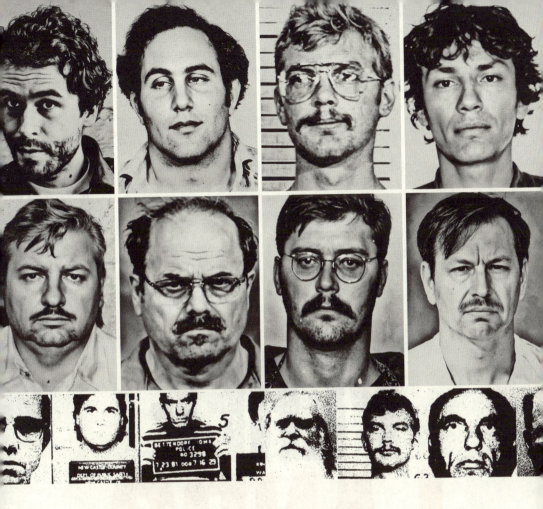

Ser finalmente reconhecido em nível nacional era uma chancela bem-vinda ao nosso trabalho, mas ser capaz de usar, de fato, os perfis criminais em uma investigação em andamento para encontrar um criminoso foi a recompensa mais satisfatória de todas. Isso fez com que todas as outras coisas — as dúvidas que tive, os testes aos quais sobrevivi, o coro interminável de críticas — parecessem pequenas e sem importância. Usamos perfis criminais para salvar um número incalculável de potenciais vítimas infantis. Porém, foi apenas o começo. A década de 1980 veria um pico no número de assassinos em série ativos como nunca visto até então. Joubert representava apenas um vislumbre dessa violência. Para nós, o trabalho estava apenas começando.

PROFILE 3
profile 78

equipeemformação

PERFI-
LANDO

O Inferno está vazio,
e todos os demônios
estão aqui.
William Shakespeare,
A Tempestade

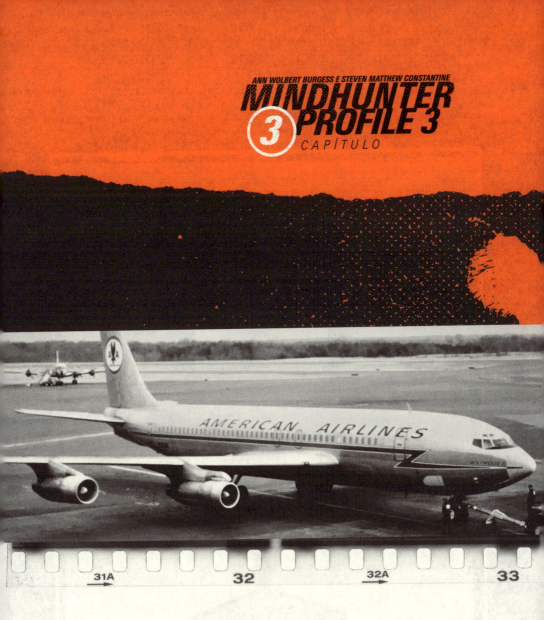

MINDHUNTER PROFILE 3
CAPÍTULO 3

ANN WOLBERT BURGESS E STEVEN MATTHEW CONSTANTINE

Logo no início, quando aprendi a lidar com minhas responsabilidades acadêmicas e meu novo trabalho na BSU, os voos frequentes de Boston para a cidade de Washington eram como viajar entre dois mundos. Era emocionante. Parecia que essas viagens me faziam transitar da comedida professora Burgess para uma agente intrépida na luta contra o crime. E para levar tudo um passo adiante, poucas pessoas sabiam da minha identidade alternativa. Isso era importante para mim porque eu tinha uma família

jovem que queria manter alheia aos casos perturbadores que revisava na BSU. No entanto, compartimentar nem sempre era fácil. Eu nunca sabia quando os agentes iriam me ligar — às vezes com uma pergunta simples, outras com um pedido urgente de "venha para cá o mais rápido possível". Precisava estar pronta para o que viesse na minha direção. Pois, independentemente das alegrias ou desafios do dia a dia no meu mundo comum, o que estava em jogo nessas ligações telefônicas muitas vezes era a diferença entre a vida e a morte de algumas pessoas. Essa era a realidade crua dos fatos. E eu sabia disso quando aceitei esse encargo.

Criei o hábito de manter uma mala de viagem pronta com suprimentos básicos — uma "bolsa de emergência", como os oficiais as chamavam — e me peguei usando-a com frequência. Sempre que recebia uma ligação, pegava minhas coisas e embarcava no primeiro voo. Naquela época, a ponte aérea de Boston para a cidade de Washington se dava em um aviãozinho bimotor que não exigia reservas. Também não havia segurança. Bastava pegar minha passagem, subir a bordo e me acomodar no meu lugar. Se o avião estivesse cheio, eles prometiam "providenciar outro". Além disso forneciam um sanduíche e uma bebida. E, quando pousávamos, não faltava um motorista esperando para me pegar em um carro preto indescritível. Eu revisava materiais relacionados aos crimes e anotações durante a longa, longa viagem até a Academia — a paisagem mudava de prédios federais para casas, florestas e para o que finalmente parecia o meio do nada.

Eram fins da década de 1970, logo depois que a Academia se mudou da cidade de Washington para uma base do Corpo de Fuzileiros Navais em Quantico, Virgínia, 64 quilômetros ao sul da capital do país. O novo local consistia em pouco mais de 2.200 metros quadrados de terras agrícolas, colinas e pântanos úmidos. Era de difícil acesso, com o rio Potomac a leste e uma floresta antiga a oeste, além de silencioso. À medida que o Bureau crescia em tamanho, escopo e especialidades investigativas, Quantico tornou-se um ativo cada vez mais significativo em razão de suas dimensões. Em 1969, começaram a construir um complexo de grande escala que forneceria instalações de última geração para treinamento de novos investigadores. E quando cheguei, o FBI havia se

transformado em duas filiais distintas em dois locais separados: a cidade de Washington permanecia como a sede do QG — chamada Bureau —, enquanto Quantico se tornou a sede da Academia — uma divisão de treinamento dedicada a aulas, tiro, trabalho de laboratório e outros programas de pesquisa especializados.

Mas a navalha de Occam corta nos dois sentidos. Por mais que o sistema de aplicação da lei estivesse avançando, o crime também estava evoluindo em sofisticação e engenhosidade. O Bureau sabia disso e reconhecia a importância de estar um passo à frente. Era o que Quantico oferecia. A unidade expandiu a forma como os agentes eram formados com estudo de organização e funcionamento do meio forense, trabalho de laboratório e reconstituição de cenas de crime. Enfatizava a pontaria e as técnicas práticas de tiro em campos de treinamento realistas. E, talvez o mais importante, pela primeira vez na história do FBI, o Bureau fornecia recursos voltados à compreensão da psicologia dos comportamentos criminosos. Na última década, houvera um aumento alarmante no número de casos incomuns, como sequestros, estupros e assassinatos em série. O FBI queria entender o porquê. Assim, a BSU nasceu — e foi incumbida de descobrir tudo isso.

Vivi essa modernização do FBI desde seus momentos iniciais, que ocorreram ao mesmo tempo que minhas primeiras visitas à BSU como palestrante convidada. Era difícil não ficar impressionada. As novas instalações tinham auditórios em estilo de teatro, 24 salas de aula, dois dormitórios, um refeitório, uma academia, uma biblioteca de última geração e um grande campo de tiro. Todo o complexo era uma colmeia de atividade, fervilhando não apenas com agentes, mas também com oficiais visitantes das forças armadas e policiais de todo o país. De muitas maneiras, tinha toda a familiaridade de um campus universitário. Contudo, aqui — assim como dentro do Bureau de modo geral — uma tradição de disciplina e lealdade reinava suprema.

Embora minhas circunstâncias na Academia fossem únicas, o status em que me mantinham não era. Afinal, consideravam Quantico um solo sagrado. Entrar significava passar por uma verificação de antecedentes, obter a documentação certa e me identificar com o inconfundivelmente grande crachá de visitante que me mantinha sob olhares o tempo todo. Também significava submeter-me ao escrutínio implacável e aos métodos hierárquicos de operação do Bureau. Foi algo que aprendi logo de início, durante uma das minhas primeiras visitas para palestrar. Cheguei tarde da noite, registrei-me e fui escoltada para um quarto especial no menor dos dois dormitórios, onde logo adormeci. Depois do que pareceram meros minutos, de repente fui despertada com um sobressalto por uma saraivada de canhões que explodiam a não mais de cem metros de distância. Eram seis da manhã. O campo de tiro acabara de abrir. Mas, apesar de ser alarmante acordar assim, eu sabia que nunca poderia mencionar isso aos agentes. Precisava provar minha capacidade de adaptação e de me manter calma em ambientes desconhecidos. Esse era apenas mais um teste para ver como eu lidaria com os elementos inesperados do trabalho.

Minha fase de iniciação na Academia do FBI durou cerca de três anos — a começar por aquela primeira ligação de Hazelwood em 1978 e terminando com o sucesso do caso Joubert no início dos anos 1980. Foi assim que fiz a transição entre lecionar na Academia e ingressar na equipe mais especializada de agentes da BSU. Pelo menos, essa é a história oficial de como acabei lá — poucas pessoas sabiam do trabalho extraoficial que vinha fazendo desde o primeiro momento em que pisara pela porta, ajudando os agentes a desenvolver os próprios projetos paralelos. Ainda assim, estava entusiasmada em fazer parte da equipe. Juntei-me a Ressler como codiretora da pesquisa acerca da personalidade criminosa, que dividimos em estudo de assassinos em série e no processo de criação de perfil. Graças ao recente financiamento do Instituto Nacional de Justiça, tornei-me responsável por supervisionar o orçamento e a estrutura do estudo da personalidade criminosa, bem como a direção de pesquisa de oito funcionários do projeto no Boston City Hospital, onde aconteciam a entrada de dados do estudo, a análise estatística e entrevistas e transcrição das sessões de perfil.

Foi Hazelwood quem me cumprimentou pela primeira vez depois que recebi a notícia de que seria contratada. Estava ansioso para compartilhar a emoção com o resto da BSU em seus escritórios subterrâneos

perto do infame abrigo antibombas. Então me levou por um atalho para os elevadores, conduzindo-me pela sala de armas totalmente abastecida do prédio, onde um instrutor passava um tutorial para oficiais em treinamento enquanto andávamos por ali. O grupo imediatamente parou e olhou para nós.

"Está tudo bem", disse Hazelwood. "Ela está conosco."

Sorri, parando por um momento para absorver tudo. Essa foi a primeira vez que me senti tão confiante em meu papel no Bureau quanto no valor do meu trabalho.

Mas o momento não durou muito. "Ei, Ann, o que está esperando?", perguntou Hazelwood.

Corri para me juntar a ele no elevador no momento em que apertou um botão não marcado que nos levou para baixo, e mais para baixo, até o conhecido piso subterrâneo. Quando as portas finalmente se abriram, Douglas estava lá para nos receber com uma piada.

"Parabéns, Ann. Você agora é um membro oficial do Porão Nacional para a Análise de Crimes Violentos", disse ele. "Aqui embaixo, sob dezoito metros de solo, estamos dez vezes mais fundo do que os mortos."

Todos os agentes riram. Ri também, mas me pareceu estranho que o FBI nos escondesse e deixasse livres para agir à vontade. Estávamos vários andares abaixo do térreo, em um espaço sem janelas de um edifício projetado para ser um local seguro no qual os policiais federais se refugiariam no caso de uma emergência nacional. Ninguém vinha conferir o que fazíamos, e poucas pessoas sabiam que estávamos lá. Reinava um silêncio eloquente. Apesar do recente interesse do Bureau em desvendar a motivação dos comportamentos criminosos, e considerando nosso sucesso em alguns casos iniciais de criação de perfil, o trabalho em si ainda não havia produzido resultados suficientes para garantir recursos ou apoio às nossas pesquisas. Cabia a nós demonstrar a consistência e a aplicação mais ampla do nosso trabalho. E teríamos que fazer isso por conta própria.

Esse isolamento, percebi depressa, desempenhou um papel formador na própria identidade da BSU. Todos os agentes tinham suas próprias atribuições de ensino[1] e estavam de fato comprometidos com o desenvolvimento de seus projetos individuais de pesquisa especializada. Trabalhavam muito. Porém, ao mesmo tempo, a falta de responsabilidades compartilhadas trouxe um forte sentimento de independência entre eles. Isso também significava que raramente todos se reuniam como uma unidade. A exceção era quando havia um crime cujas características demandavam abordagens de difentes especialidades: coisas como incêndio criminoso, bombardeios ou violência ritualística. Só que depois de registrarmos alguns sucessos nessa arena, começamos a ver mais e mais casos singulares serem enviados para nós. Estávamos rapidamente ganhando a reputação como fonte de referência do FBI para as investigações que ninguém mais poderia resolver. Isso impactou a dinâmica da BSU. Foi uma mudança sutil no início. Porém, apesar de cada agente manter seus interesses individuais, o senso de propósito coletivo foi nos aproximando como equipe.

A outra característica comum que eu notava entre os investigadores da BSU era a desconfiança em relação à autoridade. Não que fossem totalmente insubordinados ou algo semelhante. Era mais um hábito de serem evasivos ou errôneos em situações em que isso jogava a seu favor. Essa postura ficou mais visível no modo como tratavam seu próprio chefe da unidade, Roger Depue. Depue era um membro pioneiro da BSU que servia como instrutor e administrador, depois de ter subido na hierarquia para se tornar chefe da unidade no final da década de 1970. Galgou o próprio caminho seguindo ordens e ficando longe de problemas. E embora fosse muito querido e respeitado pelos oficiais, tinha certa dificuldade em mantê-los na linha. Depue os chamava de teimosos e uma vez descreveu seu trabalho como semelhante a treinar

---

[1] Além de lecionar em tempo integral na Academia, os agentes da BSU eram responsáveis por tarefas ocasionais de duas semanas de "escola itinerante". A escola itinerante era feita aos pares e consistia em dois agentes viajando para uma cidade designada no domingo, ensinando durante toda a semana de trabalho e depois viajando para uma segunda cidade para ensinar durante a segunda semana. [As notas são dos autores, exceto quando sinalizado]

um time de futebol americano composto apenas por capitães de equipe, acrescentando que os investigadores "eram todos diferentes entre si, com ideias muito fortes sobre o que queriam fazer e como queriam fazer".

A avaliação de Depue era precisa. Os agentes, como os conheci, eram uma coleção de figuras distintas. Para o Bureau, eram diferentes não apenas em termos de caráter e interesses, mas também de antecedentes — a forma como ingressaram no FBI. Ainda assim, eram unidos por um fio comum: cada um deles possuía uma compreensão inata da psicologia criminal. Nenhum deles havia sido formalmente treinado para estudar pensamentos ou comportamentos humanos — apenas tinham um talento especial para isso. Encaixavam-se. Percebi isso na maneira como analisavam materiais investigativos, detectavam padrões de comportamento e eram procurados por equipes de campo para ajudar a interpretar rapidamente os crimes e seus motivos. Esses agentes eram bons em suas tarefas, e seu entusiasmo pelo trabalho se estendia além do dia a dia. Todos queriam desenvolver as próprias habilidades únicas em algo mais.

Mas havia um problema. Coletivamente, a BSU tinha um enorme potencial para reimaginar como o FBI aplicava a psicologia à violência criminal. No entanto, antes seria preciso começar a se enxergar como uma equipe. E, para isso, os oficiais deveriam reconhecer o que cada um deles poderia oferecer ao grupo como um todo. Percebi que, compreendendo-os como indivíduos e colaborando com eles em seus interesses, eu poderia ajudá-los a acelerar o processo. Não demorou muito para que me envolvesse em projetos conjuntos com cada um dos quatro "perfiladores criminais[2] de primeira geração" da equipe, como eram conhecidos na unidade: Roy Hazelwood, Ken Lanning, John Douglas e Robert Ressler.

---

2   O qualificativo "perfilador criminal", que aqui aparece no plural, vem sendo largamente empregado para se referir ao profissional responsável pela elaboração dos perfis dos criminosos, os quais se destinam a subsidiar a polícia judiciária na identificação dos responsáveis por práticas criminosas. Trata-se de um neologismo derivado do inglês *"criminal profilers"*. A partir desse ponto o qualificativo aparecerá somente como "perfilador". [Nota da Tradução, daqui em diante NT]

Hazelwood era um dos agentes mais antigos da BSU. Originalmente de Idaho, possuía um histórico militar e ingressara no FBI em 1971. Apresentava a afabilidade do Meio-Oeste, o que o distinguia em relação à severidade dos demais agentes. Era um homem engraçado e gostava de contar a história de como tinha ido parar na unidade. Aconteceu durante o inverno de 1978. Hazelwood acabara de concluir o Programa de Aptidão Gerencial do FBI, e suas notas altas em expertise executiva o tornaram o principal candidato à transferência para um escritório de campo dele próprio. No entanto, Hazelwood queria ficar na Virgínia, onde estava sua casa e família. Decidiu se candidatar à única tarefa disponível em Quantico naquela época: a vaga de instrutor de crimes sexuais na BSU. Então conseguiu o emprego e, quando começou em janeiro, foi levado aos andares inferiores do prédio para um armário de esfregões adaptado, no canto mais escuro e remoto do complexo subterrâneo — seu novo escritório. Acendeu a luz e viu uma calcinha de renda preta pregada na parede acima de sua mesa como um presente de boas-vindas.

Hazelwood resistiu e logo se tornou conhecido por sua experiência detalhada em crimes sexuais e assassinos sexuais. Sua mente era inquisitiva, e sua habilidade para formular perguntas fizeram dele uma peça perfeita para a BSU. As qualidades inatas que tinha o transformaram em um pesquisador empírico. Depois de poucos meses no trabalho, enquanto revisava o caso Harvey Glatman[3] para contribuir com um novo olhar para uma investigação em curso, Hazelwood começou a fazer perguntas que ninguém parecia capaz de responder: por que Glatman amarrava suas vítimas em várias posições e tirava fotos em vários estágios de nudez? Onde tinha aprendido essas coisas e por que ficava excitado com elas? Por que o criminoso amarrava as pernas inteiras de uma vítima em vez de apenas seus tornozelos? Enquanto vasculhava uma caixa de arquivos de casos do FBI, Hazelwood sentiu que ainda podia descobrir algo estudando os autos da investigação sobre Glatman. Não conseguia afastar a sensação de que havia um motivo pelo qual as pessoas

---

3   Glatman foi um assassino em série ativo no final dos anos 1950 conhecido por tirar fotos de vítimas enquanto as agredia sexualmente, matando-as em seguida.

cometiam atos de violência sexual e que era importante entender exatamente qual motivo era esse. Conhecer o passado de um assassino, raciocinou, poderia oferecer *insights* sobre quem havia se tornado e por quê. O agente encontrou uma pista na infância de Glatman.

Um documento dentro dos arquivos descrevia um incidente em que a mãe de Glatman havia encontrado seu filho com a extremidade de um barbante amarrada ao pênis e a outra extremidade fechada em uma gaveta da cômoda. Anos depois, ainda adolescente, os pais de Glatman o encontraram de novo praticando asfixia autoerótica, desta vez na banheira, com o pênis e o pescoço amarrados à torneira. Durante a investigação original, ninguém havia relacionado esses comportamentos iniciais aos assassinatos sexuais que Glatman cometeu mais tarde na vida. Mas, para Hazelwood, a conexão era clara.

Em 1979, em uma reunião de grupo, Hazelwood pediu ao chefe da BSU, Larry Monroe, permissão para estudar fatalidades autoeróticas e ver como se conectavam a outros comportamentos atípicos. Monroe ficou em silêncio. Hazelwood tentou explicar a importância do trabalho, mas foi rapidamente interrompido com uma pergunta incisiva: "Por que o estudo de um fenômeno tão raro [cerca de 1.500 mortes por ano] mereceria o tempo e os recursos do FBI?". O agente ofereceu duas razões para fundamentar seu pedido. Por um lado, traria o encerramento para as famílias das vítimas, que muitas vezes ficavam arrasadas pelas circunstâncias desse tipo de morte. Por outro lado, os departamentos de polícia precisavam diferenciar entre homicídios, suicídios e mortes acidentais. Confundir uma morte autoerótica com suicídio era um erro evitável que poderia economizar mais tempo e recursos do que sua pesquisa jamais custaria. Monroe assentiu e Hazelwood recebeu aprovação, com a condição de que disponibilizasse suas descobertas para a comunidade policial.

Hazelwood mergulhou fundo em sua pesquisa. Pediu que estudantes de aplicação da lei da Academia encontrassem e apresentassem casos que representassem mortes autoeróticas ocorridas desde 1970. Em seguida requereu que incluíssem relatórios investigativos com uma descrição ou fotografias da cena da morte. Em três anos, recebeu relatos de 157 fatalidades autoeróticas. O agente pediu minha ajuda e a de Nick Groth (que, naquele momento, trabalhava em estabelecimentos correcionais e dava palestras na Academia do FBI a respeito de estupradores). Estávamos interessados, mas nenhum de nós sabia o que eram as fatalidades autoeróticas. Na verdade, ninguém parecia saber muito a respeito do tema. Hazelwood era a única pessoa que havia pensado no assunto. Teve que desenvolver sua compreensão desses casos desde o início, categorizando-os como mortes sexuais acidentais atribuíveis à obstrução das vias aéreas, compressão torácica, produtos químicos, gás ou estimulação elétrica — tudo a serviço da estimulação sexual.

Depois que Nick e eu concordamos em ajudar, nós três passamos noites em Quantico elaborando uma pesquisa de avaliação de dados que poderia ser aplicada a cada caso. Tivemos um problema logo no início quando Nick percebeu que não conseguia olhar as fotos de cadáveres. Porém, minha curiosidade superava minha apreensão. E ==minha experiência de trabalhar com vítimas de estupro me ensinou a focar nos dados em vez de no horror== — aprendi a suportar o trauma porque sabia que poderia ajudar. Então dividimos o trabalho de tal forma que eu visualizasse, analisasse e classificasse as fotos em categorias específicas enquanto Nick inseria os dados.

Uma vez que havíamos avaliado todos os 157 casos, passamos a disponibilizar nossas descobertas aos agentes da lei, como Monroe havia pedido. Mas não era fácil divulgar a informação sobre esse tema pouco conhecido. Quando os pedidos de palestras chegavam dos departamentos de polícia locais, Hazelwood — agora reconhecido por sua compreensão única das conexões entre comportamentos autoestimulantes e atos de violência ou morte — listava os tópicos oferecidos, fazendo questão de enfatizar o tema das fatalidades autoeróticas. Um chefe de polícia em particular parou um momento antes de dizer: "Não temos muitas mortes no trânsito por aqui".

O escritório de Hazelwood podia ser um armário de esfregões reformado, mas as coisas poderiam ter sido piores. Ken Lanning era a prova disso. Como o membro mais jovem da equipe, esse investigador teve que se contentar com um antigo espaço de armazenamento que nem tinha

PROFILE 3
profile

porta. A única sorte, no entanto, era ser localizado em frente a Douglas e Ressler. Foi assim que Lanning aprendeu os truques do ofício. Passou dias e semanas ouvindo os dois agentes seniores analisando todos os detalhes de suas investigações. Como uma esponja, absorveu tudo o que diziam. E com o tempo, caso a caso, essas sessões construíram sua formação como perfilador. Ele me disse uma vez que foi o melhor treinamento que teve na vida.

Lanning cresceu no Bronx e passou a maior parte de sua infância envolvido em um clube de jovens do FBI patrocinado pelo governo, do qual se tornou presidente quando tinha apenas 10 anos de idade. Se saía bem na escola, tinha sido um excelente nadador competitivo e se formou no Manhattan College quando a guerra no Vietnã se intensificava. Sabia que deveria tomar uma decisão, então se alistou na Marinha e se qualificou para frequentar a Escola de Candidatos a Oficiais, onde assumiu responsabilidades adicionais ao se voluntariar para um programa especializado evolvendo a desmontagem de munições submarinas e dispositivos explosivos improvisados. Foi aí que o caminho de Lanning cruzou com o do FBI. Dois agentes da Unidade de Explosivos do Departamento viram com seus próprios olhos as habilidades de Lanning enquanto visitavam o programa de Descarte de Artilharia Explosiva da Marinha em Indian Head, Maryland, e ficaram de olho nele. Depois que os três anos de serviço do jovem militar terminaram, Lanning recebeu uma carta de recrutamento convidando-o a uma entrevista de avaliação para o cargo de agente especial do FBI — a ser confirmado após testes — com um salário inicial de 10.252 dólares por ano. Era o emprego que sempre quisera.

Nos dez anos seguintes, Lanning ganhou experiência considerável como investigador de campo em escritórios regionais em todo o país. Conseguiu se destacar em seu trabalho e foi valorizado pela dedicação. A recompensa veio em dezembro de 1980, quando recebeu um cargo de agente especial supervisor na BSU na Academia do FBI. Viu o lado positivo imediatamente. Agora poderia desenvolver sua própria pesquisa, oferecer consultoria de casos ou dar palestras a novos agentes sobre o que havia aprendido em uma década no campo. No entanto,

apesar de todos os seus planos, seu escritório sem porta o colocou em um caminho diferente: preparou-o para se tornar um perfilador altamente qualificado.

A personalidade de Lanning era inseparável de seu trabalho. Era equilibrado e profissional, refletia profundamente acerca do trabalho e seu cérebro sempre estava funcionando antes de abrir a boca para falar. Já seu temperamento calmo o tornava adequado para lidar exatamente com o tipo de crimes perturbadores que a BSU era conhecida por resolver. Assim, no início de 1981, quando Hazelwood o abordou sobre a colaboração em um projeto de pesquisa para entender por que criminosos haviam cometido atos de violência sexual, Lanning aceitou sem hesitar. Era a sua chance de criar um nome para si próprio na BSU. Outros agentes estavam assumindo projetos semelhantes, e enxergou o convite como uma oportunidade para provar que era mais do que o novato aprendendo o trabalho. Ainda assim, às vezes me perguntava se ele sabia onde estava se metendo. O jovem investigador concordou em se concentrar nos casos infantis, enquanto Hazelwood se especializou em casos adultos. Embora esses dois tipos de crimes sejam temas de pesadelo, eu sabia, por experiência própria, que os casos infantis eram inconfundivelmente os mais difíceis de suportar.

O interesse primordial do trabalho de Lanning era uma análise comportamental de predadores de crianças. Examinava a demografia e a história individual desses suspeitos, depois analisava os padrões de seus motivos e ações para desenvolver uma tipologia — ele estava determinado a resolver a confusão entre os termos *molestador de crianças* e *pedófilo*. Essa pesquisa levou a uma nova compreensão dos comportamentos altamente previsíveis de criminosos que visavam crianças, o que Lanning categorizou em dois tipos: molestadores de crianças situacionais e molestadores de crianças preferenciais. Com o tempo, os *insights* dessa pesquisa se tornaram ferramentas extremamente valiosas para os investigadores de casos infantis. Além disso, o trabalho dele levou a um novo quadro de referência para um crime muitas vezes subnotificado que era extremamente difícil de processar, dada a natureza do tipo "palavra de um contra a palavra do outro" do testemunho de uma criança *versus* o de um adulto.

Sempre senti que uma das maiores contribuições de Lanning no seu campo de atuação foi perceber como era traumático para as crianças deporem perante o tribunal. Por essa razão, enfatizou a importância de conduzir inquéritos menos dependentes da participação das vítimas, coletando o máximo de provas possíveis para forçar o agressor a se declarar culpado sem haver a necessidade de passar por julgamento.

A ética de trabalho e a carapaça de Lanning acabaram lhe rendendo a reputação de especialista do Bureau em crimes contra crianças. Ele ministrava um curso que explicava o componente de análise comportamental relacionado a esses crimes e se tornou um ativo ao qual os agentes de campo recorriam quando trabalhavam em investigações semelhantes. Seu trabalho foi notado especificamente pelo Centro Nacional para Crianças Desaparecidas e Exploradas (NCMEC, na sigla em inglês). Queriam que ele desenvolvesse um conjunto de materiais de referência resumindo o conhecimento que acumulou para compartilharem com policiais, promotores, assistentes sociais, profissionais de saúde e outros, para fins educacionais e de treinamento. Lanning se animou com a ideia, mas não tinha nenhuma referência para desenvolver o projeto nem sabia como deveria começar. Ele me perguntou se eu o ajudaria, e juntos escrevemos um artigo para o *Law Enforcement Bulletin* a respeito da pornografia infantil e da rede de criminosos ligados à pedofilia. A partir daí, Lanning desenvolveu uma monografia para o NCMEC que detalhava os sinais e comportamentos dos molestadores de crianças por meio de uma análise profunda e abrangente. Introduziu novos conceitos como "*grooming*"[4] e "sedução". E rapidamente se tornou uma importante ferramenta de investigação usada pelas forças da lei em todo o país.

---

4 O termo originalmente se referia a adultos que criavam laços com crianças, por exemplo se tornando um amigo da família, com o objetivo de ganhar a confiança do menor para obter benefícios sexuais — muitas vezes forçando-os ou manipulando-os a consentir e a acreditar em um envolvimento amoroso —, um processo lento, metódico e intencional. Com o avanço da tecnologia, a prática migrou também para a internet, em redes sociais ou sites de jogos, na forma de aliciamento de menores com o objetivo de obter fotos e vídeos. [NT]

Lanning sempre foi rápido em creditar seu sucesso ao "grupo de agentes dedicados, inteligentes, automotivados, super-realizadores e egocêntricos da BSU que eram capazes de entregar resultados apesar da alta administração que muitas vezes não entendia, não se importava ou não concordava com o que os oficiais estavam fazendo". E apesar de suas frustrações com os superiores do FBI — algo que todos nós experimentamos em algum mometo devido à natureza inovadora do nosso trabalho —, essa descrição da equipe parecia verdadeira. Especialmente quando usou o termo "egocêntrico", que tenho certeza de que foi um soco amigável em seu vizinho no escritório do outro lado do corredor.

John Douglas era outro nova-iorquino, mas sua família se mudara do Brooklyn para os subúrbios quando tinha apenas 10 anos a fim de escapar das crescentes taxas de criminalidade da cidade. Ele era um talentoso atleta no ensino médio, que se encaminhava para cursar a faculdade na Montana State University. Suas notas acabaram se tornando um problema, e Douglas "bombou" (suas palavras) antes de voltar para casa em Nova York. O agente foi rapidamente convocado para a Força Aérea, completou um período de serviço, terminou sua graduação e foi, então, aceito em um programa de pós-graduação em psicologia industrial na Eastern New Mexico University. Na ausência de uma vida social, Douglas ingressou em uma academia perto do campus, onde conheceu o agente de campo do FBI Frank Haines. Frank gostou de Douglas de imediato. O agente de campo lhe contou histórias sobre ser um agente e o encorajou a se candidatar. Douglas se candidatou, mas apesar da força de sua inscrição e do fato de estar em excelente forma física, foi considerado inelegível para admissão até que seu peso ficasse abaixo do limite de 88 quilos do Bureau. Ele contava que passou duas semanas comendo nada além de gelatina e ovos cozidos — e passou por três cortes de cabelo para ficar com cara de agente — até ser considerado apresentável o suficiente para se sentar para uma foto de identificação. Era 1970 e Douglas tinha apenas 25 anos, o que era considerado jovem para um agente na época.

Douglas possuía uma combinação de sinceridade e bravata que era cativante. Em geral era muito querido, porém sua personalidade forte oferecia muito pouco meio-termo, e seus detratores costumavam expressar antipatia com franqueza. O trabalho dele, no entanto, era irrepreensível. Trabalhava por longas horas, estudava todos os casos que podia e questionava tudo constantemente, tentando melhorar processos e procedimentos. O empenho com o trabalho lhe rendeu uma nomeação como agente especial da BSU em junho de 1977. O cargo veio com um período de orientação durante o qual Douglas foi iniciado na unidade por meio de uma espécie de aprendizado com o agente sênior Ressler. De forma alguma se tratava de um arranjo punitivo, mas tão somente o modo como a BSU operava — membros seniores acolhiam novos recrutas sob sua asa e lideravam pelo exemplo. E além de ser eficaz para treinar novos agentes com celeridade, ainda havia o bônus de que isso ajudava a desenvolver um forte senso de confiança entre os membros mais novos e veteranos da mesma equipe. Esse senso único de coesão, percebi, tornava essa característica definidora da BSU. Era impressionante de se ver. E eu tinha certeza de que isso renderia dividendos nos dias desafiadores que certamente viriam.

Como parte do processo de aprendizagem, Douglas e Ressler foram obrigados a completar uma série de missões de escola itinerante de duas semanas para fornecer treinamento a grupos de policiais selecionados em todo o país. Havia uma demanda alta para essas sessões e o acúmulo de solicitações gerou uma lista de espera que durava meses para ser atendida. A maioria dos agentes, no entanto, pouco se entusiasmava com a escola itinerante. Consideravam monótona. As aulas ministradas na estrada eram idênticas às dadas em Quantico. Assim, enquanto Douglas e Ressler acumulavam horas viajando pelo país para ensinar as agências locais sobre psicologia criminal aplicada, também apreciavam as oportunidades de distração. Geralmente se dava na forma de cervejas e conversa fiada com a polícia local depois da aula. E essa proximidade foi importante para que Douglas e Ressler começassem a ouvir histórias sobre homicídios incomuns que as autoridades de cidades pequenas não conseguiam resolver. Muitos desses casos eram bizarros. Nenhum deles fazia sentido. E a maioria era descartada como atos aleatórios de violência. Mas Douglas pensava diferente acerca

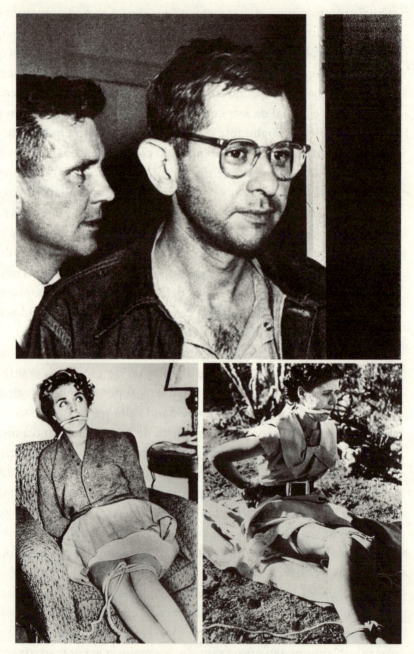

Judy Dull, vítima de Harvey Glatman, fotografada em seu apartamento momentos antes de ser morta. Ao lado, vítima desconhecida. (Corbis)

PROFILE 3
profile

desses crimes. Acreditava haver algum tipo de motivação por trás deles. Algum tipo de lógica que tornaria entendível o ato criminoso, caso fosse capaz de desvendá-la.

Douglas decidiu que a melhor maneira de fazer isso era ir diretamente à fonte — visitar prisões e falar com infratores semelhantes que já haviam sido pegos. Ressler, que já tinha o hábito de entrevistar os presos para conhecer mais a respeito de seus crimes, disse a Douglas que ele poderia ir junto e acompanhá-lo durante essas sessões. Isso foi em 1979. Nenhum dos dois atentou para o fato de que havia respostas trancadas na cabeça de criminosos condenados, e também não sabiam quais perguntas fazer ou como entender todas as histórias violentas contadas como se fossem alegres recordações. Enfrentaram dificuldades nos anos seguintes para tentar desvendar esse sistema.

Robert Ressler nasceu e foi criado em Chicago. Foi um membro ativo no programa ROTC, o Corpo de Treinamento de Oficiais da Reserva, na Michigan State, formou-se e depois voltou para casa para se juntar ao Departamento de Polícia de Chicago. No entanto, foi informado de que a força "não estava interessada em recrutas com muita escolaridade porque poderiam causar problemas". Frustrado, Ressler decidiu assumir um posto no Exército como vice-marechal de um pelotão da polícia militar na Alemanha. Era bom no que fazia e ficou para uma segunda missão que envolvia trabalho disfarçado, infiltrado em grupos que resistiam à Guerra do Vietnã. Deixou até o cabelo crescer e passou por um veterano descontente em reuniões de protesto para conseguir se misturar ao grupo. O plano dele era permanecer no exército pelo resto da carreira, mas amigos do FBI o convenceram a ingressar no Bureau em 1970.

Ressler trouxe experiência militar de alto nível para o Bureau. Reconhecido como inteligente e disciplinado, tornou-se um líder natural. Essas características chamaram a atenção de Howard Teten e Patrick Mullany, dois agentes seniores com a reputação de usar a estratégia não convencional de perfis para identificar suspeitos de crimes. Teten e Mullany foram pioneiros em uma forma inicial de perfil criminal que levantava a hipótese de que as cenas de crime ofereciam mais do que apenas pistas físicas sobre o infrator responsável. Os dois criaram um

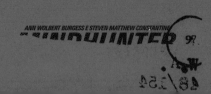

curso de treinamento conhecido como "programa de psicologia criminal", e em 1972 ajudaram a estabelecer a Unidade de Ciências Comportamentais. Porém, Teten e Mullany preferiam o instinto à metodologia. Ambos viam a criação de perfis como um processo que se baseava fundamentalmente na quantidade de experiência que um agente tinha. Para eles, eram os relatos de caso que importavam mais, não a pesquisa. Além disso, tinham o hábito de se apoiar em suposições insustentáveis, como definir suspeitos por seus prováveis transtornos mentais, o que tendia a causar mais mal do que bem.

A despeito dessas falhas iniciais, Teten e Mullany estavam convencidos dos méritos de seu trabalho. Viam potencial nele e queriam desenvolvê-lo ainda mais testando-o em uma investigação em andamento. E em meados da década de 1970, trouxeram Ressler para ajudá-los a fazer exatamente isso. Ressler, com sua experiência como investigador militar na captura de criminosos para o Exército dos EUA, ingressou na BSU como agente especial de supervisão. E adaptou-se como uma luva.

Ressler absorveu o que pôde de Teten e Mullany. No entanto, a criação de perfis era algo que ele tinha que encaixar depois de uma longa lista de tópicos mais imediatos encarregados à BSU: psicologia criminal aplicada, problemas policiais contemporâneos, psicologia anormal, crimes sexuais, negociações com reféns, criminologia e técnicas de entrevista. A unidade recém-formada estava com as mãos ocupadas. Isso significava que, por enquanto, a criação de perfis permanecia acadêmica — relegada a colóquios informais de casos em noites no escritório depois do expediente regular, quando jovens agentes e estudantes conversavam com Teten, Mullany e Ressler sobre seus crimes mais incomuns e não resolvidos.

Mas tudo isso mudou quando Douglas e Ressler finalmente se cruzaram em 1977. Os dois se deram bem. E quando Ressler descreveu sua nova visão do perfil criminal como o uso da psicologia para entender "a força que toma conta de uma pessoa e a leva ao limite", Douglas foi fisgado. Pouco depois, os dois começaram a passar noites e fins de semana entrevistando assassinos condenados para compreender como pensavam. Apesar disso, o progresso era lento. Foi por isso que Ressler se interessou por mim. Viu valor na minha experiência de estudo e análise de estupros, bem como no meu trabalho com Hazelwood acerca de mortes autoeróticas. A criação de perfis precisava dessa mesma abordagem sistemática para atingir seu potencial máximo. Ressler entendeu isso e viu que eu poderia ajudar.

Alguns outros agentes pertenciam ao que ficou conhecido como a primeira geração de perfiladores, mas eu raramente trabalhava com eles — que por sua vez raramente trabalhavam com outros perfiladores — devido à falta de sobreposição de interesses de pesquisa. Um era o chefe da unidade, Roger Depue, que estava muito ocupado tentando administrar a unidade para assumir qualquer uma de suas próprias pesquisas. Além disso, por um breve período antes de se aposentarem, meu tempo na BSU se sobrepôs ao de Mullany e Teten. E depois havia os parceiros Richard (Dick) Ault e Jim Reese. Tanto Ault quanto Reese se tornaram excelentes criadores de perfis que acreditavam na importância do próprio trabalho. Partilhávamos um respeito igualmente mútuo. E, embora nunca tenhamos colaborado formalmente, eles às vezes pediam minha opinião a respeito das próprias pesquisas, que se concentravam em instruir a comunidade policial sobre o conceito de criação de perfis e a importância de considerar os aspectos psicológicos de qualquer crime. A pesquisa deles era empírica e se baseava em provas coletadas durante o processo. E também eram engraçados. Certa vez, concluíram um artigo com um alerta de que "os perfis não são resultado de encantamentos mágicos e nem sempre são precisos".

Meu papel na equipe era diferente por vários motivos. Mais importante ainda, eu era uma forasteira. Não era agente, tampouco perfiladora. Tinha sido simplesmente uma solução rápida, permitindo que a Academia abordasse a falta de compreensão das tendências crescentes em crimes sexuais. Mas o acaso é uma coisa engraçada. Passei anos ouvindo que meu interesse pela psicologia das vítimas e seus agressores era "tabu" ou "perigoso" ou "não era lugar para mulheres se envolverem". E pelo que eu sabia a respeito do mundo dominado por homens do FBI, esperava que minhas palestras fossem recebidas com indiferença. Porém, de muitas maneiras, a BSU se constituía em um caldeirão de forasteiros.

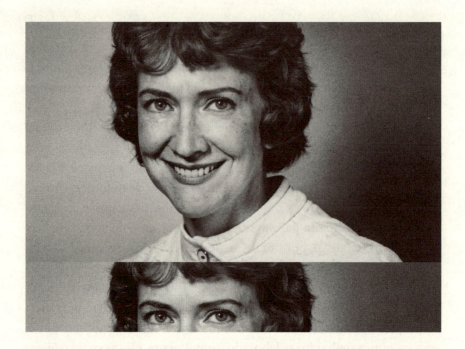

Para lá iam os agentes desgarrados, os idealistas com grandes ideias, os que não deixavam os limites das convenções ou tradições burocráticas se colocarem no caminho. Enxergaram em mim uma aliada.

De minha parte, do meu ponto de vista único de vir de fora, eu via o potencial não realizado do grupo para conquistar algo importante. Percebi de imediato a rara oportunidade que a vida nos oferecia de formarmos uma equipe. E, sempre que podia, tentava estimular o senso de solidariedade. Mas não foi fácil. As regras básicas do Bureau desencorajavam a discussão de questões pessoais e proibiam estritamente a fofoca. Mesmo certas informações de trabalho se limitavam a uma "necessidade de saber". Havia muitas paredes que nos separavam.

Ainda assim, no fundo, os agentes enxergavam o próprio trabalho como uma missão e entendiam que estávamos juntos nesse projeto. O Bureau havia investido em nós e apostado em nosso sucesso coletivo. Por outro lado, estávamos determinados a provar os méritos do nosso trabalho ao longo de dias e com uma resolução incansável.

No início dos anos 1980, eu havia assumido um cargo na Universidade da Pensilvânia como a Cátedra Van Ameringen em Enfermagem Psiquiátrica e de Saúde Mental. Ficava a uma curta viagem de Quantico, então me vi percorrendo esse trajeto com cada vez mais regularidade e trabalhando lado a lado com os investigadores. Nós nos reuníamos para o café todas as manhãs no refeitório da Academia antes de nos concentrarmos nas tarefas do dia, voltávamos a nos encontrar durante o almoço, quando avaliávamos o que tinha sido feito e o que restava para a tarde, e muitas vezes ficávamos bem depois das cinco para acertar as pontas soltas. No final da maioria dos dias, gravitávamos para o pub da Academia, onde a regra era "não falar de trabalho". Este era o rito. Havia torneiras de cerveja e uma atmosfera descontraída. A conversa se focava em esportes e casos emocionantes do passado. Os agentes ouviam minhas histórias alusivas ao estudo de estupro, e eu ouvia suas histórias relacionadas a criminosos furtivos que quase tinham fugido. Então, lentamente, um por um, entrávamos em nossos carros e íamos embora. Os oficiais não levavam trabalho para casa. As esposas deles não tinham ideia dos horrores que consumiam seus dias. Os segredos do projeto não eram revelados. E foram esses segredos — aqueles existentes entre nós e os que carregávamos por conta própria — que nos uniram. Em tudo o que não podíamos dizer, nos tornamos uma equipe.

PROFILE 3
profile 102

Padrão dos assassinos

EM CENA

A verdade jamais é pura
e raramente é simples.
Oscar Wilde,
A Importância de Ser Prudente

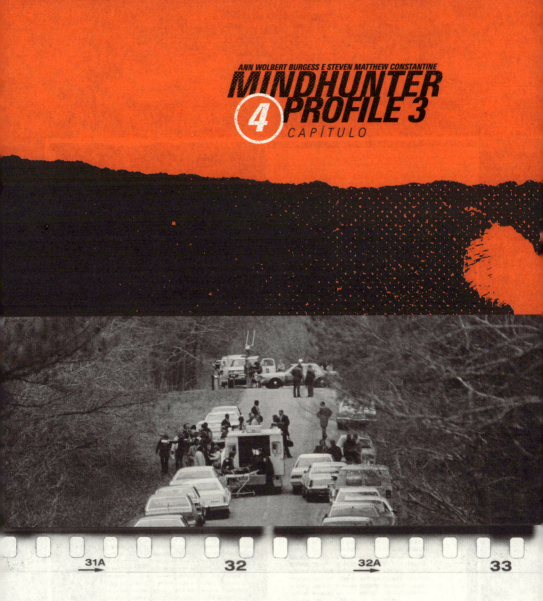

ANN WOLBERT BURGESS E STEVEN MATTHEW CONSTANTINE

MINDHUNTER
PROFILE 3
CAPÍTULO 4

Toda investigação começa na cena do crime. É um registro do que aconteceu, como aconteceu e quem estava envolvido. Porém, a linguagem de uma cena de crime às vezes pode ser difícil de entender. É moldada pela discórdia, pela violência e pela impermanência do passado. É um eco. E embora os investigadores tenham sido auxiliados por avanços tecnológicos que mudaram o paradigma nos últimos cem anos — como câmeras de alta tecnologia, repositórios de identificação

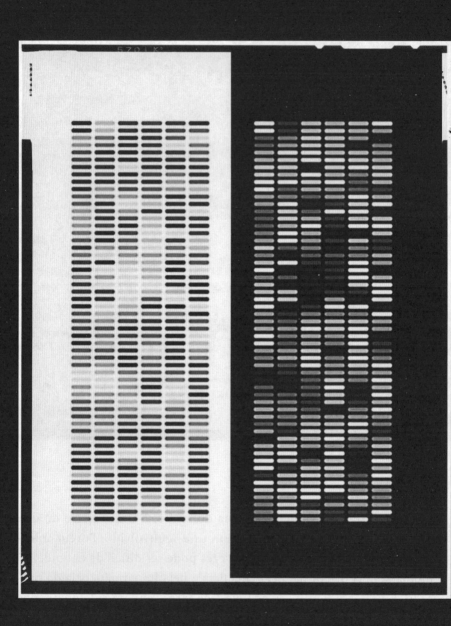

PROFILE 3
profile

de impressões digitais e máquinas para análise de DNA —, os criminosos tornaram-se igualmente habilidosos em deixar menos vestígios de suas participações nos crimes. É uma corrida armamentista, um jogo de gato e rato, na qual a emoção da perseguição muitas vezes estimula os infratores tanto quanto o próprio crime. Apesar disso, uma mudança inesperada na dinâmica infrator-investigador começou a ocorrer no final da década de 1960. Tudo começou com alguns investigadores individuais aplicando elementos básicos de perfis criminais ao próprio trabalho. Perceberam que as cenas dos crimes poderiam esclarecer a característica definidora de um infrator, mesmo em situações de escassez de provas deixadas para trás.

Em sua essência, a criação de perfis criminais está bem fundamentada em entendimentos tradicionais de psicologia, comportamento e mente. O estudo de perfil apenas aplica esses entendimentos de maneira diferente, usando a ação para prever o caráter em vez de o caráter para prever a ação. Ele parte da abordagem de que a maneira de pensar de uma pessoa — seu padrão de pensamento — direciona seus comportamentos de maneiras previsíveis e quantificáveis. Portanto, uma análise deliberada e estruturada de uma cena de crime não violada pode desvelar pontos relevantes capazes de sugerir o provável motivo do infrator, o que, por sua vez, ajuda a caracterizar o tipo específico de pessoa que cometeu o crime. Em outras palavras: caso saiba ler a cena do crime, poderá entender melhor o criminoso que a produziu.

Informalmente, os investigadores analisavam cenas de crimes para encontrar pistas relacionadas aos criminosos desde o final da década de 1950. Foi quando o FBI recrutou James Brussel, um antigo ás da contraespionagem do Bureau que se tornou psiquiatra freudiano, para ajudá-los a resolver o infame caso "Mad Bomber" [Dinamiteiro Louco] de Nova York. A cidade estava sitiada por bombas em locais de alta visibilidade: Terminal Ferroviário Grand Central, Biblioteca Pública de Nova York e Radio City Music Hall. Ondas de ataques eram seguidas por longos períodos de inatividade. A polícia local ficou perplexa. Brussel, eles imaginaram, era pelo menos um novo par de olhos.

Assim, em dezembro de 1956, o comandante do esquadrão antibombas de Nova York, capitão Howard Finney, deu o passo sem precedentes de entregar a Brussel o equivalente a dezesseis anos de materiais — fotos de cena do crime, relatórios de casos e cartas escritas pelo próprio terrorista — para ver se algo chamava atenção.

De sua parte, Brussel estava confiante de que poderia ajudar. Tinha uma teoria de que criminosos em série revelavam vislumbres de sua identidade por meio do comportamento. Chamava essa abordagem de "psicologia reversa" e a enxergava como uma maneira de encontrar lógica na cabeça de um assassino. Brussel combinava raciocínio dedutivo, intuição, uma revisão cuidadosa das provas disponíveis e teoria freudiana para reunir uma descrição de quem a polícia deveria estar procurando. No caso do Mad Bomber, Brussel viu a curva torta dos *Ws* maiúsculos nas cartas manuscritas como um símbolo em forma de seio de frustração sexual. Raciocinou que o estilo de escrita desajeitado do infrator apontava para um indivíduo nascido no exterior. E acrescentou que o uso de bombas como arma escolhida para suas ações indica para alguém ligado, seja culturalmente ou por descendência, ao Leste Europeu. Descreveu o infrator como um homem de meia-idade, nascido no exterior, solteiro, que provavelmente morava com a mãe. Então, no que mais tarde seria considerado um momento icônico de presciência para os futuros agentes da BSU, Brussel ofereceu uma pista final: "Mais uma coisa. Quando vocês o pegarem — e não tenho dúvidas de que o pegarão — estará vestindo um terno trespassado. Abotoado". Um mês depois, a polícia prendeu George Metesky em conexão com os atentados de Nova York. Ele batia com a descrição de Brussel em quase todos os aspectos, até o terno trespassado bem abotoado. Era impressionante.

Esse primeiro ato de perfilação criminal em que um investigador usou apenas materiais colhidos durante as investigações e seu próprio raciocínio para criar uma descrição detalhada de quem havia cometido um crime permaneceu único e não foi repetido por mais de uma década. Mas, em 1972 — o mesmo ano em que o FBI terminou a construção da nova Academia em Quantico, Virgínia —, o Bureau mostrou interesse renovado na técnica por meio do lançamento de sua Unidade de Ciências Comportamentais e encarregou a nova equipe, entre outras coisas, "do desenvolvimento do método de criação de perfis". Esse pequeno passo produziu grandes implicações. Para começar, foi a primeira vez que o FBI reconheceu oficialmente a criação de perfis criminais como uma estratégia investigativa viável. E apesar de o perfil ser apenas uma parte da diretriz mais ampla do grupo, os recém-criados chefes de unidade da BSU — Howard Teten, ex-detetive da Califórnia, e o instrutor do FBI Patrick J. Mullany — enxergavam o potencial borbulhando logo abaixo da superfície. Então seguiram com a proposta.

Tinha uma teoria de que criminosos em série revelavam vislumbres de sua identidade por meio do comportamento. Chamava essa abordagem de "psicologia reversa" e a enxergava como uma maneira de encontrar lógica na cabeça de um assassino. Brussel combinava raciocínio dedutivo, intuição, uma revisão cuidadosa das provas disponíveis e teoria freudiana para reunir uma descrição de quem a polícia deveria estar procurando.

Teten, em particular, tinha uma grande admiração pela técnica de psicologia reversa de Brussel e pelo sucesso que teve no caso do Mad Bomber. Leu todos os artigos que encontrou — muitos dos quais se referiam a Brussel como "o Sherlock Holmes do sofá" — com a esperança de compreender como o processo funcionava. Contudo, nenhum dos artigos conseguia explicar o método empregado. Então, em 1973, dirigiu de Quantico a Nova York para visitar o então aposentado

Brussel com uma oferta: Teten pagaria a taxa horária do psicanalista em troca de aulas sobre como a psicologia reversa funcionava. Brussel riu. Disse que o FBI não podia pagar seus honorários, porém concordou em ajudar do modo que lhe fosse possível. As sessões que se seguiram definiram o rumo para o período de Teten e Mullany na BSU. Eles viam Brussel como um visionário e queriam transformar a técnica dele em uma ferramenta de investigação que pudesse beneficiar toda a máquina do Bureau.

Apesar do entusiasmo de seus novos chefes de unidade, a decisão do FBI de institucionalizar a criação de perfis — tão pequena e parcamente financiada quanto a nova BSU — não foi isenta de críticas. A percepção pública da época considerava a técnica mais um artifício do que ciência. Os jornais citaram o próprio Brussel dizendo: "Fechei os olhos [...] vi o Bomber: impecavelmente arrumado, com absoluto decoro [...]. Eu sabia que estava deixando minha imaginação tomar conta de mim, mas não pude evitar". E grande parte da velha guarda dentro do Bureau fazia piadas alusivas ao fato de não ser necessário um perfil para saber quem era doente da cabeça. No entanto, a percepção não ditava a necessidade. Investigadores de campo em todo o país notaram um aumento perturbador na violência e clamaram por novas técnicas para ajudá-los a entender melhor o que estava acontecendo. Seus relatórios descreviam os casos como mais bizarros, mais imprevisíveis e muito mais complexos. Isso era especialmente verdadeiro para crimes violentos contra estranhos, casos extremamente difíceis de resolver que estavam ocorrendo com mais frequência do que nunca. Ficou claro que os criminosos estavam mudando as próprias abordagens. Os investigadores precisavam mudar a deles também.

Teten e Mullany viam o perfil criminal como a resposta a essa nova onda de crimes irracionais. Notaram como a técnica de Brussel poderia determinar padrões de comportamento e características de um criminoso em série desconhecido; antes seria necessário construir um método capaz de fazer essa a técnica funcionar. O que desenvolveram foi um procedimento capaz de vincular as provas colhidas na cena do crime ao tipo específico de perpetrador provavelmente envolvido. Era uma abordagem um tanto crua — confiava demais na atribuição de transtornos mentais a suspeitos em potencial —, porém era promissora na forma como ajudava os investigadores a criar uma composição aproximada das características físicas, emocionais e sociais de um suspeito, como idade, ocupação e ficha criminal pregressa. A técnica mostrou sucesso precoce ao ajudar a polícia local a resolver um caso difícil de esfaqueamento; Teten olhou para as evidências e direcionou corretamente os investigadores para um adolescente que morava perto. E quando essa conquista inicial chamou a atenção do FBI, Teten e Mullany receberam a oportunidade de provar ainda mais a eficácia dessa técnica em um caso próprio.

Teten e Mullany viam o perfil criminal como a resposta a essa nova onda de crimes irracionais. Notaram como a técnica de Brussel poderia determinar padrões de comportamento e características de um criminoso em série desconhecido; antes seria necessário construir um método capaz de fazer essa a técnica funcionar.

A primeira tarefa de elaboração de perfil da BSU envolveu um sequestro de criança perto de Bozeman, Montana. No verão de 1973, Susan Jaeger, de 7 anos, foi levada de um acampamento em um parque estadual popular. O infrator cortou o tecido da barraca da menina e a sequestrou enquanto os pais dormiam em sua própria barraca, nas proximidades. Os investigadores locais desempenharam uma extensa busca ao longo de vários meses, mas não conseguiram localizar a criança desaparecida. Em 1974, o caso já havia esfriado e foi relutantemente entregue à BSU — uma decisão tomada mais por desespero do que por confiança. Estava agora nas mãos de Teten, Mullany e do mais novo recruta da unidade, Robert Ressler.

A equipe da BSU usou seu princípio primário de criação de perfil ("comportamento reflete personalidade") para caracterizar o sequestrador como um jovem homem branco que vivia nas imediações, nos arredores de Bozeman. Eles o descreveram como um voyeur homicida, um assassino motivado pelo sexo que mutilava suas vítimas após a morte e às vezes levava partes do corpo como lembranças. Mais tarde, Mullany lembrou que, com base na experiência crescente com esses tipos de casos, "sentimos que o assassino era uma combinação sutil de esquizofrenia simples e psicopatia, que assassinava pelo simples propósito de explorar partes do corpo". A descrição correspondia ao principal suspeito da investigação, David Meirhofer, um veterano do Vietnã de 22 anos conhecido pela polícia local por seu interesse obsessivo por olhar para crianças enquanto brincavam na rua.[1] Mas não havia provas que ligassem o suspeito ao crime. Sem provas, as mãos dos investigadores estavam atadas.

A ruptura no caso veio vários meses depois, quando Sandra Dykman Smallegan, de 18 anos, desapareceu na mesma área. Smallegan tivera vários encontros com Meirhofer, porém, de uma hora para outra, começou a recusar seus avanços. Após uma busca intensa que durou dois dias, pedaços de seu corpo foram descobertos em um celeiro nos arredores da cidade. Ela havia sido esquartejada, queimada, e seus restos mortais foram, então, escondidos dentro de um barril. Quando Meirhofer foi interrogado, negou qualquer envolvimento e até se ofereceu para fazer um teste de detector de mentiras sob a influência de pentotal sódico, um "soro da verdade" comumente usado na época. Ele passou no teste com louvor, e isso pareceu exonerá-lo aos olhos da polícia local.

---

[1] Os arquivos da polícia mostravam vários registros de pais da vizinhança reclamando do "interesse incomum" de Meirhofer por seus filhos.

A BSU, por outro lado, estava menos convencida da inocência de Meirhofer. Consideravam o rapaz um psicopata calculista com controle suficiente sobre suas emoções para que pudesse passar em um simples teste de polígrafo. Convenceram-se de que Meirhofer estava, de alguma forma, envolvido. Suas ações seguiam um padrão familiar. Afinal, a experiência havia ensinado à BSU que os assassinos muitas vezes procuravam maneiras de se inserir na investigação, como Meirhofer havia feito ao se oferecer prontamente para fazer o teste do detector de mentiras. Era assim que os assassinos monitoravam o andamento da investigação e tentavam se manter à frente dos policiais. Por outro lado, o interesse deles também os expunha.

Com base na obsessão de Meirhofer em observar as crianças locais, seu histórico com a segunda vítima e sua ânsia de se inserir no caso, os agentes começaram a trabalhar refinando o perfil original que tinham do suspeito — um novo passo para a equipe, que se tornou importante para o processo. Após uma segunda olhada, adicionaram um novo elemento importante: como uma pessoa obsessiva, o infrator provavelmente gostaria de reviver seus crimes repetidamente em sua cabeça. Isso explicava o interesse de Meirhofer em acompanhar a investigação. E ajudou a desvelar a natureza serial dos ataques. Então, deram um palpite: previram que o assassino provavelmente ligaria para a família da vítima no aniversário do sequestro por causa do significado emocional da data. O raciocínio de Teten era que "como o sequestrador cobiçava a garota para si, faria contato com a família dela". Essa explicação vaga para uma previsão tão específica — claramente fundamentada no instinto e não na metodologia — mostrou como o perfilamento era pouco desenvolvido na época. No entanto, Teten disse à família Jaeger para estar preparada. E lhes recomendou que mantivessem um gravador ao lado do telefone apenas por precaução.

Por acaso, o assassino ligou no primeiro aniversário do sequestro. Seu tom com a sra. Jaeger foi cheio de desdém e superioridade quando provocou a mãe enlutada sobre comprar um presente de aniversário para Susan, agora com 8 anos, e insinuou que ela ainda estava viva,

longe, na Europa. O sequestrador até incluiu um detalhe ligado ao defeito de nascença da menina de "unhas curvadas" para provar que havia capturado a criança. A equipe de perfis imediatamente recrutou um analista de voz do FBI para revisar a fita. O analista concluiu que a voz provavelmente era de Meirhofer, mas essa conclusão apoiada pelo FBI não foi suficiente. Na época, as leis de Montana não consideravam essa avaliação como prova suficiente para embasar um mandado de busca ou de prisão. Frustrada, a BSU mudou sua estratégia e se aventurou em terreno desconhecido. Como Mullany disse mais tarde: "Foi uma coisa de última hora. Mas depois de ouvir aquela fita, senti que Meirhofer poderia ser dominado por mulheres. Sugeri que a sra. Jaeger fosse a Montana e o confrontasse". Eles esperavam que essa abordagem proativa fosse fazer com que Meirhofer desmoronasse e confessasse o crime.

A sra. Jaeger concordou, e a reunião foi facilmente organizada. Porém, apesar de a mãe da vítima implorar por respostas a respeito da filha, Meirhofer permaneceu calmo e mal falou. Várias horas depois de voltar para casa, no entanto, a sra. Jaeger recebeu um telefonema a cobrar de um tal "sr. Travis", que tentou explicar que sabia sobre o sequestro da filha dela. Porém, antes que o interlocutor pudesse pronunciar outra palavra, a sra. Jaeger interrompeu e disse claramente: "Bem, olá, David. Que surpresa falar com você". Confrontado, Meirhofer, por fim, começou a chorar e em seguida desligou.

Nos dias que se seguiram, a sra. Jaeger deu uma declaração juramentada descrevendo as semelhanças entre as ligações anônimas que havia recebido e seu encontro com Meirhofer. Com o depoimento em mãos, os investigadores finalmente tiveram o bastante para obter um mandado de busca. Na casa de Meirhofer, encontraram restos escondidos de várias vítimas do sexo feminino, incluindo os dedos da ex-namorada de Meirhofer. Não havia mais onde se esconder. Meirhofer foi preso. Ele não mostrou nenhuma emoção ao confessar os dois assassinatos, bem como os assassinatos de dois meninos que haviam desaparecido vários anos antes. Poucos dias após sua prisão, Meirhofer se enforcou com as toalhas de sua cela. Sua transição de não mostrar nenhuma emoção durante a confissão para se matar de repente — uma demonstração de emoção absoluta — indicava um motivo pré-planejado de cometer suicídio caso fosse pego. Em última análise, ele reservava suas emoções apenas para si mesmo.

A condenação de Meirhofer marcou a primeira vez que um assassino em série foi preso com a ajuda da nova técnica de criação de perfis do FBI. Sua abordagem baseada apenas em primeiras impressões podia não ser o exemplo mais correto de criação de perfil, e nem sempre havia uma conexão clara entre análise e previsão, mas o caso era uma validação do método. Provou que a análise comportamental tinha potencial para um dia ser uma ferramenta investigativa viável.

> **Ele [Ressler] via em primeira mão que, quanto mais informações a BSU acumulasse sobre criminosos violentos, melhor os agentes se tornavam no próprio trabalho. Casos anteriores podiam oferecer uma base de entendimento para casos atuais.**

"Se não fosse pelo perfil", disse Ressler, "nunca teríamos identificado o suspeito mais provável. E ele seguiria matando. Havia muitas razões para os agentes de campo desistirem de Meirhofer, contudo essa foi a resposta certa."

Ainda assim, embora Meirhofer geralmente se encaixasse no perfil dos investigadores suspeitos que estavam buscando, a metodologia geral e a execução da técnica precisavam de muito trabalho. Aqueles que analisaram atentamente o caso acharam difícil ver qualquer conexão clara entre a análise e as previsões dos criadores de perfil. Na verdade, muitos aspectos do caso pareciam ser inventados na hora. Comentários, como a observação de Mullany, "senti que Meirhofer poderia ser dominado por mulheres", mostravam o quanto os agentes

ainda confiavam na convicção de suas próprias crenças em vez de em qualquer abordagem sistemática orientadora. Até certo ponto, estavam simplesmente acreditando no próprio mito de agentes do governo infalíveis — convencidos de que o instinto e a experiência poderiam superar quaisquer lacunas na compreensão ou no conhecimento. Essa era a cultura do Bureau nos anos 1970. Poucas pessoas se preocupavam em questioná-la.

No entanto, Ressler era uma exceção. Logo no início, enxergou para além dessa bravata estilizada e entendeu que os criadores de perfil precisavam de mais do que apenas instinto para realizar investigações bem-sucedidas. Necessitavam de um quadro de referência em que se basear. Ele via em primeira mão que, quanto mais informações a BSU acumulasse sobre criminosos violentos, melhor os agentes se tornavam no próprio trabalho. Casos anteriores podiam oferecer uma base de entendimento para casos atuais. Essa era parte da razão pela qual aceitou Douglas como aprendiz no final dos anos 1970 — era uma oportunidade de compartilhar conhecimento e informações com um perfilador novinho em folha que não tinha preconceitos. E foi a mesma razão pela qual se interessou por mim logo depois. Ressler reconhecia que as questões embutidas no meu trabalho relacionado ao estupro visavam a descobrir a motivação dentro de um crime. Ficara impressionado com a forma como eu havia conseguido fundamentar um trauma humano infinitamente complexo em dados e pesquisas quantificáveis. Além disso, acreditava que eu poderia aplicar esses mesmos métodos também para entender a natureza aparentemente irracional das mentes dos assassinos em série. Mais importante, ele acreditava em mim.

Ressler e eu nos demos bem desde o início e rapidamente desenvolvemos uma apreciação mútua. Eu valorizava a visão dele para perfis criminais, e ele, a forma como, nos bastidores, eu abordava de maneira meticulosa a pesquisa que informava todos os aspectos do funcionamento do processo de criação de perfis. Estávamos em constante comunicação para ajudar a fechar a lacuna entre análise e investigações.

E quando o risco era mais alto, ele confiava em mim como confidente mais do que em qualquer outra pessoa. Essa foi a situação em que nos encontramos em uma manhã de maio no início da década de 1980. Ressler e o chefe da unidade Depue tinham uma reunião de relatório de status com o vice-diretor Josephs e alguns outros superiores em seguida, naquela mesma tarde. O objetivo da reunião era vago, e Ressler estava preocupado que nosso projeto pudesse ser encerrado. Precisava de provas de que entrevistar 36 assassinos em série como parte do estudo de personalidade criminosa começava a render lucro.

"Ei, Ann", me cumprimentou logo pela manhã. "Me lembra de novo sobre a ferramenta de dados. Preciso de um resumo rápido de como exatamente isso ajuda a avaliar os assassinos individuais no estudo."

Ressler vestia um terno novo e uma camisa de gola recém-engomada. Apesar de sua aparência impecável, percebi que não havia dormido.

"Coletamos dados descritivos quantificáveis sobre o comportamento do sujeito, estado emocional, estilo de conversa..."

"Opa", exclamou. "Não vou falar com um bando de acadêmicos. Esses caras não estão interessados nisso tudo. Preciso de algo que possa usar."

"Tudo bem, tudo bem, deixe-me pensar", respondi. "Ok, basicamente desenvolvemos um formulário no estilo de avaliação que permite coletar dados dos assassinos de maneira padronizada. Precisávamos de um método para comparar cada assassino com todos os outros, e foi isso que essa ferramenta nos deu. Ela projeta uma imagem detalhada e individualizada desses assassinos. Isso os tornou mensuráveis, por assim dizer."

"Boa", disse Ressler. "O que mais?"

"Pode ser útil explicar que projetamos a ferramenta de avaliação como uma forma de aprender algo a respeito dos pontos mais relevantes: a personalidade do assassino, seus antecedentes, suas ações durante o crime, detalhes sobre suas vítimas e uma revisão detalhada da cena do crime", acrescentei. "Além disso, estamos analisando só alguns crimes de cada vez, o que nos permite refinar esse instrumental para determinar seus futuros relacionamentos com outros

infratores. Acho que isso é importante pois mostra a abrangência da nossa abordagem. É como criamos e definimos novas categorias de tipos específicos de criminosos violentos. E tem sido um importante ponto de referência em todo o trabalho de criação de perfis desenvolvidos na sequência."

"É, não tenho muita certeza sobre essa última parte", disse Ressler. "Acho que é melhor se eu só falar sobre a atualização de perfil. Mas não sei se só isso já é o suficiente ou se precisamos de mais."

Ressler era um dos agentes mais inteligentes que eu conhecia. Para começo de conversa, sua visão e esforços tinham levado ao conceito do estudo da personalidade criminosa. Vinha se envolvendo ativamente no desenvolvimento desse estudo a cada passo do caminho e entendia a metodologia dele por dentro e por fora. Mas também era perfeccionista. Jamais ingressava em uma reunião sem um plano. Esse estilo de questionamento de vai e volta era apenas sua maneira de garantir que todos os caminhos possíveis de pensamento fossem explorados e tivessem a consideração integral que mereciam.

"Você pode mencionar a bolsa de pesquisa do Instituto Nacional de Justiça", eu o lembrei. "O NIJ com certeza vê potencial no nosso trabalho."

"Ora, Ann. O Bureau não se interessa por pesquisas e teorias. Você sabe disso melhor do que ninguém", rebateu Ressler. "O alto escalão vai querer provas. Precisaremos de resultados e análises de pelo menos quinze ou vinte casos antes que eles considerem a criação de perfis um sucesso."

"Então o que tem em mente?"

"Vou lhes contar a respeito da primeira parte do estudo e como criamos categorias para os diferentes tipos de assassinos em série", me relatou Ressler. "Acho que, se eu começar com detalhes estranhos o suficiente sobre os assassinos, vão ficar mais interessados nisso do que na atualização rápida sobre o perfilamento que vou guardar para o final."

● ● ● ●

Logo no início, depois de eu apontar a complexidade do estudo da personalidade criminosa, concordamos em dividir a pesquisa em três fases, cada uma das quais baseada na anterior. E como praticamente ninguém havia procurado entender a psicologia das mentes dos assassinos em série antes, tínhamos que garantir que cada fase pudesse ser independente por seus próprios méritos antes que pudesse ser aplicada à próxima.

A primeira fase foi uma continuação do trabalho de Ressler e Douglas para a compreensão de crimes sem motivo aparente.[2] Nosso objetivo para a primeira parte foi criar uma forma de catalogar diferentes tipos de criminosos a fim de compararmos suas semelhanças e diferenças. A segunda fase, relacionada aos assassinos em série, concentrou-se especificamente na análise de dados de registros policiais, processos judiciais e, mais importante, entrevistas de agentes feitas com 36 assassinos condenados que haviam incorporado estupro ou violência sexual em seus crimes. O objetivo para a segunda fase era nos aprofundar sistematicamente na mente desses homicidas para que pudéssemos vislumbrar a verdadeira essência de quem eles eram — a estrutura de suas identidades — conforme definido por seus padrões e comportamentos. Argumentamos que esses ==36 criminosos condenados se tornariam nosso quadro de referência ao traçarmos o perfil de assassinos em série que ainda estavam foragidos==. Eles basicamente comporiam o grupo de "controle" do nosso banco de dados, um recurso que poderíamos acessar várias vezes para ver o que assassinos do passado poderiam nos ensinar a respeito dos infratores do presente.

A terceira fase foi o desenvolvimento do próprio método de criação de perfis criminais. Seria a culminação de tudo o que tínhamos aprendido nas fases 1 e 2. Uma vez que entendêssemos como a mente de

---

2 Aprendemos rapidamente que esses crimes não eram tão sem motivo, afinal, tendiam a ter um motivo sexual que muitas vezes era esquecido durante a investigação original.

um assassino funcionava, e a reduzíssemos aos seus elementos mais fundamentais de psicologia, comportamento, fantasia e intenção, poderíamos aplicar essas descobertas ao processo de criação de perfil — descartando tudo o que é acessório em um infrator, mantendo apenas sua essência. Esse era o nosso objetivo. Afinal, por sua própria natureza, assassinos em série aderiam a um padrão. Agiam com um propósito. Mesmo as mentes mais irracionais começam a fazer sentido quando lhes dedicamos a atenção necessária.

> **[...] por sua própria natureza, assassinos em série aderiam a um padrão. Agiam com um propósito. Mesmo as mentes mais irracionais começam a fazer sentido quando lhes dedicamos a atenção necessária.**

Uma das nossas descobertas iniciais na etapa de estudo da personalidade criminosa — fase 1 — foi que as próprias cenas de crime muitas vezes seguiam padrões, enquadrando-se em uma de três categorias com as quais trabalhávamos. Poderiam ser definidas como organizadas (crimes premeditados e bem pensados), desorganizadas (crimes espontâneos, aleatórios) ou mistas (com características de cenas organizadas e desorganizadas). A diferença nos tipos de assassinos que deixavam essas cenas para trás tinha a ver com a presença e o desenvolvimento da fantasia de assassinato. O assassino organizado sempre tinha um plano claro em mente e esperava a vítima da oportunidade. O assassino desorganizado estaria envolvido em um cenário que desencadeara uma agressão impulsiva. Assassinos mistos tendiam a ter algo que dava "errado" durante o crime predeterminado, o que os fazia se desorganizar e matar de forma mais repentina do que planejavam. Essas classificações se tornaram um elemento fundamental na forma como definíamos tipos de personalidade e padrões comportamentais. Deram aos investigadores uma maneira mais clara de falar e entender os tipos de crimes violentos que encontravam com maior frequência.

Uma vez estabelecidas essas categorias, fomos capazes de classificar os 36 assassinos condenados por tipo — organizado *versus* desorganizado — a fim de encontrar padrões e características mais detalhados nesses conjuntos. Isso revelou consistências impressionantes. Infratores organizados, por exemplo, apresentavam inteligência média ou acima da média, mas trabalhavam em empregos subalternos ou de baixa valorização social. Em geral tinham crescido em uma família estável, tinham fortes habilidades sociais, bons relacionamentos e eram sexualmente competentes. Quando se tratava de seus crimes, os criminosos organizados exibiam uma maior autoconsciência de seus métodos e faziam questão de evitar a detecção. Os ataques deles geralmente podiam ser rastreados até chegar a um ponto de estresse ou evento desencadeante, mas esses criminosos mantinham cautela suficiente para atacar estranhos — quase sempre uma mulher solitária. Regra geral, a maioria dos criminosos organizados levava "lembranças" da vítima, e muitas vezes coletava recortes de jornais e outras recordações que lhes ajudavam a prolongar a satisfação do crime cometido. Em grande parte das vezes, ==quanto mais tempo esses criminosos organizados conseguiam agir, mais agressivos e frequentes se tornavam seus ataques==.

Por outro lado, os infratores desorganizados tendiam a ter inteligência abaixo da média, vinham de famílias instáveis, entravam e saíam de empregos e geralmente moravam sozinhos ou com um dos pais. Sentiam-se socialmente inadequados, eram de natureza obsessiva e sexualmente incompetentes ou tinham aversões sexuais. Cometiam seus crimes de maneira impulsiva e com pouco ou nenhum pensamento de evitar uma possível identificação de suas identidades. Muitas vezes conheciam suas vítimas. Podiam ser extremamente brutais tanto em seu método de ataque quanto na mutilação do corpo depois. No entanto, ==a falta de planejamento e as pistas disponíveis em decorrência do comportamento pós-crime tornavam-nos alvos mais fáceis== de serem capturados.

Ter duas categorias distintas de infratores, bem como 36 exemplos únicos de assassinos — incluindo dados, contexto e a investigação "do mundo real" de seus crimes em registros — conversava com as fases 1 e 2 do estudo de personalidade criminosa. Também nos proporcionou um modelo básico de perfil que poderíamos usar para casos não resolvidos, a fim de evitarmos começar do zero. O desafio foi traduzir essas informações para a terceira fase. Ainda precisávamos de um método de criação de perfil que pegasse tudo o que já sabíamos sobre criminosos, combinasse com as informações investigativas de um caso em andamento e depois as reunisse para indicar com precisão o motivo e as características da pessoa que havia cometido o crime. As peças estavam todas lá, só precisávamos de mais tempo para encaixá-las.

PROFILE 3
profile

além de estereótipos

MULHER FATAL

Todo ser humano tem
três vidas: a pública, a
privada e a secreta.
Gabriel García Márquez

ANN WOLBERT BURGESS E STEVEN MATTHEW CONSTANTINE

MINDHUNTER
PROFILE 3
5 CAPÍTULO

THE CHEERLEADER MURDER

By Carol Pogash

Kirsten Costas

A popular and pretty cheerleader, Kirsten Costas, was dead, and sheriff's deputies were searching for the girl three minutes from downtown San Francisco by Bay Area Rapid Transit. Commuting time shrinks to twenty-five minutes in a BMW, the most popular car at Miramonte High School,

Mesmo em meados dos anos 1980, ainda havia uma ideia errada no FBI de que a criação de perfis se baseava mais no instinto do que na técnica. Era difícil para mim entender essa teimosa insistência em ignorar a pesquisa envolvida no desenvolvimento de novos métodos de investigação. E também tornava meu trabalho muito mais complicado. Porque apesar do fato de a criação de perfis estar registrando

Boston College classroom   1978

PROFILE 3
profile

cada vez mais casos de sucesso — e apesar da dificuldade de solução de cada um desses casos antes do envolvimento da bsu —, o futuro de nosso trabalho permanecia incerto. O financiamento contínuo para o nosso estudo de personalidade criminosa não era garantido, e o alto escalão do Bureau não se comprometia com a pesquisa do perfil nem com o próprio ato de perfilar. E, no entanto, nos três anos desde nosso sucesso inicial com o caso Joubert, vimos um aumento no número de solicitações de ajuda por agências externas — começando com cinquenta em 1981 e dobrando a cada ano depois disso. Havia uma clara necessidade do nosso trabalho, então por que não estávamos recebendo apoio? A resposta de Ressler era simples: "O Bureau tem o hábito de ficar preso na própria desordem burocrática".

Via de regra, aprendi a ignorar as incertezas em torno do estudo da personalidade criminosa e simplesmente me concentrei nas tarefas do dia a dia. Afinal, a pesquisa em geral — fosse acadêmica, nos hospitais ou, aparentemente, no fbi — era incerta por natureza. Nada era garantido. Mas o ato de perfilar em si era uma questão completamente diferente. À medida que se espalhava a notícia do sucesso de nossos métodos, nossa pequena equipe enfrentou expectativas e pressões crescentes para ajudar as autoridades a criar perfis criminais para seus casos mais urgentes. Mal dávamos conta de atender aos pedidos. Somada a isso, a carga de trabalho já pesada de ensino da unidade, escola itinerante e falta geral de recursos, era necessário abrir mão de algo.

A ajuda veio em janeiro de 1984. Finalmente, após um pedido exaltado do chefe da unidade Depue, o Bureau interveio e aprovou a nomeação de quatro novos agentes para se juntarem à equipe. Mas não foram apenas novos companheiros que conseguimos. A liderança do fbi também enviou uma longa lista de perguntas: poderíamos tornar a elaboração de perfis mais consistente? Poderíamos acelerar o processo? Poderíamos aplicá-lo a uma gama mais ampla de investigações? E embora desejasse poder dizer que minha resposta era um simples "sim" de uma ponta a outra, a verdade é que eu não fazia ideia. Claro que acreditava no nosso trabalho e nos oficiais, mas criar perfis

era diferente de tudo que o mundo das investigações criminais já tinha visto. A técnica ainda estava engatinhando. Na minha opinião, o processo de criação de perfis fazia sentido por causa das semelhanças que via entre isso e as técnicas que usava para diagnosticar pacientes psiquiátricos — todas as pistas para identificar a doença ou condição estavam lá, sendo necessário somente saber onde ajudá-las e como conectá-las. Novos agentes, no entanto, viriam com históricos completamente diferentes. Teriam suas próprias maneiras de pensar acerca de como a criação de perfis funcionava — uma abordagem baseada em conclusões fundamentadas nos *insights* obtidos com o estudo da personalidade criminosa. Percebi a oportunidade que isso apresentava. Se Douglas, Ressler e eu déssemos cartadas certeiras, poderíamos criar um programa de treinamento para novos agentes que, de uma só vez, também ajudasse a validar o lado da pesquisa em nosso método. Assim, no início do verão de 1984, tirei férias do meio acadêmico e dediquei toda a minha atenção à equipe de Quantico e ao nosso desenvolvimento de perfis.

Eu não tinha meu próprio escritório nas profundezas subterrâneas de Quantico, porém os agentes não queriam me distrair com seu caos ininterrupto de barulho — gritos nos corredores, telefones tocando sem parar e o chiado do nosso novo aparelho de fax analógico. Então me deram uma pequena mesa em uma grande sala de conferências na interseção de dois corredores. A sala era dominada por seis arquivos de tamanho industrial, cada um deles repleto de pastas organizadas cronologicamente, cheias de registros de casos da bsu e seus índices de jornal conectados. A configuração era perfeita. Parecia que ali, naquele espaço, eu estava no centro da colmeia, cercada pelo conhecimento investigativo coletivo que tínhamos dos assassinos em série e seus crimes. Eu dispunha de todo instrumental necessário para pôr ordem na bagunça desordenada das mentes criminosas e encontrar os fios comuns entre elas. Essa era a minha chance de adicionar nuances e profundidade ao estudo da personalidade criminosa e, em seguida, aplicar esse conhecimento à criação de perfis de maneira a tornar o processo mais rápido e consistente.

Comecei com os dados. Àquela altura, tínhamos gravado entrevistas na prisão com mais de cinquenta assassinos notórios — os 36 do estudo original, além dos outros que gravamos desde então — e nenhum deles teve vergonha de se abrir. Tinham falado sem embaraço sobre como escolhiam suas vítimas, o que acontecia durante os ataques, que lembranças tinham, que papel a pornografia desempenhava, o que faziam após o crime, o que pensavam nos dias subsequentes e uma série de outras perguntas destinadas a esclarecer sua predisposição criminosa. A regularidade entre as respostas deles era fascinante. O estudo dessas respostas revelou denominadores comuns entre cenas de crime e criminosos que permaneceram fiéis ao longo do tempo e da distância e mostraram que aqueles estavam longe de serem atos individuais de violência aleatória. Dos assassinos que entrevistamos, por exemplo, 51% exibiam inteligência acima da média, enquanto 72% tinham um relacionamento emocionalmente distante com o pai e 86% tinham histórico ou diagnóstico psiquiátrico anterior. Esses dados de fundo mostraram, pela primeira vez, padrões claros nos comportamentos dos assassinos em série quando comparados ao comportamento humano em geral. E fundamentavam a criação de perfis criminais em pesquisas mensuráveis que validavam ainda mais nossos resultados.

Quando mostrei minhas descobertas a Ressler, ele suspirou de alívio.

"Eu tenho que te dizer", ele admitiu, "meu maior medo era que os dados estivessem total e diametralmente fora de sintonia com o que venho fazendo aqui nos últimos dois anos."

Eu sabia exatamente como ele se sentia. ==O trabalho que fazíamos, de entrar na mente de um infrator para entender a natureza de seu crime, vinha com sérios riscos. Era um confronto visceral com o horror.== Perda de peso e dores no peito eram comuns entre os agentes da BSU, sendo Douglas o exemplo mais notório. Ele estava trabalhando em um caso em Seattle em 1983 quando uma emergência médica o levou a ser hospitalizado, inconsciente, com um quadro quase mortal de meningite. Levou meses de reabilitação em casa, na Virgínia, até que finalmente se recuperasse. "Senti que era uma recompensa por seis anos caçando os piores homens do mundo", ele me confidenciou. Depois disso, criei o hábito de me reunir regularmente com a equipe para revisar o impacto emocional dos casos que estávamos assumindo. Tínhamos que tranquilizar e apoiar um ao outro de todas as maneiras que pudéssemos.

Isso me trouxe ao meu segundo objeto de interesse durante o verão de 1984. Não era só a psicologia criminal que estava interessada em entender. Também queria aprender como a mente dos agentes funcionava. Se o objetivo deles era pensar com a cabeça de um suspeito, então eu precisava entender sua abordagem passo a passo, com a máxima exatidão, para poder refinar, como um processo metodológico, a criação de perfis. Então, me concentrei. Voltei toda a atenção para os padrões e comportamentos individuais e anotei o que vi. Alguns eram pensadores visuais e projetavam imagens na cabeça sobre o crime. Outros organizavam os pensamentos em uma série de checklists mentais. Havia ainda os que começavam a sessão com a mente aberta, moldando meticulosamente uma opinião enquanto desafiavam a análise de outros oficiais. No entanto, apesar dessas diferenças, os agentes chegavam às mesmas conclusões em mais de 80% das vezes. Era impressionante.

Por exemplo, ao tentar determinar o tamanho e o peso do suspeito mais tarde identificado como John Joubert, Ressler pensou que o suspeito seria magro porque havia deixado a vítima cair perto da estrada — a implicação era que o suspeito não aguentaria levar a vítima mais longe. Hazelwood também acreditava que o suspeito seria magro, mas seu raciocínio veio da observação de que as pegadas do suspeito estavam próximas. Ambos descreveram o suspeito como "de constituição magra", o que correspondia à realidade, mas o modo como concluíram isso era distinto, e é bem provável que esse fato estivesse ligado às diferentes experiências investigativas de suas carreiras individuais.

Essa convergência levantou várias questões: quais partes do perfil seriam possíveis de ensinar, quais poderiam ser refinadas através da experiência e como avaliaríamos a aptidão de um agente potencial para a elaboração de perfis? Eu não tinha certeza, mas era o momento certo para descobrir. Com a segunda geração de auxiliares — Ron Walker, Bill Haigmier, Judson Ray, Jim Wright e o novo recruta e aprendiz de perfilador Greg Cooper — começando a participar de casos ativos, teríamos nossas respostas em breve. Seus desenvolvimentos e contribuições teriam implicações de longo alcance para o futuro da criação de perfis. Se esses membros mais novos da equipe pudessem aprender a analisar, reconstruir e classificar com sucesso as características comportamentais de um suspeito com base nas informações disponíveis a respeito de seus crimes, saberíamos que perfilar poderia ser uma habilidade aprendida. Isso estabeleceria um precedente para a forma de treinarmos novos agentes e policiais no futuro. E se tornaria nosso roteiro de ação.

O trabalho que fazíamos, de entrar na mente de um infrator para entender a natureza de seu crime, vinha com sérios riscos. Era um confronto visceral com o horror.

No momento, porém, só de ter quatro agentes adicionais e um aprendiz por perto era um grande alívio. Eles não apenas nos permitiram assumir um número maior de investigações, mas também ampliaram o escopo de crimes que poderíamos abordar. Até então, todo o nosso trabalho de criação de perfis — tanto no estudo quanto em casos ativos — envolvera múltiplos assassinatos cometidos por criminosos do sexo masculino com idades entre 18 e 35 anos, em sua maioria brancos. Os métodos e motivações dos assassinos mostravam um leque de diferenças, mas seus dados demográficos eram praticamente os mesmos. Em parte, era essa a realidade de assassinos em série conhecidos na época. No entanto, também falava de uma deficiência geral na cultura de aplicação da lei. No final da década de

1970 e início da década de 1980, os crimes envolvendo vítimas brancas eram investigados de maneira mais detalhada do que os casos envolvendo minorias. Isso é vergonhoso, mas verdadeiro. Era também uma fraqueza, limitando nosso potencial para entender todo o espectro de criminosos e seus crimes.

Na minha posição, como uma das poucas mulheres na Academia, talvez eu tivesse mais ciência das questões sociais predominantes do que qualquer outra pessoa. Conhecia a sensação de ser a estranha e aprendi a ver o valor dessa perspectiva. Era algo que sempre enfatizava para a equipe — explicava como agentes de diversas origens poderiam nos ajudar a conhecer melhor e refletir a diversidade dentro do crime — e normalmente isso me rendia alguns acenos de concordância entre os demais investigadores, porém nada mais que isso. Enfim, tudo mudou quando Judd Ray ingressou na BSU como parte da segunda geração de auxiliares. Ray foi o primeiro policial negro da equipe, e nós dois rapidamente nos tornamos aliados. Ele entendia a importância de tirar a BSU de sua zona de conforto. E concordava que seria positivo ampliar a criação de perfis para abarcar mais do que apenas um grupo restrito de assassinos. Só precisávamos provar. Precisávamos de um caso que destacasse nossa técnica e sua nova reinvenção do processo investigativo, não importava o quanto a identidade do assassino pudesse ser inesperada. Precisávamos de um caso que servisse como prova inegável do potencial transformador da elaboração de perfis. Esse caso foi parar na mesa do agente Ron Walker em uma tarde de 1984.

Seis de nós nos reunimos no abrigo antiaéreo na manhã seguinte — me certifiquei de que Ray comparecesse — com Walker no papel de perfilador principal. A sala estava arrumada quando chegamos. E como ele nos deu alguns momentos para revisar os principais detalhes do caso, decidi tratar essa sessão de maneira diferente. Estava querendo me concentrar tanto nas especificidades do caso quanto no próprio método. Sabia que cada um dos agentes abordava o perfil de seu ponto de vista único, mas nunca havia considerado como essas diferenças afetavam o resultado. Esse contexto era crucial.

==Ao observar o modo como faziam perguntas, processavam informações e orientavam as investigações para sua própria área de expertise, pude entender melhor a criação de perfis como um processo metodológico.== Em outras palavras, as observações individuais que cada perfilador registrava eram os elementos básicos de como as sessões de criação de perfil funcionavam e, ao vê-los trabalhar, fui capaz de entender o modo como abordavam e analisavam o assunto de uma determinada sessão. Os próprios agentes eram um dado que precisava ser considerado dentro do quadro mais amplo.

> **Os próprios agentes eram um dado que precisava ser considerado dentro do quadro mais amplo.**

"Este pode ser um caso inédito para a equipe", comentou Walker, pressionando *gravar* no gravador de fita a fim de registrar nossa conversa para referência futura. "Há uma testemunha que viu o ataque. Ao que parece, o suspeito é uma mulher." Então desligou as luzes e apontou o projetor para a parede oposta.

No sábado, 23 de junho de 1984, no subúrbio de classe média alta de Orinda, Califórnia, Kirsten C., de 15 anos, estava sozinha em casa, esperando uma carona para um jantar secreto de iniciação ao exclusivo grupo cívico Bob-O-Links, conhecido localmente como as "Bobbies". As Bobbies eram muito populares. Ser membro era um sinal de status social que se estendia para além do imediatismo do ensino médio. Então, quando a mãe de Kirsten recebeu a ligação de uma mulher não identificada que explicou que o jantar era um segredo e que ela iria buscá-la às 20h30, toda a família ficou animada.

Naquela noite, seus pais e o irmão de 12 anos saíram de casa para participar de uma festa em um jogo de beisebol, enquanto a garota esperava que sua carona aparecesse. Às 20h20, a mãe ligou para lhe desejar boa sorte. Logo depois, um carro buzinou na entrada, e Kirsten

correu porta afora e entrou do lado do passageiro em um velho Ford Pinto laranja de dois tons. O carro rumou para uma igreja presbiteriana próxima, estacionando na frente do prédio, onde ficou parado por cerca de trinta minutos com as duas passageiras dentro. Então, Kirsten saiu do veículo e caminhou cerca de quinhentos metros até a casa de amigos da família que ficava próxima, os Arnold, no final de um beco sem saída. A sra. Arnold abriu a porta e ouviu atentamente a menina explicar sua situação: "Jell, a minha amiga está agindo de forma muito estranha e não quer me levar para casa". Kirsten então perguntou se poderia usar o telefone dos Arnold para ligar para seus pais. Nesse momento, a sra. Arnold notou uma adolescente com cabelos castanho-claros parada na calçada. Pareceu-lhe estranho, então ela convidou Kirsten para entrar. Depois de ligar para casa, mas sem conseguir falar com os pais, a menina aceitou a oferta do sr. Arnold de levá-la até lá. Saíram por volta das 21h40.

Ao longo do trajeto de cinco quilômetros, Arnold notou que um Ford Pinto laranja os seguia, apesar de manter certa distância. Virou-se para sua carona e perguntou de forma direta: "É aquela garota com quem você estava?". Kirsten confirmou que sim, mas assegurou-lhe que estava tudo bem antes de, com calma, mudar de assunto e começar a falar a respeito da escola e amigos. Assim que chegaram à casa da família C., Kirsten percebeu que seus pais ainda não haviam voltado. Disse a Arnold que os esperaria na casa do vizinho. Arnold disse que ficaria olhando para garantir que ela entrasse em segurança. Momentos depois, porém, pela janela do lado do passageiro, ele viu uma figura feminina correndo pelo gramado da frente da casa do vizinho em direção ao local onde Kirsten estava parada, na entrada da varanda. Ouviu uma briga e depois viu a garota a quem havia dado carona cair no chão. Gritos se seguiram. Momentos depois, viu a agressora correr de volta para a garagem, pular no Ford Pinto e bater no meio-fio quando deu a volta e retornou pela rua por onde tinha vindo em alta velocidade.

Houve várias testemunhas do que aconteceu a seguir, mas grande parte foi puro caos. As luzes da varanda se acenderam. Vizinhos correram para fora na direção da comoção. E Kirsten se levantou e passou tropeçando pelo carro de Arnold, gritando por socorro, suas mãos ensanguentadas deixando marcas escarlates grossas onde segurava no porta-malas do carro para se apoiar. Arnold partiu atrás do Ford Pinto em alta velocidade, depois reconsiderou e voltou para a cena do crime para ver se a vítima precisava de ajuda. Viu os paramédicos levarem a menina para uma ambulância. Em seguida, encontrou um policial e descreveu o carro que estava perseguindo e o comentário de Kirsten sobre a amiga estranha.

No meio de tudo, a família C. chegou em casa. A cena mudou do caos para o silêncio absoluto, depois voltou ao caos novamente quando a família vislumbrou sua filha em uma maca na parte de trás de uma ambulância. Estava coberta de sangue. Os paramédicos bateram as portas, tocaram a sirene e abriram caminho entre a multidão reunida. Correram com Kirsten para um hospital próximo, onde uma hora depois ela foi declarada morta. Eram 23h02.

A investigação começou imediatamente, concentrada na principal pista dos investigadores: o Ford Pinto da assassina. A polícia examinou mais de 750 automóveis amarelos e laranja do mesmo modelo, mas não foram capazes de estabelecer qualquer tipo de ligação entre algum daqueles veículos e o assassinato de Kirsten.

A partir daí a polícia procurou outras testemunhas. Encontrou três. A primeira era um vizinho dos Arnold que tinha visto o carro estacionado no beco sem saída enquanto fazia uma caminhada noturna. Esse homem observou que uma mulher estava dirigindo o carro e aparentava irritação, então foi até a janela para perguntar e ver se ela estava bem. A motorista lhe acenou dizendo: "Estou bem, me deixe em paz". A interação entre os dois se encerrou aí.

A segunda e terceira testemunhas formavam um jovem casal. Também estavam parados em um carro no estacionamento da igreja — um ponto de encontro local para os alunos do ensino médio da área festejarem, fumarem maconha e fazerem sexo —, foi quando viram o carro da suspeita estacionar e ficar lá por cerca de 35 minutos. Infelizmente, o casal disse que não reconheceu Kirsten ou a motorista e não olharam com atenção o que aconteceu dentro do carro.

• • •

"É nesse pé que está o caso." Walker virou a última página de seus arquivos e olhou para nós do outro lado da mesa. "Foram meses sem novas pistas. O caso esfriou. Mas deixe-me acrescentar que a perícia mostra cinco facadas e uma ferida de defesa no antebraço direito. Duas das feridas penetraram fundo nas costas da vítima e perfuraram seu pulmão direito e diafragma." Walker avançou rapidamente alguns slides no projetor. "Depois há a autópsia. Estas fotos mostram onde uma ferida lacerou o fígado. E as outras duas feridas no peito, com cerca de quinze centímetros de comprimento, penetraram o pulmão esquerdo. Ela parece ter sufocado até a morte com seu próprio sangue. Não havia indícios de agressão física ou sexual. Então está bem, vamos abrir para perguntas."

"E as descrições das testemunhas?", perguntou Ray.

"Veja, isso é parte do problema." Walker balançou a cabeça. "Arnold não é uma boa testemunha. Ficou completamente transtornado. Não conseguia se lembrar do número da placa ou descrever a pessoa que passou pelo seu carro. Tudo o que disse foi que era mulher, com cabelos loiros sujos, vestida com o que pareciam ser roupas de academia. Não conseguiu nem nos dar uma idade, só disse que 'ela não era nem velha, nem jovem'. Os investigadores até tentaram hipnotizar o sujeito, mas ele não conseguiu dizer mais do que isso. Quanto às outras testemunhas, o casal estava se beijando no carro, parados no canto mais distante do estacionamento. Por isso, só viram a vítima sair do carro da suspeita e ir embora."

"E você tem certeza de que era o Ford Pinto?", perguntou Ray. "O mesmo que pegou a garota na casa dela e que Arnold perseguiu depois disso?"

Walker lançou um olhar de frustração. "O carro que a pegou era um Ford Pinto laranja. Um Ford Pinto laranja foi visto no estacionamento da igreja. Um Ford Pinto laranja foi visto aqui, e aqui. Era o mesmo carro. Se precisar de mais provas, temos várias testemunhas que o descreveram como quebrado e amassado. Não estava em boas condições."

Com o canto do olho, vi Douglas sorrindo. Sabia o que estava pensando em fazer. Faria uma piada ou algum outro comentário para aliviar a tensão na sala.

"Nossa, Walker. Agora estou com um pouco de medo de perguntar o óbvio", Douglas levantou as duas mãos em um gesto de rendição, "mas por acaso havia um jantar de iniciação naquela noite?"

"Não, nenhuma iniciação ocorreria naquela noite. Isso nos faz retornar às Bobbies. As principais dirigentes do clube estavam todas fora da cidade em uma viagem anual de campo ao Havaí. Vocês devem se lembrar de que elas formam um grupo cívico que também opera como uma espécie de irmandade. É um clube e uma organização social que presta assistência ao hospital local, uma espécie de voluntariado. O clube em si é restrito a uma patota. E quase todas as integrantes são ricas. Isso explica a viagem de campo ao Havaí e também por que somente as iniciadas e as não oficiais estavam na cidade, elas não são muitas. Não é uma organização muito grande. Talvez vinte ou trinta garotas, e cerca de metade delas ocupa algum tipo de cargo oficial. Então, a maioria delas estava fora quando o crime ocorreu".

"Conte-nos mais sobre a arma." Ressler reorientou a conversa. "Chegaram a encontrar?"

"Nunca a encontraram. Nossa melhor hipótese é que a arma seja uma lâmina grande de um único gume, provavelmente uma típica faca de caça. Mas isso não foi confirmado. A testemunha não viu a faca. Acabamos de receber o relatório do legista, que atribui os ferimentos a uma arma com um único gume de largura bastante boa — uns 3,50 centímetros, pelo menos. Os investigadores encontraram uma faca de manteiga no local, mas ela possui características incompatíveis com os golpes."

"Além da faca de manteiga, a perícia recuperou mais alguma coisa?"

"Nada de útil", disse Walker. "Até encontraram uma impressão digital sangrenta em uma das madeiras do cercado da varanda que não era da vítima. Porém, infelizmente, era apenas parcial, e sem condições de estabecer algum ponto de comparação."

"Podemos voltar para a vítima?", rebati. "Qual foi o comportamento dela em tudo isso? Como as testemunhas a descreveram?"

"Ela não estava em pânico. Arnold e a esposa a descreveram como preocupada e um pouco chateada. É isso."

"E a vitimologia e o perfil da vítima?", questionei.

"Vamos ver." Walker folheou suas anotações. "O que temos aqui é uma estudante do ensino médio de 15 anos. Popular na escola, pertencia à turminha badalada, e era uma espécie de princesinha em sua própria casa, com todos os seus caprichos atendidos pela mãe e pelo pai. Havia outros irmãos na família, mas era a mais velha. Era uma jovem muito atraente. Em termos de vitimologia, não há nada em seu passado que a coloque em alto risco. Bom relacionamento com as amigas, com os rapazes da escola e também com os adultos. Não há registro de comportamento promíscuo conhecido. É descrita por seus colegas como sendo uma espécie de provocadora, do tipo que atraía os meninos, mas sempre escapava quando as coisas começavam a ficar sérias. A única coisa um pouco incomum em seu histórico — bem, não é incomum para a Califórnia, mas normalmente seria incomum para uma garota de 15 anos — é que ela gostava de usar drogas de vez em quando. Fumava maconha e bebia cerveja a ponto de se embriagar. Sem ser um hábito, ia a festas para beber cerveja e jamais perdia a oportunidade de fumar um baseado. Novamente, isso não é incomum para um adolescente de ensino médio típico na Califórnia. Eram esses os seus interesses."

"O cara que a levou para casa, Arnold... temos certeza de que ele não estava envolvido nisso? É bastante incomum que não seja capaz de dar uma descrição melhor da suspeita depois de estar tão perto do ataque", disse Ressler.

"Ele só estava assustado. A coisa toda era demais para ele conseguir assimilar."

"Veja, isso parece estranho para mim", continuou Ressler. "Faz eu me perguntar se ele conhecia a suspeita. Talvez seja outra estudante do ensino médio que está tentando proteger."

"Espere um segundo", interrompi. "Antes que isso entre no perfil, pode esclarecer uma coisa? Você disse que a vítima era uma garota popular, certo? Então, ela talvez tenha falado com alguma amiga no clube a respeito da iniciação, não acha? Elas não teriam dito que não tinham nada planejado para aquela noite?"

"Bem, essa é uma pergunta interessante", concordou Walker. "A vítima ligou para uma de suas amigas para falar sobre a iniciação. A amiga, que também é uma das Bobbies, não sabia de nada a respeito. No entanto, a vítima e a amiga concordaram que, bem, poderia ter algo acontecendo, talvez uma iniciação que elas não estivessem cientes. Lembre-se de que é uma espécie de clube secreto. Então ela concordou em ir."

> "[...] há uma contradição entre o nível de organização e planejamento do crime e a forma desorganizada com a qual foi executado. Passar na frente de uma testemunha que está sentada no carro próximo ao local do crime duas vezes, uma quando foi em direção à vítima e outra no percurso de volta, demonstra desleixo."

"Isso faz da nossa suspeita uma das Bobbies", disse Hazelwood. "Caso contrário, por que a vítima entraria no carro e iria com ela? Sem mencionar ficar sentada no estacionamento com ela por todo aquele tempo."

"Então estamos entrando na elaboração do perfil agora", disse Walker. "Tudo bem. Mas o problema em afirmar que é uma das Bobbies está no fato de que a ligação original foi feita para a mãe, não para a própria vítima. Isso me parece deliberado. É usar um disfarce de algum tipo. Ao mesmo tempo, sabemos que quem fez a ligação é alguém que conhece muito intimamente como as Bobbies organizavam o processo de iniciação. Então, sim, você provavelmente

está certo. Porque é improvável que a vítima entrasse no carro se não identificasse a motorista como uma integrante conhecida, já que as Bobbies não usam não integrantes como parte do processo de iniciação."

"Eu acho o seguinte", Douglas expôs a própria teoria. "Sou da opinião de que a vítima e sua agressora se conheciam e, é bem possível, possuíam algum tipo de relação desconhecida pela família e amigos da vítima. Muito do que aconteceu aqui indica, como Walker apontou com muita propriedade, que a pessoa era membro ou pelo menos familiarizada com a organização das Bobbies, então devia ser uma mulher. Que a pessoa conhece a área é muito óbvio também, pois a motorista do automóvel levou a vítima para uma área frequentada pelos adolescentes locais. Há um planejamento rigoroso da situação. Uma garota mais nova não poderia fazer isso, então talvez fosse uma estudante do penúltimo ou último ano do ensino médio. Ou talvez uma pessoa recém-formada que ainda estivesse andando pela cidade e sentindo um pouco de raiva por estar presa lá, mas que não fazia mais parte dos acontecimentos. Porém, há uma contradição entre o nível de organização e planejamento do crime e a forma desorganizada com a qual foi executado. Passar na frente de uma testemunha que está sentada no carro próximo ao local do crime duas vezes, uma quando foi em direção à vítima e outra no percurso de volta, demonstra desleixo."

"Esse elemento de ser planejado, mas executado de forma desorganizada é importante", concordou Hazelwood, pegando a linha de pensamento de Douglas. "Mas você tem que se perguntar qual era realmente o plano da suspeita. Não acho que tenha sido homicídio, e a razão pela qual digo isso é que houve muitas oportunidades, pelo menos 35 minutos, enquanto as duas estavam paradas no estacionamento, além de toda a viagem de carro antes disso."

"Faz sentido." Walker concordou com a cabeça. "Aconteceu algo no estacionamento que fez com que a situação piorasse. Houve uma espécie de confronto. A vítima sai do carro e diz algo como: 'Ah, que se dane. Estou indo embora. Você é esquisita'. E o que quer que tenha acontecido causou muito sofrimento, ansiedade e raiva à motorista do Ford Pinto a ponto de fazê-la seguir Kirsten até sua casa e depois sair do carro e atacá-la."

"É um tipo de ato muito desorganizado e impulsivo", disse Douglas. "Tudo isso não foi planejado para assassiná-la, parecendo ser mais provável que a suspeita desejasse estar com essa garota por um motivo ou outro. Talvez com intenções românticas."

"Então, se estamos construindo um perfil em torno de uma mulher em idade escolar, o que parece que todos concordam que estamos", olhei ao redor da sala e contei vários acenos de confirmação, "como é que a faca de caça se encaixa? Se é apenas uma arma de oportunidade, por que uma colegial teria uma faca de caça em seu carro?"

"Bem, não sabemos se a motorista era dona do carro ou tinha o hábito de pedi-lo emprestado a amigos ou familiares", argumentou Walker. "E se for essa segunda opção, então a faca provavelmente estava lá independentemente da suspeita ou de suas intenções."

"Se estamos desenvolvendo a vitimologia, acho que a idade e a condição do veículo são outro fator significativo aqui", observei. "Apontam para uma falta de capacidade econômica. Essa é uma grande diferença em relação à afluência geral da área em que o crime ocorreu. A condição do carro da suspeita sinaliza um status econômico mais baixo, o que provavelmente aumenta a ansiedade de não se encaixar."

"Deixe-me dizer algo que acho extremamente importante", interveio Ressler. "Esqueça o carro por um segundo. Temos um esquema elaborado para tirar essa garota de casa, e então ela é assassinada com uma faca — uma arma que geralmente indica um homicídio planejado. No entanto, também temos a vítima e a suspeita sozinhas por um período considerável de tempo, e não há trauma no rosto da vítima ou rasgos nas roupas. Porém, agora alguns de vocês estão dizendo que não foi um homicídio premeditado e, portanto, a arma se torna uma arma de oportunidade em vez de uma arma de escolha. Essa é uma diferenciação e tanto para se fazer quando você tem todo esse planejamento e uma garota morta a facadas."

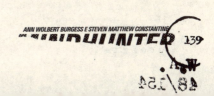

"Talvez haja algo mais envolvido que ainda não consideramos", Douglas contrapôs. "Algo que poderia explicar o tempo no carro e a impulsividade do ataque."

"Vamos nos concentrar novamente no perfil", Walker desviou. "Concordamos com a categoria de suspeita desorganizada. Também parecemos concordar que a infratora cursou pelo menos o ensino médio de forma parcial e pode muito bem ter sido uma estudante ou recém-formada, ainda vivendo na área no momento do crime. Se for parte das Bobbies, tem uma inteligência de mediana a acima da média, mas pode ser que só tenha um histórico acadêmico medíocre devido a um interesse maior em posição social do que em sucesso nos estudos. A agressora residia ou trabalhava na região no momento do crime. E embora deva ter algum tipo de relacionamento com as outras — mais uma vez, considerando que é parte das Bobbies —, é provável que a realidade econômica a colocasse na extremidade inferior do espectro social, o que adiciona outra camada ao motivo pelo qual tinha dificuldade para fazer quaisquer amizades reais. Eu diria que isso aponta para uma provável história de uso recreativo de drogas e álcool que também compensa ansiedades e diminui inibições. Acho que a idade é suficiente para descartar qualquer histórico criminal, além de talvez uma contravenção relacionada a drogas."

"Faz sentido", disse Ressler. "Embora eu queira que a gente tente entender melhor o que aconteceu enquanto elas estavam sentadas no carro. Tem que ter havido um confronto muito grande entre as duas para desencadear uma resposta tão violenta."

"Uso de drogas", Douglas repetiu.

"Podemos fazer uma rápida transição para o comportamento pós--crime?", perguntou Hazelwood. "Ann, esta parte bem que poderia ter sua contribuição para ajudar a racionalizar a psicologia envolvida. Você tem uma vantagem porque, mesmo depois de vinte anos de casamento, ainda não tenho ideia de como as mulheres pensam."

Os agentes riram e eu sorri junto para bancar a boazinha. Então pensei melhor. "Fale sobre sua vida pessoal no seu próprio momento, Roy. Estou mais interessada em resolver este caso."

Houve um breve silêncio antes de Hazelwood se desculpar de forma tímida e bem-humorada.

"Mas é uma boa pergunta", disse Walker. "O comportamento pós-ataque é importante neste caso. A primeira coisa a resolver é a questão da arma. Quem quer começar?"

Ressler assumiu a liderança. "Com base no grau de desorganização do ataque, é provável que a suspeita tenha descartado a arma no caminho de volta para casa. Ela provavelmente jogou a faca pela janela para se livrar dela sem pensar muito. Tenho confiança de que a motorista voltou para o carro e foi direto para casa. Digo isso porque acho que a agressora nunca cometeu um ato como esse antes em toda a sua vida."

"Estou com Bob nessa", concordei. "Foi um ato traumático, e pessoas não inclinadas ao comportamento homicida — e não acho que a assassina possua essa inclinação —, quando cometem um ato como esse, a primeira coisa que fazem é ir a algum lugar seguro. Encontram um ambiente acolhedor e solidário onde podem se isolar do que realmente aconteceu. Nesse caso, se estivermos procurando por uma garota do ensino médio, ela voltaria imediatamente para a casa de sua família."

"Isso é bom", disse Douglas. "A faca é jogada pela janela no caminho para casa. Então, se a polícia reunir uma lista de suspeitas, deve ser capaz de pesquisar as rotas de carro mais lógicas e encontrar a faca."

"A motorista também limparia qualquer vestígio de evidência dentro do veículo", acrescentou Hazelwood. "Isso é particularmente verdadeiro se o veículo foi emprestado. Ela pode até ter acordado cedo para levá-lo a um lava-jato local no dia seguinte."

"Esse é o período de tempo chave", observei. "O comportamento pessoal da suspeita teria mudado de maneira visível imediatamente após cometer o crime. Ela pode não ter visto ninguém naquela noite depois que voltou. Porém, sendo uma garota do ensino médio que mora na casa da família, provavelmente teria visto alguém na manhã seguinte, e essas pessoas poderiam ter notado que ela estava

retraída e introvertida por pelo menos alguns dias após o crime. Ela poderia parecer ansiosa, agitada, nervosa, preocupada e com pensamentos distantes. Seu padrão diário normal poderia ter mudado, incluindo uma alteração nos hábitos alimentares e de sono. Até sua aparência física poderia ter se modificado de modo visível. Poderia ter ficado menos atenta às roupas que veste e às próprias atitudes ou aparência."

"Você sabe se a polícia local notou algo incomum no funeral, Walker?", perguntou Douglas. "Já vimos isso antes em situações em que o assassino comparece e exibe uma falta de emoção inadequada. Normalmente, também saem cedo da cerimônia."

"A polícia tem que saber quem ela é", insistiu Ressler. "Não pode haver tantas suspeitas assim. Provavelmente já a interrogaram durante a investigação e perceberam que a autora do crime estava mais ansiosa e nervosa do que algumas das outras moças. Talvez tenha até se oferecido para ajudar na investigação. O que não está nos contando, Walker?

"Tudo bem, pessoal." Walker encerrou as coisas rapidamente. "Isso deve ser suficiente. Vou escrever o perfil e enviá-lo de volta para a polícia de Orinda. Informaremos se houver atualização."

Era isso. Quando a sessão terminou, os agentes, que eram bem treinados nesses tipos de transições, acionaram um botão mental para voltar aos próprios mundos individuais. Conseguiam passar de uma análise de esfaqueamento violento em todos os seus detalhes mais sangrentos para uma conversa relacionada aos planos de fim de semana com a família, política no escritório ou o que Joe Gibbs estava fazendo com os Redskins. De certa forma, era surpreendente, mas também fazia parte do que o FBI buscava em seus recrutas. Apesar de suas diferenças, os investigadores da BSU possuíam a capacidade de se sensibilizar com a dor das vítimas sem serem afetados, conseguiam compartimentar os dados perturbadores dos crimes sem que isso os perturbasse. Eram capazes de permanecer desapegados para sobreviver.

Minha experiência era diferente. Trabalhar com vítimas de violência sexual não havia me entorpecido para atos tão horrendos. Em vez disso, ajudava-me a compreender melhor a natureza da violência — ajudava-me a reconhecer padrões e modelos. Eu a compreendia me conectando com as vítimas, relatando suas histórias e analisando a psicologia subjacente em ação. Isso me dava uma visão única sobre o lado da vítima na criação de perfis. Era algo que os agentes focados em infratores apreciavam, principalmente porque ajudava a esclarecer inconsistências na forma como os criminosos reincidentes tratavam as vítimas em uma série de crimes. Muitas vezes, eu era chamada para esses tipos de casos para explicar a dinâmica interpessoal de um crime — de que forma as vítimas podem resistir ao ataque ou ceder como um ato de autodefesa — ou para oferecer minha opinião a respeito de como diferentes cenários podiam estimular ou perturbar um criminoso. Porém minha abordagem me deixava mais vulnerável às emoções dos casos. Permaneciam comigo. Muitas vezes eu me via repetindo os detalhes e nuances de um crime para entender melhor o que motivava um infrator e quem ele poderia ser. E quando os criminosos identificados eram, por fim, capturados, eu sentia orgulho do nosso trabalho — mas, mais do que tudo, me sentia aliviada.

Isso foi especialmente verdadeiro no caso Bobbies. Das cerca de uma dúzia de sessões de criação de perfil em que a equipe trabalhou desde o início dos anos 1980, esse foi o primeiro caso de mulher contra mulher. Se acertássemos esse, serviria como um retumbante *sim* para a questão ainda não resolvida do Bureau: a criação de perfis poderia ser aplicada a uma ampla gama de crimes? A resposta veio alguns meses depois, em dezembro daquele ano. Walker me disse que uma prisão finalmente havia sido feita. Ele acrescentou que agendaria um interrogatório com todos os agentes envolvidos no perfil original e sugeriu que eu me juntasse a eles.

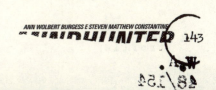

"Então, aqui está o que não disse a vocês em nossa última sessão. Mesmo antes de começarmos a traçar esse perfil, a investigação tinha uma lista de suspeitas bastante restrita. Tinham até uma suspeita que teve acesso a um Ford Pinto laranja, amiga da vítima, que frequentava o mesmo colégio, era integrante das Bobbies e teve uma ausência inexplicável de sua casa pelo período de duas horas que abrangeu o evento." Walker rapidamente nos interrompeu antes que alguém pudesse responder. "Eu sei, eu sei. Mas eles a descartaram depois de passar por um exame de polígrafo porque não havia uma única mentira observada nos resultados."

> **Trabalhar com vítimas de violência sexual não havia me entorpecido para atos tão horrendos. Em vez disso, ajudava-me a compreender melhor a natureza da violência — ajudava-me a reconhecer padrões e modelos. [...] Isso me dava uma visão única sobre o lado da vítima na criação de perfis.**

"Qual foi o álibi que a suspeita deu para as duas horas em que esteve desaparecida? O agente que aplicou o teste lhe perguntou isso?", disse Douglas.

"Ela disse que estava trabalhando de babá. Foi assim que teve acesso ao carro — o Ford Pinto era de sua irmã mais velha, aliás. Ela enganou a irmã e seus pais com a história de babá."

"Inteligente", Ray murmurou.

"Porém, a questão é a seguinte: quando soube do teste de polígrafo, pedi que me enviassem uma cópia por fax e pedi que um de nossos funcionários revisasse o relatório. E ele me disse que o teste foi malfeito. Afirmou que se as perguntas tivessem sido feitas de forma diferente, ou se as questões fossem corretamente formuladas, os resultados teriam sido inconclusivos. Só isso teria sido suficiente para mantê-la na lista de suspeitas."

"Claramente, os policiais locais não estão acostumados a ver muitas investigações de assassinato", observou Douglas.

"Então, o passo seguinte foi montar nosso perfil para que eu pudesse enviá-lo aos investigadores e apontar todas as sobreposições que havia com a suspeita que tinham descartado. Porém, o problema seria a própria suspeita. Até então, ela teria tido tempo suficiente para racionalizar o ataque. E se sentiria justificada quanto ao assassinato. Já vimos isso antes. O suspeito passa por um mecanismo psicológico de autodefesa, com pensamentos do tipo: ==Foi merecido o que aconteceu com ela, uma pirralha mimada e esnobe. Não dou a mínima para ela. Ela merecia morrer==.'"

"Perversa", Ray comentou.

"É por isso que eu queria a ajuda de Ann com o comportamento pós-crime em nossa última sessão de criação de perfil. Sabia que poderia fazer os investigadores entrevistarem a suspeita outra vez. Contudo, precisávamos de algo para derrubar suas barreiras. Tínhamos que levá-la de volta a tudo o que havia acontecido naquela noite, incluindo seus próprios pensamentos e ações, mesmo aqueles que mantinha exclusivamente para si. Caso contrário, os investigadores não teriam nada. Precisávamos que essa garota se mostrasse por inteiro e confessasse."

"Então você *ouve* de vez em quando." Eu ri.

"Entreguei o perfil aos investigadores. Eles reencontraram a suspeita. Ela concordou em voltar para um segundo polígrafo na sexta-feira seguinte, à noite. Porém, vejam que estranho: é feita uma entrevista pré-polígrafo de quatro horas, seguida pelo próprio polígrafo, e aí, mesmo depois de tudo isso, a garota ainda estava relutante em ir embora. Ficava andando de um lado para o outro querendo falar com o examinador. E quando finalmente falou, foi para dizer: 'Acho que acredita que fui eu que cometi o crime'. E ele respondeu: 'Sim'. E então ela perguntou o nome dele, que respondeu: 'Ron Hilly'.

"De qualquer forma, o teste mostrou falseamento da verdade em duas áreas principais e foi inconclusivo em várias outras. Porém ainda não havia o suficiente para mais ações investigativas."

"Você estava certo", comentei. "Ela teve tempo suficiente para construir as próprias defesas e justificar para si mesma o que havia feito."

"Foi o que pensei na noite de sexta-feira, depois que os resultados chegaram e a garota finalmente foi para casa. Mas o que aconteceu em seguida — eu só soube disso depois do fato — foi que no sábado e no domingo, a menina ficou tentando falar com sua mãe, mas a mãe estava ocupada demais para lhe dar atenção. Então, na segunda-feira de manhã, enquanto a garota se preparava para ir à escola, ela apontou para um bilhete em sua cômoda e disse: 'Mãe, é melhor você ler isso enquanto estou na escola'. Era uma confissão assinada do assassinato de Kirsten C."

"Isso é interessante", ponderei. "É como se ela lidasse com a confissão de uma maneira que ainda lhe desse algum elemento de controle. Não conseguiu chamar a atenção da mãe, então criou um cenário em que a mãe fosse forçada a se envolver. Podemos ver o texto? Aposto que explica com bastante clareza a motivação dela para confessar."

Walker assentiu, então pegou um papel e começou a ler.

"'Queridos mãe e pai. Tentei falar isso para vocês o dia todo, mas amo tanto vocês que é muito difícil. Então estou tomando o caminho mais fácil. O homem do FBI [...] acha que cometi o crime. E ele está certo. Consegui viver com o segredo, mas não posso mais ignorá-lo. É demais para mim, e não consigo viver nessa mentira. Por favor, ainda me amem. Não consigo viver a menos que me amem. Eu arruinei minha vida e a de vocês; não sei o que fazer e estou envergonhada e com medo. P.S. Por favor, não me perguntem como pude ou por que, porque eu também não entendo e não sei por quê.'"

• • •

Na manhã de 12 de dezembro de 1984, depois de ler o bilhete da filha, a mãe de Bernadette Protti correu para a escola, pegou a filha e a levou para a delegacia de Miramonte. Bernadette, de 16 anos, recusou-se a falar com todos, exceto o examinador do polígrafo Ron Hilly, com quem havia estabelecido um vínculo na sexta-feira anterior. Em sua confissão, Bernadette explicou que não havia planejado o assassinato, que tinha sido um mal-entendido e que tudo o que ela sempre quis foi sentir que fazia parte do mesmo grupo que Kirsten.

Segundo a confissão de Bernadette, tudo girava em torno de uma festa planejada para a noite de 23 de junho. Bernadette não havia sido convidada, mas sabia que Kirsten C. tinha sido, o que a inspirou a arquitetar o plano de iniciação ao grupo das Bobbies para tirar Kirsten de casa. Bernadette explicou que achava que se aparecesse nessa festa muito badalada com uma das garotas mais populares da escola, finalmente seria aceita.

Então, depois que as duas chegaram ao estacionamento da igreja e ficou óbvio que não havia iniciação, Bernadette disse: "Bem, acho que não tem iniciação. Conheço uma festa ótima. Vamos para lá". E embora Kirsten inicialmente tivesse concordado, algo aconteceu naqueles momentos — algo que nunca foi totalmente explicado ou esclarecido — que a fez mudar de ideia, chamar Bernadette de idiota e sair do carro.

Foi quando Bernadette decidiu que tinha que fazer algo em relação a Kirsten. Estava com medo de que Kirsten contasse a todos na escola que ela era esquisita porque não ficava chapada e que não conseguia lidar com o pensamento de rejeição dos colegas.

Quanto à faca, Bernadette explicou que sua irmã mais velha a havia deixado no carro. A irmã tinha originalmente colocado a faca no veículo antes de ir com alguns amigos para uma lanchonete. Usava para partir seu próprio sanduíche ao meio e tinha simplesmente esquecido de tirá-la do carro. Acredite se quiser, essa foi a explicação dela.

• • •

No final da reunião de encerramento do caso, perguntei a Walker se ele tinha um minuto para conversar. Ainda era novo na criação de perfis e na BSU, e eu esperava poder aprender alguma coisa ouvindo sua perspectiva.

"Esse foi um bom resultado", lhe disse. "Vai dar um pouco de paz à família."

"A assassina provavelmente não teria sido pega se não se entregasse."

"Pode ser. Mas é difícil afirmar qual foi o tamanho do impacto da sua estratégia de uma nova entrevista", continuei. "Contudo, não era sobre isso que queria conversar. Estou curiosa a respeito de suas impressões gerais sobre o caso. Por que escolheu se concentrar nessa suspeita, em primeiro lugar?"

Para cada assassino em série de renome que a BSU rastreava, havia centenas, senão milhares, de casos únicos que nunca eram resolvidos. Apenas por números absolutos, era nesses casos que poderíamos causar o maior impacto.

"Houve elementos no polígrafo dela que se destacaram", esclareceu Walker. "Especialmente uma pergunta que fez, aquela: 'Você considera que a publicidade é mais importante que o assassinato?'. Essa parte saltou aos meus olhos. Era como se ela se sentisse justificada pelas próprias ações e usasse essa emoção para ajudá-la a passar no polígrafo. A propósito, o que descobri foi que Ron Hilly fez um polígrafo do tipo 'verificar atenção', perguntando coisas específicas que só a criminosa saberia responder e depois observando-a em busca de alguma reação. Não é fácil de passar nesse polígrafo."

"Faz sentido. O que mais acha do caso?", pressionei-o para continuar. "Foi motivado simplesmente por inveja e medo de rejeição?"

Walker inclinou a cabeça ligeiramente para trás e parou um momento antes de responder. "Acho que há partes que não batem. Mas isso é coisa para os tribunais descobrirem. Minha opinião não importa mais."

"Importa se pudermos aprender um pouco mais com ela. Pode ser muito importante para o próximo caso que virmos."

"Tudo bem", concedeu Walker, escolhendo suas palavras com cuidado. "Acho que... — e isso, olhando em retrospecto — ... acho que há muito que ainda não sabemos. Veja a confissão, por exemplo. A suspeita descreve a vítima como tendo tirado maconha da bolsa, mas os pais de Kirsten disseram que ela não estava com uma bolsa naquela noite. Além disso, veja o álibi da irmã de 18 anos. A irmã mentiu. Tentou encobrir o assunto durante o tempo em que esteve fora de casa. Acho que a suspeita também mentiu quanto à faca. Tenho a impressão de que os pais também mentiram. Não porque soubessem alguma coisa a respeito da filha cometer um assassinato; mas por saberem que a garota estava dirigindo sem carteira. Meu palpite é que, quando os pais inicialmente receberam uma ligação da polícia, pensaram que sua filha poderia ter sofrido um acidente de trânsito. E a encobriram sem saber o que de fato ela havia feito."

"Então, o que acha que aconteceu de verdade?", indaguei.

"Sinceramente? Acho que a garota pegou a faca da cozinha e a colocou no carro naquela noite. Se não tivesse, teria encontrado aquela faca embaixo do banco da frente? O caralho! — desculpe o linguajar. No entanto, não acho que ela pretendia assassinar a amiga. Acredito que fez aquilo por causa da inveja e do ciúme que sentia, acho que talvez quisesse intimidar a vítima ou assustá-la usando a faca para se mostrar em posição vantajosa. Mas é fácil adivinhar o que aconteceu depois com base nos padrões de comportamento da garota. ==Seu medo de rejeição a controlava. A única coisa que importava era se encaixar.=="

"Por que não mencionou nada disso lá?", questionei.

"Porque esses caras são todos agentes veteranos. A suspeita, neste caso, não era uma assassina em série de grande nome. Foi uma ocorrência única. Eles têm assuntos mais importante com que se preocupar."

Naquele momento, meu desejo era dizer a Walker que o caso de Kirsten importava exatamente pelas razões que ele considerava insignificantes. Para cada assassino em série de renome que a BSU rastreava, havia centenas, senão milhares, de casos únicos que nunca

eram resolvidos. Apenas por números absolutos, era *nesses* casos que poderíamos causar o maior impacto. E para que o método de perfil funcionasse nessa escala, não podíamos nos limitar a uma maneira de pensar ou a uma abordagem simples. Precisávamos jogar com todas as nossas fichas nesses casos: nossas diferentes origens, experiências, perspectivas. Porque essa era a verdadeira chave para um processo metodológico de criação de perfil. Estávamos no nosso melhor quando nos reuníamos como uma equipe. Resolvíamos casos reduzindo-os à essência e, em seguida, reunindo-os novamente com base na compreensão de todos os agentes a respeito dos componentes envolvidos. Nossa análise coletiva equilibrava quaisquer vieses desconhecidos que poderíamos ter como criadores de perfis trabalhando sozinhos. A colaboração era a maior vantagem da BSU e algo em que precisaríamos confiar cada vez mais à medida que novos casos surgissem e nos levassem aos nossos limites. A criação de perfis era mais do que a soma de suas partes.

"Todo caso importa", afirmei a Walker. "Todos são importantes."

Em 1º de abril de 1985, Bernadette Protti foi condenada pelo homicídio doloso de Kirsten C. Ela recebeu a sentença máxima de nove anos, durante a qual lhe foi negada a liberdade condicional duas vezes, antes que o Conselho Estadual de Liberdade Condicional Juvenil a liberasse, em 10 de junho de 1992, em uma decisão de dois contra um.

De muitas maneiras, o caso Bobbies era exatamente do que a BSU precisava. Houve grande repercussão na imprensa devido ao resultado bem-sucedido e provou que a criação de perfis poderia ser o grande fator de sucesso de uma investigação, independentemente de quem fosse o suspeito ou de quantos crimes tivesse cometido. Mesmo durante toda a cobertura do julgamento, a mídia — muitas vezes crítica ao FBI como um todo — foi extraordinariamente elogiosa à "nova técnica investigativa" do Bureau. Essa atenção positiva da mídia foi outro ponto de virada para a BSU. Publicamente, deu-se início a uma nova narrativa em que a criação de perfis era considerada uma parte valiosa da forma como o FBI combatia crimes em série violentos. No entanto, internamente, onde mais importava, o significado era muito mais profundo. A cobertura do caso ajudou a validar nosso trabalho aos olhos do alto escalão da agência — pessoas com capacidade de tomada de decisão, supervisão orçamentária e autoridade departamental.

O caso também ajudou a destacar a importância da colaboração entre os principais criadores de perfil, agentes e investigadores locais. Essas relações são fundamentais para o desenvolvimento de um perfil sólido. As informações precisam ser claras, abrangentes e imparciais. E tem que haver um diálogo constante entre todos os envolvidos. Esse nível de transparência e cooperação era quase inédito para a época. Foi emocionante. E, ao mesmo tempo, recebemos mais ligações do que nunca de investigadores que precisavam da nossa ajuda. Havia assassinatos de crianças em Atlanta, esfaqueamentos em rodovias em Chicago e uma série de esquartejamentos ao longo da costa da Califórnia. A lista continuava e continuava.

O caso Bobbies também foi influente no sentido operacional. Mesmo com a adição de quatro novos agentes, a BSU tinha apenas dez perfiladores ativos em sua equipe. E nenhum desses dez estava criando perfis em tempo integral — eles acumulavam essa tarefa com a de instruir novos agentes em programas de treinamento ou qualquer outra coisa que lhes fosse solicitada. Mas com o impacto bem-sucedido que a criação de perfis teve neste caso, e em outros semelhantes, estava se tornando muito difícil de ignorar o papel dos perfiladores. ==Se os diretores quisessem que a criação de perfis fosse mais rápida e eficiente, teriam que nos dar tempo, espaço e recursos para realmente nos concentrarmos nisso.== Frustrado e próximo de um ponto de ruptura, Ressler pressionou o então diretor da Academia do FBI, James McKenzie, quanto à instituição de um centro nacional para continuar nosso trabalho. McKenzie avançou com a ideia e, mais tarde, naquele verão, o Bureau anunciou formalmente a criação do Centro Nacional de Análise de Crimes Violentos (NCAVC, na sigla em inglês).

O NCAVC começou a operar oficialmente em junho de 1985. De certa forma, o estabelecimento deste novo Centro sinalizava o sucesso da BSU. Pois, como em qualquer burocracia governamental, quanto mais bem-sucedido é um departamento de investigação, maior ele fica e mais unidades lhe são adicionadas. NCAVC era simplesmente um novo nome para uma entidade abrangente que permitia que a BSU se dividisse em uma unidade de apoio investigativo e outra de pesquisa. O Centro recebeu a missão oficial de entender e encontrar soluções para crimes violentos: conduzir iniciativas de pesquisa e desenvolvimento, estabelecer programas de treinamento, expandir o perfilamento de mentes criminosas e formar um catálogo de crimes violentos para o Programa de Apreensão de Criminosos Violentos. Porém, no fundo, ainda éramos a mesma antiga BSU. Tudo o que realmente mudou foi que, depois de anos isolados, finalmente estávamos tendo acesso a recursos maiores, o que nos ajudou a integrar o Bureau como um todo e nos tornou mais eficientes. E para casos em que o tempo é valioso, a eficiência podia ser a diferença entre a vida e a morte.

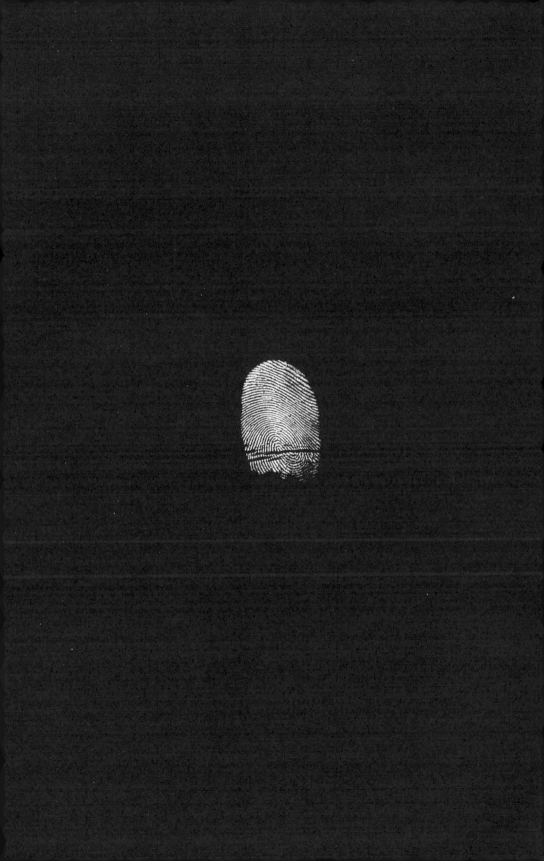

PROFILE 3
profile 154

desafios emocionais

PEQUENA
MISSY

Todo mundo largaria tudo para procurar
uma criança desaparecida, pois, quando
a caxumba é substituída por assassinato,
o alarme deixa de ser assunto privado.
Toni Cade Bambara, *Crianças de Atlanta*

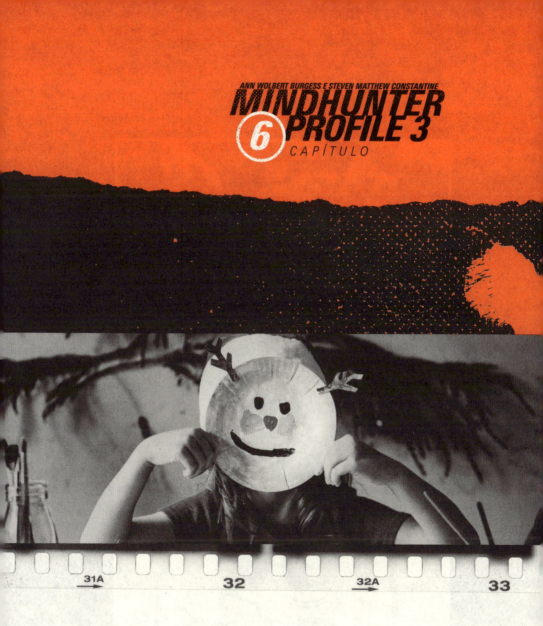

ANN WOLBERT BURGESS E STEVEN MATTHEW CONSTANTINE

MINDHUNTER
PROFILE 3
CAPÍTULO 6

Percebi um desenvolvimento curioso após o sucesso da BSU com o caso Bobbies. Não foi apenas a polícia local que passou a procurar nossa ajuda com uma variedade maior de investigações do que nunca — esperávamos que isso acontecesse depois de resolvermos um caso de alta visibilidade envolvendo uma assassina do sexo feminino —; a questão foi que os novos pedidos solicitavam determinados perfiladores pelo nome. Não pude deixar de rir da ironia. Éramos

PROFILE 3
profile

subfinanciados, subestimados e estávamos enterrados nas profundezas do abrigo antiaéreo da Academia, mas nem isso poderia nos deter. O método de perfis falava por si. Era a oportunidade para os criadores de perfis saírem das sombras para obter o crédito que mereciam há muito tempo. E, embora tenha sido divertido ver os agentes atendendo a mais pedidos e desfrutando de um elevado nível de destaque enquanto viajavam de distrito em distrito policial, fiquei feliz em observar tudo isso de longe. Meu trabalho me mantinha ocupada o suficiente. Além disso, desde que havia entrado na BSU, considerava Quantico, não lá fora, o lugar onde eu poderia dar o meu melhor. Mas tudo isso estava prestes a mudar.

No verão de 1985, um caso infantil em Illinois exigia uma resposta imediata. Envolvia uma menina de 7 anos desaparecida e uma testemunha criança sobrevivente. O evento ocorreu em plena luz do dia em um domingo, 2 de junho de 1985, mas os investigadores tinham poucas pistas a partir das quais prosseguir. A testemunha sobrevivente estava assustada e incapaz de falar. O que os investigadores realmente precisavam era de um especialista que pudesse ajudar a criança a se sentir confortável o bastante para contar o que havia acontecido.

Recebi a ligação em 11 de junho, mais de uma semana após o sequestro inicial. Isso me colocou em uma enorme desvantagem. Sabia, por experiência própria, que, após um incidente, havia uma janela estreita para encontrar a criança ilesa, e uma menor ainda para encontrá-la ferida, mas ainda viva. Depois disso, os resultados prováveis iam de mal a pior. Era uma corrida contra o tempo.

"Por que esperou tanto?", perguntei ao agente de Chicago do outro lado da linha. Estava frustrada; contudo, tentei me controlar.

"Não é fácil encontrar alguém com experiência em entrevistar crianças vítimas de trauma. Desconhecíamos o fato de que a BSU possuía uma profissional com essas características. E, para ser sincero, ninguém sequer pensou em falar com a garota [a testemunha] depois daquela primeira entrevista com a polícia."

"Tudo bem." Suspirei. "Qual é o caso e quem está envolvido?"

"A vítima é uma menina de 7 anos chamada Melissa A.", explicou o agente. "Todo mundo a chama de Missy. Ela estava andando de bicicleta com a amiga Opal Horton em uma estrada perto da escola local. Opal, que também tem 7 anos, viu tudo acontecer. Quase foi sequestrada também."

"E os suspeitos?"

"Aí as coisas ficam mais embaçadas. O que sabemos é que um cara parou e pediu informações às meninas. Em seguida, saiu do carro dizendo que não estava conseguindo ouvi-las, caminhou em direção às meninas, agarrou Opal pelo pescoço e a jogou no banco da frente. Na sequência foi buscar Missy, e enquanto estava distraído, Opal escapou pela janela do lado do motorista. Correu para uma concessionária John Deere próxima e se escondeu em um pneu de trator. O rosto de Missy estava pressionado contra a o vidro traseiro enquanto o carro desaparecia na estrada. Mas isso tudo nós ouvimos de testemunhas. A garota, isto é, Opal, não está disposta a falar."

"Quero falar com o chefe da unidade", pedi. "Enquanto isso, não perturbe a garota com mais perguntas. Apenas a mantenha em segurança."

Recebi autorização para sair no dia seguinte. E na manhã subsequente, 12 de junho — o oitavo aniversário de Missy —, peguei um voo comercial para o Aeroporto Midway de Chicago e depois pulei em um pequeno Cessna de quatro lugares usado pelas agências da lei locais na área. Conforme meu voo se aproximava do pequeno aeroporto nos arredores de Somonauk, Illinois, percebi por que Missy ainda não havia sido encontrada. Florestas densas e terrenos agrestes se estendiam até onde a vista alcançava. A vítima poderia estar em qualquer lugar, porém eu tinha uma vantagem: Opal. A amiga da garota sequestrada foi testemunha direta do crime. Sua memória poderia fornecer informações valiosas a respeito das características mentais, emocionais e físicas do criminoso, o que, por sua vez, poderia nos ajudar a descobrir quem ele era e onde estava escondido. Opal era a melhor chance de Missy ser encontrada viva.

Fui recebida por agentes do escritório de campo do FBI em Chicago, Candice DeLong e Dan Cantella, no centro de comando temporário na

Igreja Católica de São João Batista, em Somonauk. Eu conhecia Candice de um breve encontro em 1980, no treinamento do FBI que ela fizera para novos agentes. Era uma entre as únicas sete recrutas mulheres. E possuía um histórico semelhante ao meu: atuara como enfermeira psiquiátrica antes de entrar para o FBI. Foi um alívio vê-la. Ela era a agente certa para o caso.

DeLong e Cantella imediatamente começaram a trabalhar, contando-me tudo o que sabiam sobre Missy, Opal e as outras testemunhas. Também me falaram da família A., acrescentando que aquele não era um bom momento para conhecê-los porque um balão de "Feliz Aniversário" havia sido enviado para a casa deles logo cedo por um amigo da família bem-intencionado, mas desavisado.

Na época em que Missy desapareceu, a população da pequena cidade de Somonauk contava com apenas 1.300 habitantes. Era uma comunidade agrícola — entrecruzada por campos de milho e soja — localizada na Highway 34, a 434 quilômetros a leste de Mendota, Illinois, e a seis quilômetros a oeste de Sandwich, Illinois. A cidade em si era uma grade formada por casas de fazenda espaçadas de maneira uniforme. Poucas árvores se erguiam nos pátios, e um punhado de torres de igreja quebravam a monotonia do vasto céu aberto. Os vizinhos se conheciam e a própria comunidade sempre se sentira segura.

Os investigadores determinaram que no final da manhã de domingo, 2 de junho, Missy e Opal estavam andando de bicicleta na área da County Line Road quando pararam na casa do diretor da escola primária, James Wood, e lhe perguntaram que horas eram. Ele disse às meninas que eram 11h30, e as duas voltaram para suas bicicletas e partiram em direção ao leste. Pouco depois disso, o diretor Wood deixou sua casa e pegou o carro para se dirigir à escola. No caminho, viu as bicicletas das meninas abandonadas no meio da estrada. As garotas não estavam à vista, mas considerou que estivessem brincando em algum lugar próximo.

Às 11h42, o Departamento de Polícia de Sandwich, que lidava com as chamadas para a polícia em nome do Departamento de Polícia de Somonauk, recebeu um telefonema informando que Missy A. havia sido sequestrada. A chamada vinha da residência de Charles Hickey. O filho

de Charles, Jeff, que conhecia as duas meninas, gritava freneticamente ao telefone enquanto Opal — que havia corrido 800 metros para chegar até lá — chorava e ofegava ao fundo. Tanto o Departamento de Polícia de Somonauk quanto o Departamento do Xerife do Condado de DeKalb iniciaram uma busca imediata. Eles notificaram o FBI às 18h45.

Em 3 de junho, Opal Horton conversou com os investigadores do FBI e forneceu os seguintes detalhes do ocorrido: Opal e Missy tinham acabado de sair da casa do diretor da escola, na County Line Road, quando um veículo que seguia no mesmo sentido que as garotas ultrapassou as duas indo em direção ao leste. O veículo parou de repente, deu meia-volta e diminuiu a velocidade ao se aproximar das garotas de bicicleta. O motorista do veículo, um homem, as chamou pedindo informações a respeito de como fazer para voltar à cidade. Opal respondeu, mas o motorista disse às meninas que não estava conseguindo ouvi-las. Então saiu do veículo, aproximou-se das crianças e repetiu a pergunta. Opal começou a responder novamente quando o sujeito a agarrou pelo pescoço, levantou-a do chão e a jogou pela janela do motorista no banco da frente. O sujeito então começou a perseguir Missy ao redor do veículo, correndo em círculos. Opal tentou sair do carro pela porta do lado do passageiro, no entanto não encontrou o botão para destravar a porta, que havia sido removido. A garotinha tentou pular, mas caiu da janela do lado do motorista no chão. O sequestrador então voltou correndo pela frente do veículo, perseguindo Missy, e tropeçou em Opal. Quando o sujeito caiu no chão, bateu o cotovelo na estrada de cascalho, agarrou Missy pelo tornozelo com a mão direita, puxando-a para o chão. Opal levantou-se de um salto e pisou na mão direita do sujeito com o sapato e o fez soltar Missy momentaneamente. Quando o sequestrador esticou a mão esquerda para tentar pegá-la, Opal deu outro pisão nele e fugiu em direção a algumas máquinas paradas em um terreno próximo.

De seu esconderijo, Opal observou o sujeito agarrar Missy pelo pescoço e jogá-la pela janela no banco do carona. O sujeito, então, calmamente entrou no carro e acelerou em direção ao oeste. No começo, a menina podia ouvir Missy gritando por ajuda, porém, em pouco tempo, seus gritos se dissiparam e não podiam mais ser escutados. Apavorada, Opal só saiu de seu esconderijo quando teve certeza de que o carro havia sumido e não voltaria. Correu pelo pátio da escola e, sem parar, continuou por várias ruas até chegar à casa de Charles Hickey.

Uma segunda testemunha, Mike Marquardt, teve uma visão parcial do sequestro de onde estava, do lado de fora da Funerária Turner, nas proximidades. Marquardt, um garoto de 17 anos, cuidava dos filhos dos Turner quando o sequestro ocorreu. Ele brincava com as crianças no quintal quando observou um veículo azul se afastando em alta velocidade em frente à concessionária John Deere. O garoto foi capaz de reduzir o leque de possíveis automóveis usados durante o sequestro entre os modelos AMC Gremlin 1976, Ford Maverick 1971 ou Plymouth Valiant 1968.

No momento do sequestro, Missy estava usando um colar de contas rosa-choque escrito "M-I-S-S-Y", cada letra de seu apelido inscrita em um de cinco corações consecutivos. Ela vestia uma camisa polo roxa de manga curta com detalhes verde-claros na gola e nas mangas e dois botões verdes em forma de coração, um dos quais estava faltando. Por cima da camisa polo, vestia uma regata — roxo-clara com um arco-íris multicolorido na frente. Também estava usando jeans da marca Gitano, meias brancas com listras e tênis rosa com zíperes decorativos laterais e cadarços rosa desbotados. Seus dois dentes superiores da frente haviam caído, mas seus dentes permanentes estavam começando a nascer.

A parte profissional do meu cérebro absorveu todas essas informações como dados. Mas o resto de mim, todas as peças no meu interior que compunham minha essência, sentia-se dominado por uma profunda tristeza com a qual lutava para conter. Missy era apenas uma garotinha. E não importava o que acontecesse a seguir, nada para ela, para sua família ou para sua melhor amiga, Opal, jamais voltaria a ser como antes.

• • •

Fiz uma pequena pausa para processar todas essas informações. E por mais que cada segundo importasse, também sabia o quanto era importante abordar esse caso com lógica e a cabeça fria. Depois de tirar um momento para pensar em Missy primeiro, mudei de direção e me concentrei no trabalho em si. Enquanto andava para cima e para baixo nos corredores do centro de comando, notei um mapa detalhado da enorme área de 1.500 quilômetros quadrados no Condado de DeKalb que as equipes de busca já haviam vasculhado. Estava coberto de linhas coloridas mostrando onde a polícia, bombeiros e voluntários haviam completado suas verificações atribuídas. Além disso, os ícones indicavam onde aeronaves ou unidades caninas tinham sido trazidas para ajudar na busca de celeiros, silos, riachos e lagoas. Nenhuma dessas informações tinha gerado pistas de Missy, do sequestrador ou do local onde ambos poderiam estar.

"Aí está você." DeLong me parou no meio do caminho. "Está pronta para conhecer Opal?"

Eu estava ansiosa para começar, e ao mesmo tempo queria ter certeza de que aquilo seria feito do jeito certo. "Gostaria de falar com os pais dela primeiro", pedi.

"Não precisa", Cantella me assegurou. "Recebemos a permissão deles."

"Isso mesmo." DeLong lançou a seu parceiro um olhar de impaciência. "Já lhes falamos de sua experiência e que você não provocaria nenhum estresse ou dano desnecessário. Os pais sabem que está apenas interrogando a filha deles acerca de coisas que a menina se lembra."

"Eu agradeço por isso", respondi. "Mesmo assim, ainda gostaria de falar com a família primeiro. Estão lidando com os próprios traumas agora. É importante ouvir as preocupações deles."

A reunião foi marcada para o final da tarde. Foi realizada no centro de comando e não levou mais de quinze minutos. Apresentei-me, perguntei aos pais de Opal sobre sua experiência e descrevi a abordagem que planejava usar com a filha deles. Expliquei que usaria uma técnica de desenho que não exigiria que a menina dissesse nada. Ela podia desenhar e/ou falar o quanto quisesse. Na psicologia infantil, os especialistas costumavam usar a arte como uma ferramenta para ajudar crianças a comunicarem experiências traumáticas. Para muitas, o desenho podia ser um meio não ameaçador de expressar o que, de outra forma, seria desconfortável dizer em voz alta. Perguntei então aos pais de Opal se me concediam a permissão para seguir em frente, e eles concordaram. Essa etapa era essencial porque ajudava a família a ter uma sensação de controle sobre a investigação.

Na manhã seguinte, DeLong e eu fomos ao encontro de Opal na sala de conferências do centro de comando. Éramos apenas nós duas. É claro que Cantella também queria participar da entrevista, contudo lhe expliquei que crianças tendiam a responder mais abertamente às investigadoras, em especial depois de testemunhar um homem cometer um crime violento. Ele entendeu e concordou em assistir de fora, desde que gravássemos a sessão para produzir provas.

Opal já estava sentada quando chegamos. Usava uma blusa cor-de-rosa de manga curta e shorts azul-marinho. Seu cabelo castanho-claro na altura dos ombros estava preso frouxamente atrás das orelhas com presilhas cor-de-rosa de cada lado. Ela olhou para DeLong, depois para mim, e murmurou "Oi" em voz baixa. Era uma menina pequena e triste. Esperava conseguir me conectar com ela. Queria fazer qualquer coisa para ajudá-la a se sentir segura o suficiente para se abrir.

DeLong ainda estava configurando o gravador quando Opal começou a falar. Disse que achava que "Missy tinha um plano naquele dia, mas não era de ser sequestrada". Ela falou sobre o dia e como estava indo bem "até que isso aconteceu". Então acrescentou que ainda sentia medo só de pensar.

"Tudo bem", lhe tranquilizei. "Veja se você gosta disto: e se, em vez de apenas falar, a gente desenhar e conversar um pouco? Desse modo poderá fazer uns desenhos para nós guardarmos e outros para você levar para casa. Que tal?"

Ela assentiu e se acomodou um pouco no assento.

"Você faz desenhos na escola?", perguntei, colocando uma coleção de giz de cera na mesa. "Que tipo de desenhos gosta de fazer?"

Opal pensou um pouco antes de confirmar com a cabeça. "A gente desenha cachorros", respondeu. Então continuou com o que é chamado de intrusão de pensamento — uma expressão esmagadora e repentina

de pensamentos violentos, ansiosos ou sexualmente explícitos. "Não sei o que fizemos. Já faz muito tempo, porque os últimos dois dias na escola eu não conseguia me lembrar. Estava preocupada com a Missy."

Opal olhou por cima da mesa com um olhar distante. Fazia todo o sentido que não conseguisse tirar Missy de seus pensamentos, e eu estava feliz por ela conseguir expressar isso. Então continuei de onde ela havia parado. "Talvez a gente pudesse fazer um desenho com isso, para mostrar como é se preocupar com a Missy. Ou que tal um desenho do seu clima favorito?"

Opal olhou para os gizes de cera e escolheu um azul. "Dias de chuva", foi a escolha.

"Ok", eu a encorajei. "Então esse vai ser o nosso primeiro desenho. Pode ir falando e nos contando o que está desenhando. Tudo bem se também fizermos perguntas? Pode ir falando o que surgir na sua cabeça."

"Quando sonho à noite, penso na Missy", ela sussurrou. Depois, concentrou-se no trabalho até terminar o primeiro desenho.

A imagem mostrava lágrimas azuis que formavam o nome *Melissa*. As letras foram desenhadas em duas linhas, sugerindo que a mente de Opal estava metade na chuva e metade na amiga. O nome de Missy estava grudado em um lado do papel, um sinal de ansiedade e desorganização.

"Ok", falei. "Esse é o nosso primeiro, e é o seu clima favorito. E como estava naquele dia? Como estava o tempo?"

"Quente e ensolarado", respondeu.

Fiz mais perguntas, mas Opal se distraiu por um momento antes de pensar naquele dia. Olhou para os gizes de cera e o papel e ficou escorregando para frente e para trás, parecendo desconfortável na cadeira.

"Eu queria brincar com a Missy, mas a mamãe disse que antes eu tinha que tomar café da manhã e arrumar meu quarto", começou. "Peguei minha bicicleta azul e fui até a casa da Missy. Então fomos para a escola e vimos um professor." Ela acrescentou que as duas brincaram no carrossel, foram à casa da babá para usar o banheiro e depois foram até a casa do diretor para perguntar as horas.

"Você viu alguma coisa fora do comum?", questionei.

Opal descreveu o carro azul enferrujado que passou por elas do lado de fora da casa do diretor e mencionou que era o mesmo carro que tinha voltado para buscá-las mais tarde. "Tinha a forma de um Ford Pinto, mas não era." Em seguida, contou que saíram da casa do diretor e voltaram para suas bicicletas.

O segundo desenho mostrava o passeio de bicicleta até a casa de Missy. "É difícil desenhar", se justificou. As imagens estavam desorganizadas, com bicicletas flutuantes de proporções incongruentes, mas Opal tentou amarrá-las com flechas e palavras. A memória não estava integrada — nem de longe apresentava a organização do primeiro desenho. As bicicletas aumentadas sugeriam sentimentos de sobrecarga emocional, e a ausência de pedais nas bicicletas mostrava uma incapacidade de escapar ou de se sentir no controle.

Desacelerei um pouco para deixar Opal desenhar. Percebia sua dificuldade e que ela esperava que eu pudesse ajudá-la a prosseguir, pois precisava chegar à memória do sequestrador. Não queria que aquela garotinha se fechasse em um casulo. Ela escolheu um giz de cor verde. "Essa é uma cor bonita", comentei.

Opal não falou muito entre o segundo e o terceiro desenhos. Concentrou-se principalmente na imagem à sua frente. O desenho mostrava a casa do diretor e as crianças perto da funerária. O destaque desse desenho era o tempo — um grande relógio marrom na casa, logo acima da porta. Então pegou um giz de cera azul e começou a desenhar um carro. Porém parou abruptamente sem terminar.

"Não consigo desenhar aquele carro igualzinho porque é difícil", explicou. Então se recostou na cadeira e delicadamente balançou as pernas por baixo da mesa. Um minuto se passou. Ela parou de balançar as pernas. Então, muito baixinho, voltou a falar: "Ele veio de fininho atrás de mim, me agarrou e me jogou de cabeça no carro".

"Como ele era?"

"O cabelo dele era preto. Ele tinha bigode e coisas saindo do queixo como se não tivesse feito a barba." Opal pegou o giz de cera azul de novo e continuou com seu desenho.

Esse quarto desenho mostrava o incidente do motorista jogando Opal no carro. Apesar da violência que ela e sua amiga tinham sofrido naquele momento, a menina evitou desenhar a si mesma ou Missy. Era principalmente uma memória auditiva, não visual, e tinha palavras confusas que diziam: *saiu do carro, me pegou*. A imagem principal era um homem que parecia grande e sem pés — como um fantasma —, como se a assombrasse.[1]

"Como é que ele era?", perguntei a ela.

"Dentro do carro só tinha volante, sem rádio, com o assoalho e o banco rasgados. O banco de trás era como o banco da frente."

O desenho número cinco mostrava o interior do carro. Opal parecia angustiada e se remexia constantemente enquanto trabalhava, esboçando uma seção e depois outra em uma pressa desorganizada. Continuou não incluindo a si mesma ou a Missy na cena. No entanto, tentou explicar o caos do desenho tentando rotular e diagramar seus pensamentos, incluindo as palavras *chocante, pouca terra* e *pular para fora*. O resultado foi único em relação a seus outros desenhos, pois Opal usou toda a folha de papel para escrever palavras e esboçar formas caóticas. Mostrava como o momento tinha parecido absoluto. Mostrava medo. E apesar de o desenho ser grosseiro, com as palavras tortas e formas abstratas, também era intensamente poderoso. Não pude deixar de sentir uma profunda tristeza quando Opal me entregou a página.

Opal devolveu o giz de cera azul à caixa e tirou um preto. Quando lhe perguntei o que aconteceu em seguida, Opal relatou ter esperado até que o carro saísse em alta velocidade para sair correndo em direção à casa de um professor local, Charles Hickey. Lembrava-se de ter chorado e de dizer a Hickey que a amiga acabara de ser sequestrada. Hickey ligou para o 911. O xerife foi a primeira pessoa a chegar, depois o pai dela (Jim), depois os pais de Missy: "Mike e Sherri estavam muito assustados, pois deixaram a gente dar um passeio de bicicleta e aconteceu aquilo com a Missy".

---

[1] Acabou sendo esse desenho, junto à descrição do homem feita por Opal, que mais tarde se tornou o componente de identificação do infrator no retrato falado do artista forense.

O sexto desenho de Opal representava a espera. Ela não desenhou Missy, mas se mostrou como uma pequena figura escondida atrás do volante de uma caminhonete no canto inferior direito da página. O tamanho grande da caminhonete sugeria que ela havia se sentido um pouco protegida pela primeira vez. No entanto, ao retratar o carro do sequestrador no meio da página, a imagem ainda transmitia o quanto a menina se sentia ansiosa e vulnerável.

"Como você se sentiu quando o homem foi embora?"

"Parei de chorar e comecei a me sentir mais segura. Foi muito chocante porque nunca vi tantos policiais. Foi assustador", Opal disse calmamente. "Os moços do FBI começaram a chegar, trouxeram fotos para eu ver. Um parecia o Chuck, um dos nossos amigos."

No desenho sete, Opal escreveu as palavras *me sentindo melhor* e se desenhou agindo e procurando ajuda na casa de Hickey. Também incluiu um carro de polícia muito grande.

O desenho oito a mostrava olhando para fotos de suspeitos em delegacias. Havia um rostinho no canto superior que dizia *checar porta*, e na parte inferior havia uma memória auditiva: *papai e eu em casa*.

"O que estava pensando enquanto tudo isso aconteceu?", indaguei. "Que tipo de coisas passavam pela sua cabeça?"

"Eu estava pensando na Missy e no que aquele homem poderia ter feito com ela e todo esse tipo de coisa, como se ele pudesse ter enterrado ela ou matado ou algo assim. Quando isso me assusta, vou dormir com a minha mãe. A parte que me assusta muito é quando eu penso, tipo, que ele está bem atrás de mim, me observando, e é isso que me assusta muito. Eu me viro e olho pra trás e não vejo ninguém, mas fico me virando toda vez que penso nele. Acho que ele está realmente procurando por mim. Acho que está bem atrás de mim, me observando, e é isso que me deixa com muito medo. Eu sempre ando com a minha mãe."

"O que aconteceria se você o visse? O que faria?"

"Eu ia ligar pra minha mãe e fugir e ia buscar os moços do FBI porque moro naquele bairro perto do FBI." Opal então baixou a voz para um murmúrio baixinho. "Se ele estivesse atrás de mim, eu ia dizer pra minha mãe que parece ele. Quando vou dormir, sempre sinto que ele

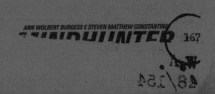

está olhando pela janela. Sempre durmo com a minha mãe. Mas isso me assusta, parece que ele faz um buraco e passa pela oficina e sobe até a nossa casa e está me observando. Penso muito nisso."

De repente, notei como Opal parecia magra. Era frágil e estava com olheiras. Eu me preocupava com o fato de que ela talvez não fosse capaz de se livrar desses pensamentos. Porque, apesar do quanto poderia ajudar, ainda era só uma garotinha que precisava de conforto e apoio.

"Você anda comendo direito?", perguntei.

"Não estou comendo nada. Não tomei café da manhã, nem almocei, nem nada."

"Por que não está comendo?"

"Porque eu não quero comer. Não estou com fome."

"O que poderia ajudar você a ficar com fome? Alguma coisa?"

"A Missy", Opal respondeu. "A Missy, ela não come desde domingo de manhã. Acho que não tomou café da manhã."

Voltei a temas amenos para encerrar a sessão. Fiz isso para ajudar a transição de Opal para longe das intensas emoções negativas daquele dia, mas também para ver como a experiência persistia. Eu a encorajei a usar papel e giz de cera enquanto perguntava dos seus programas de TV favoritos.

"Assisto *Benson*, *The Hugabunch* e todos os tipos de desenhos animados. Gosto de *Star Wars* e *O Retorno de Jedi*. Quando isso acabar, vou começar a assistir filmes de terror outra vez." Após dizer isso, Opal foi tomada por um pensamento involuntário. "Pensei que hoje poderia ser o dia de sorte dela, ou ontem, porque era o aniversário da Missy."

O nono e último desenho de Opal retratava o aniversário de Missy e consistia em um arco-íris com um pote de ouro no final. O pote de ouro era minúsculo, enquanto o arco-íris exibia nove cores. Para finalizar a arte, Opal assinou com seu nome e a data, e depois saiu da sala para retornar à família.

Encerrada a sessão, não pude deixar de me sentir conectada a essa garota. Opal seria para sempre definida por aquele evento. Era tremendo — o tipo de experiência que ninguém, muito menos uma criança pequena, poderia processar completamente ou entender de forma racional — e a transformaria. Eu era grata por DeLong estar comigo para testemunhar a história de Opal e ajudar a guiá-la por tudo o que viria a seguir no caso. Opal carregaria consigo para sempre essa experiência. É preciso frisar que tanto eu quanto DeLong também carregaremos. De alguma forma, esperava que isso ajudasse.

Quatro dias depois, em 17 de junho, um pequeno corpo foi encontrado parcialmente submerso e mal encoberto por pedras em um riacho de drenagem nos arredores de Mendota. Agentes do FBI identificaram-no como Melissa A. Ela ainda estava usando o colar rosa de contas com as letras que formavam "Missy".

Foi DeLong quem se encontrou com Opal para dizer a ela que Missy havia morrido. As duas foram passear de carro, conversaram um pouco e depois voltaram para o centro de comando. Opal perguntou se podia fazer outro desenho, e DeLong estendeu papel e giz de cera para ela, sem dar instruções. Depois de cerca de uma hora, Opal fez cinco desenhos e escreveu uma carta em giz de cera azul:

> *18 de junho de 1985*
>
> Querida Missy,
> Eu queria que você estivese [sic] aqui na terra. Queria que isso nunca tivesse acontecido.
> Nós te amamos muito.
>
> Sua amiga,
> Opal Horton e todo mundo

Depois que o corpo de Missy foi encontrado, a investigação mudou de rumo, pois não se tratava mais de uma pessoa desaparecida, mas um homicídio. A polícia local trabalhou com o FBI para realizar um exame forense do corpo e do riacho onde ele fora encontrado, procurando incansavelmente por fibras de roupas, fios de cabelo, pontas de cigarro, cinzas ou quaisquer outros vestígios físicos que pudessem levar a um suspeito. Também ==reuniu uma lista de criminosos conhecidos na área cujas condenações anteriores se encaixavam no perfil de crimes cometidos==

envolvendo crianças ou agressões sexuais. Essa lista, auxiliada pela descrição física que Opal fez do sequestrador e de seu carro, rapidamente reduziu a busca a um único suspeito.

No dia do sequestro, cerca de uma hora depois que Missy havia sido levada, o policial de Mendota, James McDougall, enviou um rádio para relatar sobre um carro sem adesivo de identificação. O motorista estacionou e entrou em um posto de gasolina local. O policial McDougall esperou o motorista sair, então se aproximou do carro e pediu para ver um documento. O motorista mostrou uma licença de pesca com o nome Brian Dugan. McDougall inspecionou o carro, mas não encontrou nada suspeito, então anotou a licença de pesca e liberou o homem, mesmo que estivesse sem carteira de motorista. Mais tarde naquela noite, a polícia do xerife do condado entrou em contato com os departamentos locais com informações relacionadas ao sequestro de Missy A. e deu uma descrição do veículo do suspeito, o qual o departamento de Mendota de imediato associou a Dugan. Rapidamente perceberam que o carro abordado por McDougall também aparecia em um relatório policial de cinco dias antes, no qual o motorista estava envolvido em uma tentativa de estupro de uma garota de 19 anos. Transmitiram essa informação ao Comando Central e, na manhã seguinte, às 6h45, depois de saber que Dugan era suspeito de vários outros ataques violentos, uma equipe de agentes do FBI, juntamente a oficiais de várias agências estatais, esperou no estacionamento da Midwest Hydraulics — a fábrica do Condado de Kane na qual o suspeito trabalhava — para prendê-lo sob a mira de uma arma enquanto ele saía de seu AMC Gremlin azul.

Na época da minha entrevista com Opal, eu já sabia que os investigadores tinham vários suspeitos no caso, incluindo Dugan. No entanto, *provar* o envolvimento dele no crime não foi fácil. Ele já havia se safado de muitos crimes para simplesmente cometer um deslize ou se entregar. Os investigadores precisavam de provas concretas. Minhas entrevistas com Opal, seus desenhos e relato descritivo do que havia testemunhado naquele dia provaram ser os elementos-chave que faltavam aos investigadores.

Após a prisão de Dugan no estacionamento da Midwest Hydraulics, ele foi rapidamente acusado de dois estupros não relacionados no Condado de Kane e, assim, elevado a principal suspeito do sequestro de Missy. No início, foi interrogado por um detetive local, mas se recusou a cooperar. Foi quando o FBI interveio. Fizeram uma inspeção no carro de Dugan em busca de indícios que o ligassem ao assassinato de Missy; e enquanto esperavam os resultados, começaram a vasculhar sua ficha criminal e acumularam centenas de páginas de informações do seu histórico — avaliações de saúde mental, bem como entrevistas com sua mãe, irmãos, namoradas e colegas de trabalho — para costurar uma revisão de sua história de violência. As descobertas elucidaram muitas semelhanças entre a história de Dugan e o estudo do assassino em série e a análise de personalidade criminosa que eu estava fazendo com Douglas e Ressler no FBI. Os padrões de crime do suspeito, começando com roubo quando adolescente e escalando para estupro e assassinato em seus vinte e poucos anos, correspondiam a variáveis específicas que nossa pesquisa estava apenas começando a entender. E a conexão entre sua criação e expressões preferidas de violência ajudou a reforçar algumas de nossas ideias que mais tarde se tornariam centrais para um método formalizado de criação de perfis. Assim como os assassinos em nosso estudo, Dugan poderia ser desconstruído, avaliado e categorizado como um tipo. Suas ações mostravam pouco raciocínio ou inteligência, indicando que ele era um criminoso desorganizado — espontâneo e oportunista em seus ataques.

Brian James Dugan nasceu em 23 de setembro de 1956, em Nashua, New Hampshire, filho de Genevieve "Jenny" e James Dugan. Era o segundo de cinco filhos e, de acordo com dois de seus irmãos, a vida dele foi marcada pela violência desde o nascimento. A equipe do hospital tentou adiar o nascimento de Dugan até que um médico pudesse chegar, empurrando sua cabeça de volta para o canal de parto e amarrando as pernas de sua mãe. A família temia que ele tivesse sofrido danos cerebrais como resultado.

No início da infância, Dugan exibia traços que eram comuns entre criminosos violentos. Fazia xixi na cama de maneira crônica e era forçado a dormir em lençóis encharcados de urina como punição. Torturava animais — uma vez derramando gasolina no gato da família, botando fogo e rindo enquanto a criatura explodia em chamas. Chegou a incendiar a garagem da família quando tinha apenas 8 anos. Ele também se tornou sexualmente ativo em uma idade jovem, perdendo a virgindade aos 13 anos e tendo um caso com a mãe de um amigo logo depois.

Por volta dessa mesma época, a família Dugan se mudou para Illinois, de modo que todos pudessem começar de novo. Sua mãe descreveu aqueles anos como felizes. Em interrogatório conduzido pelo FBI após a prisão do filho, ela disse que Brian gostava de ler e praticar esportes, especialmente beisebol. De acordo com Jenny, os problemas de seu filho não começaram até o momento de sua primeira prisão, em razão de um roubo praticado quando estava no ensino médio, aos 15 anos. Sua condenação o levou a uma curta estadia em um lar de jovens, onde provavelmente foi vítima de abuso sexual. A experiência mudou Dugan, observou sua mãe. Tentou molestar o irmão mais novo logo depois de voltar para casa. E seus crimes rapidamente aumentaram em gravidade, passando de pequenos furtos e uso de drogas a atos obsessivos de violência sexual. O primeiro ataque de Dugan ocorreu em 21 de abril de 1974, quando tentou sequestrar uma menina de dez anos da estação de trem local. As acusações foram retiradas por causa de uma particularidade jurídica.

Nesse mesmo interrogatório, Jenny disse ao FBI que não achava que seu filho fosse capaz de nada além de pequenos crimes não violentos. Mas seus irmãos tinham uma opinião diferente. Em seus depoimentos, Hilary e Steven Dugan admitiram que matar Missy era algo que Brian poderia ter feito. Hilary não acreditava que seu irmão conseguisse sentir pena de ninguém além dele mesmo. Caso fosse culpado, disse: "Ele deveria receber a pena de morte". Não o perdoara pela vez em que o irmão ameaçara matá-la e esquartejar seu filho.

Os registros oficiais apontaram outros fatores de risco. Tanto o pai quanto a mãe de Dugan eram alcoólatras. Seu pai, um vendedor, viajava muito e morreu de cirrose hepática em 1975. Jenny era a disciplinadora. Certa vez, pegou Brian brincando com fósforos e então o fez segurar um aceso até que queimou e chamuscou seus dedos. A mãe, às vezes, como punição por algo, o forçava a comer colheradas de molho picante ou batia nele. Ainda assim, quando questionado mais tarde, Dugan negou que sua mãe já tivesse abusado seriamente dele.

O arquivo do FBI sobre Dugan também incluía exames mentais de sua estadia anterior na prisão depois de assaltar duas igrejas. Um especialista recomendou que ele fosse recolhido a um hospital de custódia, descrevendo Dugan como imaturo, extremamente instável e com uma autoimagem ruim. Outro o classificou como um neurótico com compulsão para emoções fortes, que bebia e usava drogas para diminuir suas inibições antes de cometer um crime. Esses mesmos relatórios ressaltam que Dugan reclamava de ter sido abusado sexualmente na prisão, assim como teria ocorrido dez anos antes durante sua estadia no lar de jovens. Esse abuso provavelmente foi o gatilho de Dugan.

Seis meses depois de ser libertado do Centro Correcional Joliet, Dugan viveu um período de dois anos de violência. Tudo começou no final de fevereiro de 1983. Ele estava procurando uma casa para assaltar quando viu Jeanine N., de 10 anos, pela janela da residência onde ela morava em uma rua tranquila. Jeanine, que havia faltado à escola por causa de uma gripe, gritou quando Dugan chutou a porta. Lutou contra o ataque, deixando arranhões de unhas nas paredes de sua casa, sem que tenha conseguido, com isso, se libertar. O criminoso a envolveu em uma colcha, sequestrando-a em plena luz do dia. O corpo foi encontrado dois dias depois em uma ciclovia popular.[2] Ela havia sido estuprada e brutalmente espancada com uma chave de roda. Os investigadores encontraram sua cabeça enrolada em uma toalha amarrada com fita adesiva para que não pudesse ver. Não havia nada pessoal no

---

2   A polícia, chocada, rapidamente ofereceu uma recompensa em dinheiro em troca de informações que auxiliassem a investigação e, com a mesma rapidez, acusou três membros de gangues locais pelo estupro e assassinato de Jeanine depois que um deles, Rolando Cruz, de 20 anos, ofereceu informações falsas à polícia em uma tentativa de reivindicar a recompensa. Dugan permaneceu livre para continuar sua onda de violência.

relacionamento de Dugan com Jeanine. Ele não a conhecia de jeito nenhum. Do mesmo modo que ocorrera com todas as outras, ela era simplesmente uma vítima da oportunidade e dos impulsos sombrios de Dugan.

Mais tarde naquele ano, em 15 de julho, Dugan viu Donna Schnorr, uma enfermeira do Mercy Center, em Aurora, parada com o carro em um sinal de trânsito. Era de manhã bem cedo. Não havia ninguém por perto. Ele a seguiu por um tempo com o próprio carro até que estivessem perto de um trecho mais tranquilo da estrada. Então, jogou seu carro em cima do dela, que atolou em um terreno cheio de mato, forçou-a a entrar em seu veículo e amarrou-lhe as mãos. Dugan a levou para uma pedreira próxima, onde a estuprou, forçou-a a entrar na água e a afogou segurando sua cabeça submersa até que parasse de se debater. Ele observou o corpo dela flutuando por um tempo antes de voltar para o carro e dirigir para casa. Novamente, os investigadores não o identificaram como suspeito.

Em 6 de maio de 1985, Dugan seguiu Sharon Grajek, de 21 anos, até a casa onde ela morava. Aproximou-se da vítima dizendo que a lanterna traseira estava apagada e perguntou se ela queria sair para comer e beber. Grajek disse que não, e então ouviu a proposta de se divertir com ele em troca de oitenta dólares. No momento em que ela recusou mais uma vez, Dugan se forçou para dentro do carro dela, ameaçou-a com uma faca de caça, amordaçou-a e colocou uma venda em seus olhos. O suspeito lhe disse que a mataria caso não entrasse em seu carro. Depois de uma viagem de quinze minutos, Dugan parou e a agrediu sexualmente várias vezes no banco de trás. Então removeu a venda dela e lhe ordenou que se vestisse. O homem voltou a vendar os olhos dela e começou a conversar enquanto dirigia, com perguntas como: "Onde você fez o ensino médio? Onde vai para se divertir?". No final, a deixou com os olhos vendados no estacionamento de uma escola perto da casa dela. Disse à vítima que seu nome era Brian e ameaçou matá-la e às suas irmãs caso ela tentasse olhar para ele enquanto se afastava. A vítima se sentiu muito intimidada pelas ameaças de Dugan para denunciá-lo à polícia.

THE NATION

She can't escape the guilt

At 8, Opal Horton eluded a kidnapper. A friend didn't. Now she faces the killer, and her past.

TED GREGORY AND ART BARNUM
REPORTING FROM CHICAGO

The little girl who got away is 32 now, with two teenage sons. She likes to camp and fish with her family, and she helps her husband remodel their vintage house.

But she rarely goes out alone, and hates getting into her car after it's been parked outside overnight. She is haunted by guilt — guilt that dates from when she was 8.

On June 2, 1985, Opal Horton and her friend Melissa Ackerman were riding bicycles on a gravel road in Somonauk, Ill., when a man stepped out of a blue AMC Gremlin and asked for directions.

He grabbed Opal, tossed her in the front seat and chased Melissa, according to court documents.

In those frantic seconds, Opal scrambled to unlock the passenger door, but the lock had been disabled. She lunged over to the driver's-side window, jumped out and fell to the gravel, tripping the man, who had returned with Melissa pinned under his arm.

Opal ran. Melissa could not.

Fifteen days later, a deputy sheriff found Melissa's body in a ditch — five days after her eighth birthday.

Brian Dugan was apprehended and pleaded guilty.

Dugan took something from Opal Horton that day, and has never really left her, even as she tries to deny his presence. But today, Horton is a powerful symbol. For parents whose children could not escape, she is the wrenching image of what might have been. For others, she is a chilling reminder of danger and an example of fragile perseverance.

"When Mike Ackerman hugs me," Horton said of Melissa's father, "it's not just a normal hug. It's like he's hugging Melissa too. I still don't talk to the Ackermans as much as I should because I always feel like, 'Do they look at me and feel awkward or sad?' I just don't want them to feel uncomfortable."

Two years before Dugan grabbed Opal and Melissa, he had abducted, raped and killed 10-year-old Jeanine Nicarico of Naperville, Ill. His sentencing for the Nicarico crime is underway, with a death penalty hearing continuing Tuesday.

Last week, Horton told her story in court for the first time.

She broke down in tears as she walked to the witness stand and struggled to regain her composure. Assistant State's Atty. Michael Wolfe, who was questioning her, paused twice to keep his emotions in check.

When Dugan got out of his car, "he walked closer, saying he couldn't hear us," Horton testified. She took deep breaths between questions.

"I whispered to Melissa that we had to go." But Dugan "grabbed me by the neck," she said, "and threw me through a window into the car, like a ball through the window."

After she ran, she testified, she hid in a tractor tire at a nearby John Deere dealership until she heard a car take off.

She ran several blocks to the house of someone she knew, a teacher.

"Someone took my friend," Horton said. The teacher called police.

SURVIVOR: Opal Horton in her Illinois home after testifying last week in a sentencing hearing for Brian Dugan, who kidnapped and killed her friend Melissa Ackerman in 1985. Horton says she is tormented by thoughts of what she could have done to save Melissa.

GEORGE THOMPSON Chicago Tribune
AFTER THE ATTACK: Opal Horton at a missing-children's event in 1985. She saw counselors a few times, but they were men and she was deathly afraid of men.

VICTIM: Melissa Ackerman's body was found 15 days after she was abducted in front of Opal Horton. The girls had been riding bicycles together.

"I was happy — then she told me something else," said Horton, again breaking into tears.

Later, Michael Ackerman took the stand. Wolfe asked him what his biggest concern was. "My daughter," he said.

gan's parked car. He was asleep.

"It's very vivid to me that we are together," she said. "She's alive and we're sleeping and we would wake up, sneak out and get away while he was sleeping in his car."

Horton was a single mom of two boys and working as a real estate agent when she met Brad Wernsman, a custom home builder, in 2005. They married this year.

Over the years, the shock of her ordeal subsided, but her everyday anxiety persists. She had the backyard fenced and the basketball hoop placed inside so her boys could practice with protection. For years, she refused to let her sons ride their bikes or go outside unless she was with them.

Once, alone at home with one of her sons, she heard a noise that frightened her. Creating a game of the situation, she crawled with her son to the garage and drove with him to her parents' home.

Six months ago in her car, she panicked and banged her head when she started the engine and heard a voice from the radio.

"I always think people are out to get me," she said. "I'm notorious for hearing things."

Horton's parents told the boys about her experience, which Horton said she couldn't do, when they were about 6 and 4. They asked a few questions but have not pressed her for details, she said. The boys are now 15 and 13.

Horton put her fear of Dugan to rest in July, when she forced herself to watch him plead guilty to the Nicarico crime, she said. She hadn't seen him since June 2, 1985.

"It was very empowering, actually. Seeing him, he was nothing. I would not say my life is ruined because of him, absolutely not. I don't know how to say it. He took a part of me, but I feel like that person's not here. She's gone."

But the guilt is powerful and hard to shake. It goes beyond thoughts of why Melissa was lost and she wasn't. Horton often wonders how she might have helped if she had stayed in the car.

"You always feel like maybe you could have steered the car off the road," she said, "or gotten someone's attention, just so she wouldn't have to be alone."

As torturous as it was to testify, she said she was adamant about doing it.

"As a parent, how can you not do as much as you can to get justice for your child?" Horton said. "Jeanine, she deserves justice. I've never met the Nicaricos, but would love to have a relationship, knowing that, I guess, somebody lived and can speak for her as a child."

As for Dugan, she has "no trouble saying he deserves the death penalty."

After talking with her pastor, she said, she needs to "change my idea of forgiveness."

"Not that I don't have to forgive him," Horton said. "I just don't have to say, 'Oh, give me a hug.' I have to say I'm OK with it and move on and know that God has a place for him, as he does for me. It's not me forgiv-

---

BOXER'S PARDON FAR FROM CERTAIN

Obama hasn't given a response about Johnson, convicted in 1913 in a racially charged case.

JOE MARKMAN
REPORTING FROM WASHI...

Nearly a century af... Johnson, the first black weight boxing champi... convicted of crossin... lines with a prostitute, ... servative, boxing-en... lawmakers are pre... President Obama to gr... a measure of justice.

Dual requests for a ... mous pardon have pas... Senate and House.

They were sponso... Sen. John McCain (R-... former amateur box... Rep. Peter T. King ... who trains and spar... spare time.

Advocates say the p... should, in the words... House resolution, "... from the annals of A... criminal justice a racial... vated abuse of the pro... ial authority."

Obama has yet to re...

Vindication for J... who died in a car crash... is not as straightforw... idea as it seems.

The president has sought to avoid dire... dressing racial issues. A... ics add that posthume... dons — used only t... presidential history ... sume precious time ... sources from the presid... Justice Department th... instead be focused on... through thousands of ... cy requests for people ... ing.

King said the push fo... ma to pardon Johnson... political overtones, s... and McCain started t... forts several years ag... President George W. Bu... a pardon would be a ... symbol of racial and ... harmony, said King, w... McCain, is white.

"Because the treat... Jack Johnson was so ... in our history, his cas... yond controversy, exce... haps in the eyes of t... contentious bigots," sa... ard Steinhorn, profe... communications and h... American University an... pert on politics and rac...

The White House d... to comment for this a... to discuss the pardon... in general.

Johnson was convi... 1913 under the Ma... which prohibits trans... women across state l... "immoral purposes."

McCain and King sa... son was persecuted bec... defeated "The Great ... Hope," former unc... champion James J. ... and constantly flouted ... norms of his era by ca... with white prostitutes, ... whom became his wife.

"We strongly condo...

Dugan tentou dois outros sequestros naquele mês. A primeira foi Geneva, de 19 anos, que conseguiu fugir enquanto ele tentava forçá-la a entrar em seu carro. Ela anotou a placa do veículo e informou à polícia. Um dia depois disso, Dugan coagiu uma garota de 16 anos a entrar em seu carro em Aurora, ameaçando-a com uma chave de roda. Levou-a para um local isolado, onde colocou um cinto no pescoço da garota, estuprou-a e depois a levou para casa. Ele lhe disse seu nome, mas a vítima estava com muito medo para chamar a polícia. No momento em que fez o registro da ocorrência, ela só se lembrava do primeiro nome e da inicial do último.

O ato final de pura maldade de Dugan foi o sequestro, estupro e assassinato de Missy A.

Em 18 de junho, quinze dias após o início das buscas, encontraram o corpo de Missy, que foi levado a um laboratório na cidade de Washington para passar por uma série de exames forenses que incluíram a busca de fibras, cabelos e sêmen para análise de DNA. Dugan foi finalmente relacionado ao crime devido a um fio de cabelo de Missy coletado do saco de dormir de Dugan e um monte de terra no chão da pensão que combinava com o solo do riacho onde o corpo fora encontrado. ==Como isso aconteceu na década de 1980, o DNA não possuía o grau de certeza atual, e por isso não era considerado, por si só, prova para sustentar uma condenação, então foram necessários dois testes forenses para confirmar as correspondências com as amostras de cabelo e terra.== Os legistas suspeitaram de que Missy tivesse tido uma morte violenta, ocorrida menos de uma hora após ser sequestrada. Dugan acabou sendo acusado e condenado, mas escapou da pena de morte ao confessar os assassinatos de Melissa A. e Donna Schnorr. Durante a delação premiada, não ofereceu nenhuma explicação real para seus crimes, admitindo: "Pode ter sido pelo sexo, mas não entendo o porquê. Gostaria de saber por que matei aquelas garotas. Queria saber por que fiz muitas coisas, mas não sei".

O caso Dugan marcou a primeira vez em que estava lá para testemunhar o desenrolar do trauma das ações de um assassino. Conversei com a família de Missy. Me relacionei com as amigas dela. E falei com Opal Horton e seus pais. A experiência foi mais do que apenas pessoal, no entanto. Também me obrigou a reconsiderar a abordagem do estudo da personalidade criminosa que desenvolvia, bem como o trabalho em investigações individuais que realizaria dali em diante. Isso me fez entender que Dugan e outros como ele muitas vezes eram genuinamente incapazes de explicar por que matavam. Não tinham respostas para seus atos. Porém, isso não significava que suas ações não tinham causa. Eles matavam por um motivo — e eu descobriria qual.

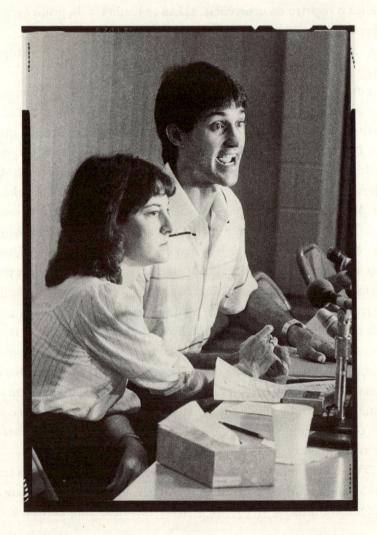

PROFILE 3
profile

cabedaferramenta

VITIMO-
LOGIA

A injustiça em qualquer lugar
é uma ameaça à justiça
em todo lugar.
Martin Luther King Jr.,
Carta da Prisão de Birmingham

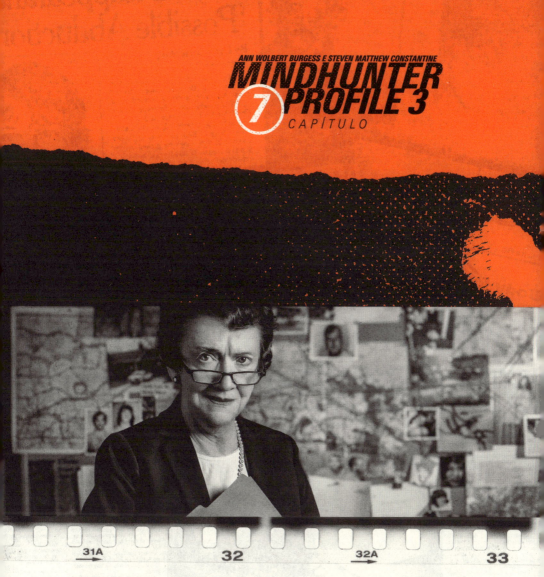

MINDHUNTER
PROFILE 3
CAPÍTULO 7

ANN WOLBERT BURGESS E STEVEN MATTHEW CONSTANTINE

Ao longo do meu tempo na BSU, fiz questão de continuar a palestrar sobre vitimologia de estupro na Academia do FBI com a maior frequência possível. Considerava importante divulgar a informação. Além de parecer importante para os agentes, oferecia uma oportunidade única para avançar ainda mais na criação de perfis criminais em um momento crítico de seu desenvolvimento. Isso foi em meados da década de 1980 e, depois de ser ignorada e desdenhada por anos, a criação de perfis foi subitamente reconhecida como uma ferramenta eficaz para investigações criminais.

Boy's Disappearance 'Possible Abduction'

By Lynn Zerschling
World-Herald Staff Writer

The early morning disappearance Sunday of a Bellevue paper carrier from his route is being treated as a "possible abduction," Bellevue Police Chief Warren E. Robinson said.

Danny Joe Eberle, 13, of 119 Valley View Drive in Bellevue, was last seen about 3:30 a.m. when he picked up his Sunday Omaha World-Herald newspapers for delivery. Most of the papers and his bicycle were found about 6:30 a.m.

Lawmen Believe Two Boys Were Killed by Same Man

By James Ivey and James P. Healy

Joubert Dies for Boys' Murders

Crowd at Prison Smaller, Calmer Than for Otey

BY CHRISTOPHER BURBACH
WORLD-HERALD BUREAU

Lincoln — Death-penalty backers chanted, "Jolt him," and opponents lit candles and prayed Tuesday outside the Nebraska State Penitentiary as John Joubert's execution neared.

The pro-capital-punishment crowd cheered loudly when prison officials announced at about 12:30 a.m. today that Joubert had been executed. A few minutes later, Joubert's friends were escorted from the penitentiary to their cars as some in the crowd jeered them.

Gov. Nelson said that two people had been arrested as of 12:30 a.m.

The Nebraska State Patrol estimated the crowd at 600. There were about twice as many death-penalty proponents as opponents present.

About 12:15 a.m., a death-penalty proponent rushed into the anti-death penalty group. State troopers ran in before anything could happen and took the death-penalty proponent into a pick-up truck and drove him away.

Earlier, a large cup of ice and a plastic jug with water in it were thrown from the proponents' side into the opponents' side. No one apparently was injured.

The crowd was smaller and quieter than the gathering of more than 1,000 demonstrators outside the penitentiary for the execution of Harold LaMont Otey in 1994.

Authorities had expected a smaller, calmer crowd but prepared for a group as large as raucous.

The State Patrol built a buffer zone about 20 yards wide — more than twice
Please turn to Page 9, Col. 1

EXECUTION VIGIL: John Joubert's girlfriend, Theresa O'Brien of Ireland, right, is consoled by Effie Johnson of Lincoln late Tuesday as they and others gathered outside the Nebraska State Penitentiary, awaiting Joubert's execution.

Last of Appeals Rejected Hours Before Execution

BY JOY POWELL
WORLD-HERALD BUREAU

Lincoln — John Joubert was electrocuted at 12:14 a.m. today for the murders of two Sarpy County boys. He was pronounced dead at 12:22 a.m.

Joubert, dead at 33, confessed to murdering Danny Joe Eberle, 13, and Christopher Walden, 12, while carrying out sadistic fantasies in 1983.

The former Offutt airman was electrocuted at the Nebraska State Penitentiary.

His final statement at 10:45 p.m. was: "I just want to say that again I am sorry for what I have done. I do not know if my death will change anything or if it will bring anyone any peace, but I just ask the families of Danny Eberle and Christopher Walden and Richard Stetson to please try to find some peace and ask the people of Nebraska to forgive me. That's all."

Joubert also killed 11-year-old Richard Stetson in Portland, Maine, on Aug. 22, 1982. Maine does not have the death penalty.

Gov. Nelson received a call at 12:18 a.m. informing him that the sentence had been carried out by 12:15 a.m.

"Hopefully, the finality that this represents will let us close the Joubert case," Nelson said. "Hopefully, he will rest in peace and those of us who have been affected by this will also find peace."

In a later call, Nelson was told that Joubert was pronounced dead at 12:22 a.m.

Attorney General Don Stenberg said, "This morning one less monster walks the face of the Earth to threaten our children. May his name soon be forgot-

ten and may his victims be long remembered."

Joubert was the second person executed in Nebraska in 37 years. Harold LaMont Otey was executed in 1994.

Joubert's last appeals to the U.S. Supreme Court were denied by 9 p.m. Tuesday.

His death walk began about an hour before the electrocution. Witnesses said prison officials gave this account:

A team of four corrections officers escorted Joubert as he left...
Please turn to Page

Joubert Execution

REGIMENTED: John Joubert said a domineering mother parochial school and the m... fed his fa... for cons... another...

DARK HOURS: Walden's son was by Joub... recalls t... gestures kindnes... strangers sustained her. P...

WAITING: A list of those imprisoned on Nebraska's row, their crimes and dates sentencing. Page 8.

Todos queriam vê-la em ação. O problema era que nenhuma agência de aplicação da lei fora do nosso pequeno grupo na BSU possuía experiência ou conhecimento para usar a técnica como ela fora projetada para ser usada. Nós éramos a técnica. Nosso objetivo era criar um processo padronizado de construção de perfis de criminosos que fosse facilmente ensinado a outros agentes, mas não havíamos alcançado esse estágio. Ainda estávamos refinando nossa própria compreensão da criação de perfis à medida que trabalhávamos caso a caso.

É por isso que dar palestras era tão importante, em especial quando se tratava de jovens agentes — aqueles que acreditavam que o instinto e as virtudes de seu próprio trabalho duro eram tudo de que precisavam para obter sucesso em um caso. Esse grupo não tinha interesse em refletir acerca da psicologia, comportamento ou pensamentos profundamente padronizados de um assassino em série. Queriam ação. E, no entanto, eram exatamente esses os tipos de investigadores que mais poderiam se beneficiar da criação de perfis. Seriam os agentes que enfrentariam novos tipos de violência — mais estranhos, mais caóticos e menos lógicos do que qualquer coisa que o Bureau já conhecera. Entrariam em uma arena totalmente nova na qual o crime havia mudado. Não era mais um simples jogo de polícia e ladrão. Quanto mais cedo os novos investigadores entendessem esse fato, mais rapidamente seriam capazes de virar o jogo ao próprio favor. Porém, antes de qualquer coisa, seria necessário compreender a relevância da criação de perfis.

Então, buscava me comunicar usando a linguagem que entendiam. Usava casos do mundo real com resultados comprovados para mostrar como a criação de perfis funcionava, passo a passo. Expliquei o significado das mordidas e do esfaqueamento ritualístico de meninos feitos por John Joubert, o hábito de David Meirhofer de guardar lembranças mórbidas, os padrões de pensamento obsessivos de Bernadette Protti e a educação violenta de Brian Dugan. Mas, acima de tudo, falei a respeito de vitimologia — um método de analisar o crime sob a perspectiva da vítima — que, pelo menos naquele momento, era uma maneira subutilizada de obter *insights* mais profundos sobre a mente de um assassino. Durante minha pesquisa acerca do estupro, eu me versara

muito bem nessa abordagem. Era também um componente-chave da criação de perfis, e os agentes da BSU consideraram minha experiência uma vantagem única.

"A palestra de hoje vai ser um pouco diferente", anunciei, olhando para os cerca de trinta agentes sentados no auditório de Quantico. "Ainda vamos nos concentrar na vitimologia. Porém, ao contrário de nossas sessões anteriores, o caso de hoje tem uma vítima que ainda está viva. Faz uma grande diferença quando os investigadores podem conversar com a vítima, fazer perguntas e obter respostas sobre quem ela é e por que foi alvo. Isso facilita as coisas, certo?"

Todos os jovens agentes concordaram com a cabeça.

"No entanto, a história nos mostra que não", repliquei. "Isso acrescenta uma nova camada de desafios que precisam ser reconhecidos. Me permitam dar um exemplo. Como proceder quando a vítima pode ser pensativa e articulada sobre os detalhes mais explícitos do ataque, mas não consegue se lembrar se estava chovendo ou não? Ou se descreve a marca e a cor específica dos sapatos do agressor, mas tem dificuldade quanto à localização exata de onde o ataque ocorreu? O que acontece depois? Você pode confiar nessa vítima? Pode confiar no relato dela?"

Não estava esperando uma resposta — e de fato ela não veio —, mas era importante deixar que essas perguntas fossem assimiladas. Pretendia fazer com que os agentes confrontassem os próprios preconceitos, quaisquer que fossem. Então me ocupei de folhear papéis e fingir olhar para um documento em particular. Em seguida, me concentrei novamente no auditório.

"É disso que falaremos hoje", expliquei, quebrando o silêncio desconfortável. "Vitimologia nos casos em que a vítima ainda está viva. O exemplo que usaremos envolve vários ataques sexuais violentos nas catacumbas da Suburban Station, na Filadélfia. Vamos começar com uma visão geral, depois podemos entrar em detalhes. A vítima, neste caso, é uma mulher chamada Pauline."

• • •

Pauline foi atacada durante uma tarde de quinta-feira, em junho de 1976. Fazia baldeação na Suburban Station na hora do rush, ao meio-dia. Tinha acabado de fazer compras e foi a última passageira a desembarcar do vagão do metrô — distraída por pensamentos de uma longa lista de tarefas que lhe esperavam quando chegasse em casa. De repente, sentiu um puxão para trás em um movimento violento. Pauline olhou para trás, imaginando que sua bolsa tinha ficado presa na porta do trem; mas, quando se virou, uma mão enluvada cobriu sua boca e um braço apertou sua cintura. Tentou gritar, mas não conseguiu. Tentou resistir, contudo os braços do estranho eram muito fortes. Passageiros cruzavam ao redor dela parecendo não notar — era o efeito espectador com força total. Pauline sentiu-se completamente impotente ao ser puxada pela plataforma movimentada até uma escada que dava nas catacumbas da estação.

> **[...] a criação de perfis foi subitamente reconhecida como uma ferramenta eficaz para investigações criminais. Todos queriam vê-la em ação. O problema era que nenhuma agência de aplicação da lei fora do nosso pequeno grupo na BSU possuía experiência ou conhecimento para usar a técnica como ela fora projetada para ser usada. Nós éramos a técnica.**

Estava escuro. O ar era mais frio, e ela se sentiu desorientada ao ser forçada a cair no chão áspero. O agressor arrancou sua calcinha com uma das mãos enquanto a outra pressionava firmemente sua boca, abafando seus gritos de socorro. Ela foi acotovelada, espancada e golpeada contra o cimento do piso, depois estuprada — tudo isso enquanto os sons dos trens entravam e saíam da estação acima. Em momento algum conseguiu ver o rosto do agressor.

Envolvi-me no caso logo após o crime ter ocorrido. Isso foi no final da década de 1970, e meu trabalho anterior no estudo do estupro havia firmado meu nome como uma das poucas especialistas conhecidas cujo testemunho em casos de agressão sexual tinha algum peso no tribunal. Nesse caso, o advogado de Pauline havia providenciado para que eu realizasse uma avaliação psiquiátrica forense de sua cliente para medir o impacto que o evento tivera em sua vida. Tive com ela uma conversa superficial sobre seus interesses e antecedentes para que pudesse estabelecer uma base de seu temperamento e características. Então mudei de assunto e perguntei sobre o ataque. Ela hesitou por um momento antes de relatar cuidadosamente os eventos — o tempo todo pressionando os joelhos firmemente um no outro e balançando-se para frente e para trás em movimentos pequenos e comedidos. Ela descreveu o piso frio do lugar onde foi violentada, o brilho de vidro quebrado e o cheiro de algo parecido com vinagre. Ainda conseguia sentir o cheiro, relatou. Toda vez que pensava naquele dia, aquele cheiro horrível voltava à sua mente.

Enquanto as memórias borbulhavam, notei que Pauline ficava cada vez mais nervosa, então redirecionei a conversa para como ela estava lidando com as consequências do ataque. Pauline respondeu que estava reclusa, distanciando-se da família e dos amigos, e acrescentou que não conseguia comer ou dormir de verdade. Sempre que fechava os olhos à noite, sonhava com a mão enluvada cobrindo sua boca. Sentia medo de ficar sozinha e, ao mesmo tempo, isolada, mesmo que na companhia de outras pessoas. Sons de metal contra metal — panelas arranhando um fogão de cozinha, o barulho das dobradiças de uma porta solta — lembravam-na de trens entrando e saindo da estação enquanto era estuprada alguns metros abaixo. Rememorava a cena com frequência. Pauline disse que odiava pensar nisso, mas havia detalhes de que precisava lembrar, momentos que inundavam sua mente em um caleidoscópio desorientador de formas, cores e sons. Precisava recuperar a memória para seguir em frente com a vida. Era necessário enfrentar o que havia acontecido. Queria retomar o controle. No entanto, odiava reviver aqueles sons, visões e cheiro horrível, muito horrível.

• • •

"Vejam só o meu ponto", expliquei aos agentes. "Esses são os tipos de detalhes sensoriais que as vítimas tendem a se lembrar com extraordinária clareza. São vívidos e estão perfeitamente intactos. Íntegros. Mas no caso de Pauline, quando perguntei dos detalhes periféricos do dia — o clima ou marcos visuais dentro da estação — ela ficava confusa e às vezes se lembrava de forma imprecisa. Ainda assim, essa incapacidade de se recordar de certos detalhes não retira a credibilidade de ninguém. Na verdade, no caso de Pauline, ela admitiu sem receio o que sabia e o que não sabia. A chave aqui é entendermos a forma como o cérebro processa o trauma. É um mecanismo universal de enfrentamento, seja para um soldado de combate, um sobrevivente de um acidente ou uma vítima de um crime violento. O trabalho de vocês é saber disso e explicar esses tipos de mecanismos psicológicos ao conversar com as vítimas. É tudo uma questão de organizar o caos para que os crimes façam sentido."

"Eu tenho uma pergunta." Um agente na primeira fila levantou a mão. "Como determinar em quem você confia e quem está apenas mentindo para você? Tipo, e se estiverem inventando tudo?"

"Isso não deve ser prioridade na sua lista de preocupações", respondi. "Sugiro que não comece a fazer suposições. Mais prejudica do que ajuda. E você se sairá melhor se atendo aos fatos. No caso de experiências traumáticas, os fatos geralmente são bem estabelecidos e claros. O trauma causa um colapso em três regiões-chave do cérebro: o córtex pré-frontal, responsável por focar a atenção; o circuito do medo do cérebro, que direciona a atenção para a fonte do trauma ou para longe dela; e o hipocampo, responsável por codificar experiências em memórias de curto e de longo prazos. O trauma desestabiliza essas funções e causa uma mistura imprevisível de memórias vívidas, memórias fragmentadas e lacunas da agressão ou dos detalhes periféricos que cercam uma agressão. É esse armazenamento confuso de sensações e experiências que faz com que as vítimas ocasionalmente pareçam confusas quando falam. É importante saber desse fato para estruturar seu interrogatório."

Outra mão se levantou no fundo do auditório.

"Então é seguro confiar nos detalhes dos quais as vítimas se lembram, ou elas também têm uma compreensão errada deles?", perguntou esse agente. "Estou pensando em como isso pode dificultar a criação de perfis."

"Sei que parece contraintuitivo", concordei. "Mas esses detalhes são as informações mais confiáveis que terá. É preciso entender que, em sua forma mais elementar, os detalhes sensoriais estreitos e vívidos de que as vítimas tendem a se lembrar — os sons de um trem, a sensação de um piso frio, a imagem de uma mão enluvada — são limitados porque é assim que o cérebro se protege. É a natureza defensiva dele. É uma maneira de bloquear o trauma, mascarando a experiência em menos detalhes concretos. Mas todos esses detalhes são reais. Ganham destaque exagerado, em certo sentido, para bloquear o que há de ruim."

À medida que a palestra prosseguia, vi que alguns agentes acompanhavam a conversa, enquanto outros se distraíam. De todo modo, não podia culpá-los. A psicologia da violência não era exatamente um sucesso de público. Não se comparava com a adrenalina de um ataque bem-sucedido ou uma perseguição em alta velocidade. Não tinha esse tipo de gratificação instantânea. Além disso, os agentes não estavam acostumados a pensar muito nas vítimas. A mentalidade deles parecia mais com a de um cão de caça, treinado para se concentrar no cheiro do assassino e focar apenas nesse objetivo. Porém, nada disso tornava os elementos psicológicos de um caso menos importantes. Porque, quando nossos métodos funcionavam — quando os agentes se reuniam em uma sala com apenas esboços de informações e conseguiam moldá-los em um perfil totalmente fechado, fundamental para abrir um caso —, era uma sensação ótima. Resolvíamos casos que ninguém mais conseguia. E a vitimologia é uma das melhores ferramentas ao nosso dispor.

Tentei deixar isso o mais claro possível com os poucos minutos que me restavam.

"Olha, uma hora ou outra cada um de vocês vai se deparar com uma investigação na qual se focar sobre o agressor não será suficiente. Eles serão espertos demais, cuidadosos demais — ou qualquer outra coisa

— para serem pegos. Será necessário dar um passo para trás e adotar uma abordagem diferente. É aí que a vitimologia pode ajudar. A abordagem explica *por que* uma vítima foi visada. E assim é possível observar coisas como as características físicas e psicológicas de uma vítima, sua possível conexão com o agressor e sua vulnerabilidade no momento do ataque, e será possível começar a ver por que o assassino escolheu aquela vítima em vez de qualquer outra pessoa.

> **"A chave aqui é entendermos a forma como o cérebro processa o trauma. É um mecanismo universal de enfrentamento, seja para um soldado de combate, um sobrevivente de um acidente ou uma vítima de um crime violento. O trabalho de vocês é saber disso e explicar esses tipos de mecanismos psicológicos ao conversar com as vítimas. É tudo uma questão de organizar o caos para que os crimes façam sentido."**

"Pauline foi alvo durante um período de movimento, pois as pessoas estavam trocando de trem. Todos naquela estação estavam concentrados no próximo trem que iriam pegar. O infrator sabia o que aconteceria e planejou seu crime *em razão* da grande quantidade de pessoas no local. O caos o acobertou. Seu motivo era sexual. O risco era alto para ele, mas baixo para ela. O crime foi praticado com muitas testemunhas, mas o efeito espectador funcionou.

"Essas são as peças de vitimologia que vão elucidar o motivo do agressor. E analisando tanto a vítima quanto a motivação, bem como todos os outros arquivos que vocês coletarem acerca do crime, começarão a se aprofundar nas características definidoras do infrator. Reduzirão o grupo de suspeitos à menor lista possível. Esgotarão a galeria de opções dos suspeitos até terem uma única escolha clara e óbvia. Porque, em última análise, é isso que a vitimologia faz — é um espelho para o perpetrador do crime."

Havia mais no caso da Suburban Station que não compartilhei com os agentes naquele dia. Tinha que ter cuidado para não sobrecarregá-los e não dessensibilizá-los para as realidades da violência sexual. No entanto, ao mesmo tempo, sabia como era importante prepará-los para os horrores específicos que certamente veriam ao longo dos próximos anos. A palestra funcionava como um ato de equilíbrio nesse sentido. E em termos de vitimologia, eu sentia que a história de Pauline ilustrava bem o meu ponto de vista. Além disso, o que aconteceu em seguida no caso da Suburban Station era difícil o suficiente até mesmo para mim. Não tinha certeza de como os agentes reagiriam.

Meses após o ataque original, o advogado de Pauline, Henry Fitzpatrick, desceu às catacumbas da estação de trem acompanhado por um fotógrafo para tirar fotos da cena do crime para o julgamento que se aproximava. As catacumbas eram um subsistema subterrâneo escuro e isolado da linha de passageiros da área. Eram quentes e mal iluminadas. O ar era denso, e Fitzpatrick levou um momento para perceber que a protuberância que enxergava na escuridão era o corpo de uma mulher descalça bem à sua frente. Ele ficou imóvel. Seus olhos se ajustaram até que pudesse ver o peito da mulher subindo e descendo em ondas rasas. Parecia jovem, talvez com trinta e poucos anos, estava bem-vestida com um terninho azul-marinho de duas peças e tinha uma pasta de couro marrom surrada logo à sua direita. O fotógrafo colocou uma lente na câmera e clicou em um botão para iluminar a cena. Fitzpatrick viu uma sacola da loja de departamentos Wanamaker. Estranhou o posicionamento da mulher. Observou poças de sangue ao redor de seu rosto e braços. Passos ecoavam na plataforma acima. O fotógrafo, então, tirou uma foto e, por um momento, o túnel ficou brilhantemente iluminado, um clarão de luz absoluta.

Essa segunda vítima mal sobrevivera. Fitzpatrick ligou para o 911 e uma ambulância rapidamente a transportou para a unidade de terapia intensiva do Hospital Jefferson. Esse ataque tinha todas as marcas de um crime em série, embora fosse muito mais brutal do que o sofrido por Pauline. A vítima, Joan — advogada e moradora de Upper Darby com uma filha de 10 anos — fora espancada e estuprada, e sua cabeça fora golpeada repetidamente contra o chão da estação. Estava em coma e precisaria de várias cirurgias. As enfermeiras ficaram de vigília e, depois de semanas sem melhora, fizeram uma gravação da filha de Joan falando e cantando, depois a tocaram diariamente até que Joan começou a responder. A mulher acordou depois de 45 dias, mas o ataque a deixou com danos cerebrais permanentes e paralisia parcial. Ficava perguntando quando sua mãe iria visitá-la. E cada vez que as enfermeiras a lembravam de que sua mãe havia falecido há vários anos, Joan desmoronava e chorava.

Ao contrário de Pauline, que era assombrada pelos detalhes de sua agressão, a lesão cerebral de Joan a deixou sem lembrança alguma dos eventos. Lutava para encontrar respostas. E ainda por cima lhe foi negada a resolução quando, devido à natureza irreversível de sua perda de memória, não pôde testemunhar no tribunal. Mas Pauline poderia dar seu depoimento; poderia pegar de volta um pequeno pedaço do que havia sido roubado dela. E no que me dizia respeito, a coragem que ela demonstrou ao confrontar seu agressor — ao mesmo tempo profundamente afetada pelas complicadas consequências da síndrome do trauma de estupro — foi essencial para sua história ainda mais do que as lições de vitimologia que os novos agentes poderiam extrair do caso.

Apesar do fato de que todos os sinais apontavam para a conexão dos casos de Pauline e Joan, Fitzpatrick as levou a julgamento separadamente. Os investigadores não encontraram testemunhas do ataque de Pauline — a estação não tinha câmeras, e os seguranças alegaram não terem visto ninguém suspeito no momento mencionado na declaração de Pauline. Então Fitzpatrick entrou com uma ação de invasão de propriedade contra a Consolidated Rail Corporation, proprietária da Suburban Station, para levar o caso de Pauline ao sistema legal. A empresa respondeu com uma pequena oferta de acordo que foi rapidamente negada, e o processo acabou indo para o tribunal.

No dia do julgamento, Pauline prestou depoimento e testemunhou com voz muito calma e cheia de pausas o que ela vivera durante o ataque e como se sentira isolada. Ela foi articulada o tempo todo. Ofereceu os detalhes mais viscerais e vulneráveis de sua vida para uma sala cheia de advogados corporativos, estranhos e pessoal de mídia. Depois foi a vez da defesa. Começaram logo com uma técnica familiar de interrogatório — uma particularmente comum em julgamentos de estupro — que pretendia questionar a credibilidade de Pauline. Perguntaram à vítima acerca das roupas do infrator, sobre detalhes visuais de dentro da estação e sobre o clima do dia e outros detalhes periféricos. Pauline ficou confusa em alguns pontos e lembrou-se de alguns detalhes de forma imprecisa. Após cada erro, a defesa a corrigia na frente do júri, aproveitando a oportunidade para descrever Pauline como não confiável e falsa. Mas o que a defesa não explicou foi que as respostas de Pauline não tinham nada a ver com sua credibilidade; eram apenas um reflexo de como o cérebro humano processa situações traumáticas. A defesa sabia disso. Tinham consciência que a ignorância sobre o funcionamento da memória desempenhava um papel importante no motivo pelo qual o estupro é um dos crimes que mais absolvem agressores no mundo. Porém, não deixaram transparecer. Suponho que se possa dizer que estavam apenas fazendo o próprio trabalho. Logo, no entanto, eu teria a chance de fazer o meu.

Quando chegou a minha vez de testemunhar como especialista, fiz questão de esclarecer o raciocínio psicológico por trás do armazenamento de memória e da recordação de vítimas de agressão sexual. Expliquei como as lacunas ou memórias parciais eram comuns para quem passava por uma situação traumática, fosse um soldado, um sobrevivente de um acidente ou uma vítima de agressão sexual. É como o cérebro funciona. Com ou sem os detalhes, a experiência nunca vai embora. Para Pauline, como acontece com muitas outras, o abuso mudou completamente sua vida. Ela não podia voltar ao trabalho, pegar transporte público, cuidar dos filhos ou sair de casa sozinha. Não é razoável esperar que alguém tenha uma lembrança completa de seu trauma. O impacto é o que mais importa.

O júri determinou que Pauline recebesse 250 mil dólares pelos danos sofridos e 500 mil dólares como punição à empresa por não ter impedido que o crime ocorresse. A sentença foi posteriormente modificada pelo tribunal para incluir uma correção dos valores em 115.208,29 dólares, que representavam juros anuais sobre a indenização total de 750 mil dólares entre 16 de outubro de 1979 e 29 de abril de 1981. A Consolidated Rail recorreu ao Tribunal Superior, que ordenou uma *remittitur* (redução) dos danos por atraso, mas isso foi anulado por recurso posterior de Pauline.

Expliquei como as lacunas ou memórias parciais eram comuns para quem passava por uma situação traumática, fosse um soldado, um sobrevivente de um acidente ou uma vítima de agressão sexual. É como o cérebro funciona.

O sucesso do caso de Pauline permitiu que Fitzpatrick voltasse sua atenção para a segunda vítima, Joan. A polícia havia identificado um suspeito no caso, um reincidente conhecido pelas autoridades por estuprar uma mulher em um saguão do metrô em 1977. O homem cumpriu uma pena de prisão curta por seu crime. Porém, nos últimos meses, tinha sido condenado mais uma vez por estupro, desta vez tendo como alvo uma estudante de Temple de 19 anos cuja violência fora perpetrada debaixo de uma plataforma na Suburban Station.

O promotor conseguiu levar o caso de Joan a julgamento com a ajuda de uma testemunha que descreveu ter visto o suspeito levar uma mulher escada abaixo para as catacumbas da Suburban Station no dia em que Joan desapareceu.

"Por alguma razão ou instinto, comecei a olhar em volta", disse a testemunha. "Vi um homem e uma mulher parados perto das portas da escada rolante. Estavam muito próximos, e queria saber o que estavam

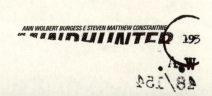

fazendo lá." A testemunha descreveu ter visto isso depois de descer de um trem. "Eu os vi descer a escada. Não sabia o que fazer. Estava apavorada." Ela tentou obter ajuda, mas não conseguiu encontrar ninguém. "Comecei a caminhar de volta para a escada. Então me abaixei e vi um rosto me encarando. Estava tão apavorada que congelei. Ele não esperava me ver. Quando o homem foi para o lado direito, eu o vi de perfil. E também vi os pés da garota ali. Não calçavam sapatos. Isso foi tudo o que vi. Os pés dela e as pernas foram tudo o que vi."

A testemunha foi questionada se o homem que ela vira estava na sala naquele dia.

"É aquele homem ali, o réu", falou, apontando para a mesa de defesa.

Mas apesar desse testemunho, o suspeito foi absolvido. Quem acompanhou o caso ficou chocado. Várias pessoas fizeram audíveis exclamações de espanto. O promotor saiu correndo da sala do tribunal, ignorando os pedidos da imprensa para comentar. Apenas o réu e seu advogado de defesa sorriam.

Infelizmente, o resultado não surpreendeu. Seguiu um padrão comum a muitos julgamentos de estupro em todo o país naquela época. As vítimas não dispunham das melhores cartas para disputar o jogo. Parte disso ocorria porque os kits de estupro eram incomuns e o teste de DNA ainda não existia. E parte disso também era a natureza isolada da agressão sexual, que tendia a excluir testemunhas confiáveis. Contudo, não se pode negar, o crime de estupro consistia, em grande parte, em uma disputa entre a palavra de um homem *versus* a palavra de uma mulher. E as mulheres, no final da década de 1970, eram vistas como não confiáveis e emocionais, o que significa que, em casos como esses, os júris raramente ficavam do lado das vítimas.

PROFILE 3
profile 196

Por trás da máscara

ROSTO
OCULTO

O homem não é o que
pensa ser, é o que esconde.
André Malraux, *Anti-Memoirs*

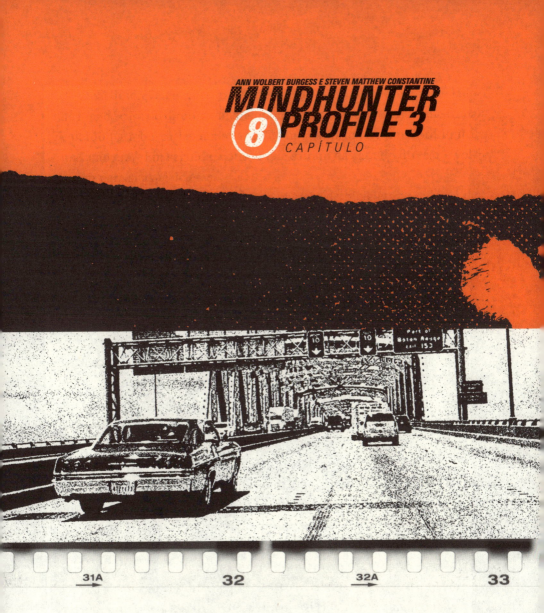

MINDHUNTER PROFILE 3
ANN WOLBERT BURGESS E STEVEN MATTHEW CONSTANTINE
CAPÍTULO 8

Terminada a palestra sobre vitimologia, Hazelwood me encontrou na minha mesa no abrigo antiaéreo e perguntou se eu teria um minuto para falar de um novo caso vindo de Baton Rouge, a respeito do qual havia recebido uma solicitação de perfil. A polícia local investigava um predador sexual ligado a dezenas de crimes em vários estados, e Hazelwood queria minha opinião relacionada a alguns dos comportamentos incomuns do criminoso.

PROFILE 3
profile

"Esse cara é estranho", começou Hazelwood. "Só entra nas casas entre as oito da noite e uma da manhã, e apenas casas com portas ou janelas destrancadas. Agora, talvez isso não seja tão estranho, mas a parte realmente bizarra é como ele brinca com as vítimas. Começa tentando confortá-las, depois as estupra enquanto força quem mais estiver na casa a assistir — aquele cretino doente." Fez uma pausa para se recompor. "Me desculpe por isso. O que quero dizer é... estou apenas tentando entender melhor a tipologia com a qual estamos lidando para poder construir um perfil que possibilite a condenação."

Hazelwood sempre fez o possível para me tratar como qualquer outro colega. Mas a natureza explícita do nosso trabalho, e as emoções primordiais que o acompanhavam, às vezes o faziam escorregar e dizer as coisas de forma bastante direta. Então ficava confuso e constrangido por ter usado expressões grosseiras na frente de uma mulher. Era a natureza dele. Buscava encontrar alguma linha imaginária de decoro social enquanto falava comigo sobre atos de violência extrema, independentemente de quantas vezes eu lhe dissesse para parar com isso. E também não era só ele. Recebia esse mesmo tratamento de quase todos os agentes do FBI. Mesmo Ressler e Douglas mostravam esse cuidado especial em relação a mim de tempos em tempos. Com Hazelwood, sua discrição era diferente. Parecia protetor de certa forma, talvez por ter sido ele quem me trouxera para o grupo. De modo que, quando colocou na mesa um conjunto de arquivos e começou a listar os fatos relevantes do caso, hesitou, apenas suavizando a voz, enquanto descrevia alguns dos detalhes mais explícitos.

"Os jornais o estão chamando de 'Estuprador de Balaclava' [Ski Mask Rapist]", continuou Hazelwood. "Tenho certeza de que você entende o motivo. Ele tem mais de um metro e oitenta de altura, tipo físico esbelto e cabelos escuros. Geralmente está armado com uma faca ou um revólver. Amarra as vítimas e as estupra à vista de qualquer homem no local, às vezes atormentando-os enquanto faz isso. Em seguida, deixa as vítimas amarradas enquanto rouba calmamente a casa: televisores, aparelhos de som ou outros objetos de valor."

"Volte um segundo." Eu o interrompi. "Todas as vítimas dele incluíam uma testemunha do sexo masculino?"

"Não. Isso é mais recente", esclareceu Hazelwood. "Esse cara mudou bastante o método desde que começou. É diferente de qualquer um que eu já tenha visto antes. É o mesmo cara, mas é como se houvesse se tornado um novo criminoso. É por isso que preciso da sua ajuda. Espero que possamos preencher algumas lacunas na linha do tempo antes de devolver a investigação à equipe que trabalha no caso."

O pedido de Hazelwood pelo meu ponto de vista era bastante comum entre os agentes da BSU. Cada pessoa da equipe trazia conhecimento e experiência únicos sobre uma área específica do campo. Eu não era exceção. E no caso do Estuprador de Balaclava, minha formação combinada ao estudo de vítimas de estupro e agressores violentos fazia de mim uma boa escolha. Hazelwood me via como a pessoa mais qualificada para quem fazer perguntas.

Cada pessoa da equipe trazia conhecimento e experiência únicos sobre uma área específica do campo. Eu não era exceção.

"Esse cara está ligado a dezenas de crimes", ressaltou Hazelwood. "Mas acho que já é o bastante olhar para os cinco primeiros, os cinco do meio e os cinco últimos. Esses já mostram a progressão dele. Faz sentido?"

Concentrei-me na foto de uma mulher de meia-idade com hematomas escuros cobrindo os seios.

"Os crimes se tornaram bem violentos. Ele socou com força os seios daquela mulher várias vezes", murmurou Hazelwood, estendendo a mão para pegar a foto das minhas mãos.

Acenei para ele. "Pare de se desculpar, Roy. Não preciso que me proteja dos elementos escabrosos. Isso só atrasa o trabalho. São dados. Agora vamos verificar o resto."

Hazelwood assentiu. "Ok. Eis o que sabemos. Começando com suas primeiras cinco vítimas, o cara é apenas um estuprador comum. Surpreende mulheres solteiras sozinhas em casa, promete que não irá machucá-las, depois as amarra com as roupas delas e as violenta, forçando a penetração vaginal. Avançando para as cinco vítimas do meio, ele começa a usar algemas e se torna mais agressivo, praticando o coito anal e oral não consentido, às vezes na frente de familiares e em algumas ocasiões estuprando mais de uma mulher de forma simultânea. Dando mais um salto no tempo, os últimos cinco estupros mostram uma transição para um nível muito mais alto de agressão. Como aquela foto que você estava olhando." Hazelwood apontou para onde eu havia colocado a foto na mesa. "Ele a socou nos seios repetidamente, provocando o marido o tempo todo. Estranho, certo? O que acha?"

"Acho que ele está perseguindo a emoção que obteve nas suas primeiras vítimas", opinei. "Isso está claro. Está indo mais longe em direção à violência para tentar reviver a emoção anterior. Contudo, a motivação dele não mudou. A busca ainda é pela sensação de controle que obtém com o estupro."

"Faz sentido", concordou Hazelwood. "Porém a parte que não entendo diz respeito a toda a violência na frente do parceiro masculino. Qual seria a motivação?"

"É poder: controle e humilhação", expliquei. "A necessidade de uma audiência e de fazer alguém assistir se relaciona com fatores psicológicos da vida do estuprador. Sugere que teve sua própria história de trauma e que esse comportamento ritualístico está enraizado em uma experiência infantil de ver, assistir ou sofrer abuso."

"Acha que ele está se preparando para cometer um assassinato ou isso estaria em desacordo com o ritual?", perguntou Hazelwood. "Essa é a preocupação da polícia."

"O ritual pode mudar para acomodar a crescente desconexão de um infrator com a realidade", pontuei. "De modo que, sim, um assassinato é algo provável, mas é importante distinguir que essa não é a motivação principal aqui. Esse cara está revivendo uma experiência do passado. Só está invertida. Agora ele é quem está no controle, e quer garantir que outros sejam testemunhas disso."

Nos dias que se seguiram, o chefe da unidade Depue providenciou para que eu viajasse para Louisiana a fim de me encontrar com a força-tarefa dedicada ao caso do Estuprador de Balaclava. O plano era que eu falasse com as vítimas e a polícia local para coletar o máximo de informações possível para que pudéssemos nos apressar e pegar esse idiota. A comunidade estava com os nervos à flor da pele, a frequência dos ataques aumentava e a mídia só piorava as coisas ao descrever a capacidade do Estuprador de Balaclava de escapar e ser mais esperto que as autoridades policiais. Hazelwood tinha especial interesse em uma resolução rápida, pois era o agente que representava o FBI na investigação.

Meu telefone tocou assim que cheguei ao hotel.

"Oi, Ann. Como vão as coisas?", perguntou Hazelwood.

"Tudo bem. Acabei de chegar. Estou olhando..."

"Isso é ótimo", interrompeu. "Ouça. Preciso que obtenha das vítimas as seguintes informações a respeito do comportamento do suspeito durante a agressão. Vai ser importante quando começarmos a traçar o perfil desse criminoso."

"O que quer dizer? Acha que a criação de perfil é diferente se for caso de estupro ou de homicídio sexual?"

Hazelwood estava tão concentrado no que queria me dizer que ignorou minha pergunta e continuou falando. Às vezes ele era assim mesmo — hiperfocado a ponto de se perder nos próprios pensamentos. Mas eu sabia que ele voltaria à questão uma hora ou outra. De modo que continuei prestando atenção.

"Penso que precisamos dar três passos básicos com este estuprador", disse ele. "O primeiro é obter um conjunto específico de informações da vítima a respeito do comportamento do criminoso. O segundo é analisar esse comportamento para determinar um motivo subjacente ao ataque. E o terceiro é caracterizar a pessoa que cometeu o crime, dados os fatores motivacionais indicados por seu comportamento."

"Espere aí", eu o interrompi. "Vou precisar de uma caneta."

Hazelwood então me fez escrever uma série de perguntas que queria que eu fizesse. Algumas eram sobre o comportamento do suspeito, por exemplo: como conseguia chegar até a vítima? Qual era o seu método de controle? Como reagia à angústia da vítima? Outras eram relacionadas às interações com a vítima: ela era forçada a falar? Que atos sexuais era forçada a realizar? Alguma coisa que a vítima fazia mudava a atitude do agressor? E algumas perguntas com o objetivo de saber mais sobre o suspeito, por exemplo: ele tinha alguma disfunção sexual? Usava algum método de precaução para evitar a detecção? Levava ou deixava algo no local do ataque?

> **"O ritual pode mudar para acomodar a crescente desconexão de um infrator com a realidade [...] Esse cara está revivendo uma experiência do passado."**

Ficou claro que Hazelwood tinha uma abordagem muito específica em mente para esse caso. Parecia estar valorizando mais as opiniões das testemunhas sobreviventes do que a análise da cena do crime e os relatórios da polícia. Contudo, por que motivo tomou essa decisão e de que forma achava que isso afetaria o processo de criação de perfil eu ainda não tinha certeza. Tudo no que conseguia pensar era que ele tinha me ouvido comentar algo em minha palestra sobre vitimologia, que isso o interessava e que gostaria de testar a teoria para vê-la em ação por si próprio.

==Acabei encontrando cinco vítimas durante a viagem. Todas estavam amedrontadas e angustiadas — em especial as duas que tinham sido estupradas na frente de familiares —, mas cada uma fez um esforço para falar das próprias experiências da melhor maneira possível.== Descobri que todas apresentavam sinais claros de síndrome de trauma de estupro. Descreveram sentir-se entorpecidas ou mortas por dentro.

Confidenciaram ter problemas estomacais constantes, pesadelos com o próprio agressor estuprando-as novamente e um pavor de terem contraído aids. Entravam em pânico quando estavam em espaços pequenos, ficavam assustadas com roupas escuras e constantemente preocupadas que o agressor voltasse. Todas as cinco estavam preocupadas com seus relacionamentos com amigos e familiares.

Enquanto pensava nos comportamentos incomuns do suspeito à medida que os escrevia em meu relatório, recebi um telefonema do chefe da unidade Depue.

"Ann. Aqui é o Depue. Como foi a viagem?"

Pensei cuidadosamente antes de responder. Depue nunca ligava para falar de uma viagem, a menos que algo estivesse acontecendo. "Temos algumas boas informações das vítimas", respondi depois de uma longa pausa. "Ficou sabendo de alguma coisa?"

"Sim, fiquei. Recebi uma ligação urgente do departamento de polícia dizendo que havia uma mulher se passando por uma agente do FBI. Tive que tranquilizá-los de que era uma visita oficial da BSU e que você é uma de nós."

"Obrigada", foi o que consegui dizer, não muito certa do que fazer com a informação.

Mas Depue apenas riu. "A Louisiana não é exatamente igual à capital. Agora vejo que deveria ter dito que estava enviando uma mulher. Vou me lembrar disso da próxima vez. Agora, apresse-se com esse relatório. Não quero ler mais nenhuma reportagem dizendo como esse sujeito é inteligente."

Mais ou menos uma semana depois, Hazelwood liderou um grupo de agentes no desenvolvimento de um perfil formal do Estuprador de Balaclava, certificando-se de que eu poderia comparecer. Mantivemos nosso processo, agora padrão, de estudar relatórios policiais, examinar fotos de cenas de crimes e conversar sobre os motivos e padrões do infrator. Hazelwood fez questão de incluir anotações da conversa que tivéramos antes, bem como análises da minha viagem à Louisiana. Pediu que eu fornecesse contexto para a validação de certas declarações de vítimas, porque mesmo agentes experientes tinham seus próprios preconceitos a serem superados. Depois, no entanto, em vez de pegar todas as informações e escrever o perfil sozinho, Hazelwood pediu ao grupo que escrevesse o perfil em equipe. Enfatizou, também, que deveríamos dividir essa avaliação em duas partes distintas.

A primeira parte usaria nossa abordagem tradicional de criação de perfis, que caracterizava suspeitos em termos de prováveis demografia, antecedentes e personalidade. Já estávamos bem treinados nesse processo e não demorou muito para anotarmos nossas ideias. Para o Estuprador de Balaclava, com base em quanto tempo ele estivera ativo sem ser pego, nós o classificamos como um homem entre os vinte e trinta e poucos anos que não havia se casado. Seu comportamento dominador mostrava ser confiante e se ver como um macho alfa. Era meticuloso nos detalhes — fazia questão de cortar discretamente os fios telefônicos antes de invadir uma casa — e perfeccionista, e esse conhecimento nos ajudou a caracterizá-lo como alguém que se mantinha em boa forma física, assistia a programas esportivos e/ou praticava esportes, se apresentava com uma aparência bem-cuidada e provavelmente tinha uma tendência a projetar essa masculinidade na maneira como se vestia e na ostentação de seu carro. Seu comportamento evasivo e a frequência com que se mudava para diferentes estados — um "andarilho", como chamávamos suspeitos com esse hábito — mostravam que ele era instruído e havia servido nas forças armadas, provavelmente no exterior.

Para a segunda parte do relatório, fizemos questão de esclarecer a constituição psicológica do Estuprador de Balaclava. Essa parte foi muito mais complicada. Tivemos dificuldade para ajustar os fatos do caso a uma classificação conhecida de infrator, em grande parte devido à alteração de seus crimes no tempo. Assim, referenciamos casos anteriores, principalmente do estudo dos assassinos em série, para definir o infrator como alguém que estava passando por uma progressão de um tipo assertivo de poder — os primeiros crimes do Estuprador de Balaclava mostravam sua necessidade de projetar uma imagem de masculinidade potente — para a raiva e a escalada de violência comuns a estupradores vingativos. A violência estava se tornando uma parte importante do

ritual do agressor. Não como ferramenta empregada para superar a resistência da vítima, mas como forma de obter prazer. Em última análise, o Estuprador de Balaclava mostrava sinais de aumento da agressividade em seus ataques. Estava se tornando mais perigoso, mais sádico e mais confiante. Aperfeiçou seu MO (*modus operandi* — a maneira como um infrator realiza um crime), aproximando-se de um padrão ideal com o objetivo de reproduzi-lo sempre do mesmo modo. E estava claramente cedendo às tentações assassinas.

Hazelwood submeteu o perfil comportamental a um grande número de departamentos de polícia em áreas onde o suspeito havia cometido crimes, alertando-os para que ficassem atentos a qualquer pessoa que correspondesse àquela descrição. Em outubro daquele ano, um policial da Louisiana radicado em Gonzales (a sudeste de Baton Rouge) notou um carro suspeito estacionado em uma área residencial enquanto patrulhava o local — um Pontiac Trans Am vermelho-batom. Naquela mesma noite e naquela mesma região, a polícia recebeu uma ligação relacionada a um atirador mascarado com uma balaclava de esquiador confrontando três mulheres na casa de uma delas. Uma de cada vez, as mulheres foram amarradas e estupradas enquanto as outras foram forçadas a assistir. O suspeito, então, roubou os itens pessoais delas antes de levar o veículo de uma delas e sumir noite adentro em alta velocidade. O policial de Gonzales captou isso pelo rádio e, dando um tiro no escuro, voltou para onde havia visto o Trans Am mais cedo naquele dia. O carro não estava à vista, mas em seu lugar estava o automóvel roubado. O policial encontrou um par de luvas masculinas descartadas ao lado do veículo. As luvas correspondiam exatamente ao relatório das vítimas.

O caso progrediu rapidamente. Os investigadores emitiram um alerta[1] aos agentes da região para que interceptassem o Trans Am e, quando a polícia avistou o carro, verificou a placa e identificou o proprietário:

---

[1] Nos EUA, esse alerta emitido pela polícia é conhecido pela sigla BOLO, que vem da expressão *"be on the lookout"*, ou "esteja atento", em tradução livre. [NT]

Jon Barry Simonis, de 31 anos. O motorista foi preso em Lake Charles, Louisiana, uma semana após o Dia de Ação de Graças, quando saía de uma loja de conveniência carregando um pão e dois maços de cigarros. A captura do homem encerrou uma onda de terror de três anos que incluiu 81 crimes em doze estados, da Flórida a Michigan, da Louisiana à Califórnia.

O perfil do FBI que desenvolvemos para o Estuprador de Balaclava era categoricamente preciso em seus detalhes e escopo. Simonis havia jogado futebol americano no ensino médio como *quarterback* no All-State Louisiana e servido no Exército de 1973 a 1977. Tinha um QI completo de 128 (a média é de 90-110) e mantinha uma constituição física atlética. Mas Simonis também teve uma infância marcada por relações abusivas, na qual se acreditava que havia testemunhado o pai cometendo atos sexuais com sua irmã. Era movido por uma raiva profunda em relação às mulheres, por isso seus ataques pretendiam degradar, rebaixar e humilhar suas vítimas — o que define o comportamento típico de um estuprador vingativo. Embora sua condenação fosse claramente importante por si só, também nos apresentou uma oportunidade única de entender melhor os motivos e os padrões evolutivo de agressores sexuais violentos com base no volume de seus crimes. Simonis era ideal para isso por causa de sua confiança, seu desejo de assumir a autoria de seus crimes[2] e seu hábito de se gabar do que havia feito como forma de definir quem ele era. O desejo que sentia de impressionar os outros por meios violentos era profundamente perturbador, é claro, mas também trouxera uma vantagem para nosso estudo de personalidade criminosa como um todo. Simonis queria falar. Almejava que outros entrassem em sua cabeça para que ele pudesse reviver seus episódios mais violentos — e compartilhá-los com o público. O voyeurismo ao forçar os outros a testemunhar a crueza dos detalhes era uma parte fundamental de como a mente de Simonis funcionava. Mas também nos deu uma vantagem.

---

2 Quando foi informado de que outro homem estava cumprindo pena de prisão depois de confessar um estupro que ele, Simonis, também havia confessado, mostrou-se chateado com o fato e teria dito: "Por que diabos ele fez isso? Fui eu que cometi aquele estupro".

Poderíamos usar a obsessão dele pelo controle e o senso de grandiosidade que tinha para compreender ainda mais profundamente os criminosos em série do que jamais havíamos compreendido antes. Simonis seria um estudo de caso sobre como os padrões e comportamentos de um assassino em série progrediam.

Para entender todo o escopo do caso de Simonis, decidimos acompanhar tanto o aspecto do perfil quanto a vitimologia. Hazelwood e Lanning conduziriam um interrogatório com Simonis que foi gravado, e eu me encontraria com suas vítimas para corroborar seus relatos. Em essência, queríamos comparar o relato do criminoso com as experiências das vítimas. Ao compreender ambas as perspectivas, poderíamos aprender como os padrões de um criminoso em série mudam e evoluem ao longo do tempo, e o que provocava a escalada do estupro puro para uma modalidade mais violenta e desta para o assassinato. Mas precisávamos dos dois lados da história para compreendermos completamente os fatores que desencadeavam cada etapa dos comportamentos cada vez mais intensos.

Como agentes, Hazelwood e Lanning não tinham problemas em marcar entrevistas na prisão para falar com criminosos condenados. O único desafio era estabelecer como conduzi-las. O Bureau fazia questão de treinar cada agente em uma ampla variedade de estilos e concepções de abordagens: a técnica Reid, na qual são usados truques básicos de psicologia para ajudar o entrevistado a se sentir à vontade para falar sobre seu crime; a abordagem cognitiva, que usa narração aberta e perguntas de continuação para guiar o entrevistado através de suas memórias contínuas de um crime; e o método cinético, que se baseia em criar uma atmosfera de pressão e estresse para o entrevistado para vermos como reage. Mas aquela situação era diferente. Simonis *queria* falar. Então Hazelwood e Lanning decidiram usar um tom direto e deliberadamente investigativo. Isso ajudaria a minimizar a emoção e manter a conversa o mais simples possível. Além disso, decidiram lançar algumas perguntas deliberadamente capciosas para as quais já sabiam as respostas — como uma espécie de variável de controle. A conversa era uma fonte de dados. Os agentes precisavam mantê-la verdadeira e autêntica, ou arriscavam distorcer os resultados e tornar toda a reunião nula e sem efeito.

"Uma última coisa", eu os alertei. "Vocês podem desafiar as memórias e interpretações de Simonis dos ataques, mas nunca desafiem seu sistema de crenças. Se fizerem isso, tudo o que vai restar é a negação. Ele é um castelo de cartas esperando para desmoronar."

No inverno de 1985, Hazelwood e Lanning se encontraram com Simonis na Angola Prison, na Louisiana, a maior prisão de segurança máxima dos Estados Unidos. Foram levados a um grande espaço de interrogatório bem iluminado, com painéis de madeira falsos adornando as paredes e uma mesa de madeira laqueada bem no meio da sala. Simonis — vestido com uma camiseta branca, o cabelo curto e um bigode muito bem aparado — sentou-se na ponta da mesa, enquanto os agentes, ambos vestidos de terno cinza e gravata xadrez, sentavam-se um de cada lado. Os agentes trouxeram uma câmera de vídeo para o caso de Simonis concordar em ser filmado. Em seu estilo tipicamente autoindulgente, Simonis logo consentiu em ter parte da sessão gravada.

> **[...] queríamos comparar o relato do criminoso com as experiências das vítimas. Ao compreender ambas as perspectivas, poderíamos aprender como os padrões de um criminoso em série mudam e evoluem ao longo do tempo.**

A conversa começou com o básico. Simonis admitiu que começou a espiar janelas quando tinha 15 anos, e que isso se transformou em um hábito que consistia em se esgueirar pelo bairro no meio da noite, invadir casas próximas e bisbilhotar sem ser detectado e sem cometer nenhum crime significativo. Essas escapadas tinham funcionado como treinamento para seus futuros crimes sexuais.

Simonis então explicou que sua primeira transgressão de natureza sexual ocorreu quando se expôs a mulheres durante seus dias de exército servindo na Europa. Ele nunca atacou ninguém naquela época, ainda que tenha pensado nisso em muitas ocasiões. Assim que voltou para os Estados Unidos, começou a atacar mulheres com a única intenção de roubar. Não demorou para que passasse a gostar da sensação de poder que isso lhe proporcionava, mas o roubo não era suficiente para suprir sua demanda por emoção. Assim, começou a considerar o estupro como uma forma de expandir esse sentimento de poder.

"Então o que o levou a realizar seu primeiro crime sexual?", Hazelwood perguntou diretamente a Simonis. "Houve um incidente em particular ou era um determinado dia da semana? Você acordou naquela manhã sabendo que queria estuprar alguém?"

> **Não demorou para que passasse a gostar da sensação de poder que isso lhe proporcionava, mas o roubo não era suficiente para suprir sua demanda por emoção.**

"Não havia nada disso", Simonis insistiu. "O primeiro começou como um roubo. Entrei em uma casa e fui confrontado pela moradora — a quem eu havia seguido desde um shopping mais cedo naquele dia. Depois de enfrentar a mulher, meio que deixei claro para ela quem estava no controle. Depois que tirei dinheiro dela, eu meio que amarrei suas mãos e a levei para um quarto e fiz ela me masturbar. Mas não consegui ter uma ereção. Estava muito nervoso."

"Tudo bem", Hazelwood disse na sequência. "Então você começa fazendo esse tipo de coisa. Mas aí consegue um emprego em um hospital como técnico de laboratório e parece estar indo bem. Chegou a praticar violência sexual contra algum paciente?"

"Já, algumas vezes." Simonis assentiu. "Era eu quem sedava as pacientes, então às vezes brincava com seios ou alguma coisa assim. Quer dizer, a oportunidade estava lá. Era tudo muito fácil. Costumava conferir o cronograma das cirurgias para poder pegar a chave de uma paciente enquanto ela ainda estava em cirurgia e fazer cópias. Então eu ia para a casa delas assaltar, roubar ou estuprar na hora que quisesse." Simonis acrescentou que às vezes copiava as chaves dos cirurgiões e entrava em suas casas para estuprar e roubar as esposas, depois fazia um jogo de observar se os cirurgiões mostravam ou não sinais de saber que suas esposas haviam sido violentadas.

"E os homens?", Hazelwood continuou, provocando intencionalmente Simonis para ver se esboçaria alguma reação. "Você os obrigava a chupar você?"

"Não. Eu nunca tive nenhum contato sexual com homens."

"Não? Porque agora, quando estávamos conversando, você estava falando meio rápido e me pareceu ter dito que estuprou um homem amarrado no chão..."

"Não, e eu não sei por que fica me perguntando isso."

"Ok... é que eu tinha entendido que — deixe-me esclarecer aqui — você é bissexual e gostava de fazer sexo com homens."

"Não sei de onde tirou essa ideia", falou Simonis, mantendo a calma. "Acho que posso ter tendências bissexuais até certo ponto, como a maioria dos homens provavelmente tem, mas chegar a ter contato com eles, não."

"Entendi", disse Hazelwood, mudando de assunto. "E a sua transição para agressão e violência? Como aconteceu?"

"Perto do fim das minhas atividades criminosas, tornou-se uma coisa muito mais violenta, uma forma de degradação em relação às mulheres, de fazer com que elas se sentissem completamente dominadas", explicou Simonis. "Minhas intenções eram infligir medo nelas, forçá-las a fazer coisas que normalmente não fariam."

"O que acha que motivou essa atitude?"

"É bem complexo. Acho que envolvia uma infinidade de coisas. O dinheiro era um motivo. O sexo era um fator. Sentia tantos impulsos que ficava incontrolável perto do fim. Quando via as mulheres, percebia o quanto elas tinham mais influência sobre mim do que eu sobre elas."

Simonis continuou descrevendo a adrenalina que sentia ao invadir uma casa, observando que a excitação era amplificada pelo risco de ser pego. Denominou de jogo de gato e rato o que estava praticando com a polícia. Por isso decidiu praticar seus crimes em diferentes estados, trocando de roupa e jogando as roupas velhas fora para evitar deixar provas.

"Eu sentia um barato só de entrar em um lugar que pertencia a outra pessoa", continuou Simonis. "Qualquer tipo de atividade ilegal, sabendo que havia o risco de ser pego, criava um estímulo. Era excitante, por assim dizer. Mas era um barato diferente do aspecto sexual. Eles meio que coincidiram um com o outro."

"Você já se sentiu culpado pelo que estava fazendo?"

"Sempre me senti culpado, principalmente depois da ejaculação. Sentia tristeza."

"Certo. Então por que ficava tão violento?", perguntou Lann. "Você sufocava mulheres, socava elas, causava dor deliberadamente."

"Sim, e ainda assim sentia pena delas. Minha intenção era, veja bem..." Simonis fez uma pausa. "Isso é o que é realmente estranho em toda a situação. Eu estava lá fazendo muito mal, e ainda assim havia momentos nos quais agia para aliviar o desconforto ou a dor porque não queria machucá-las. É supercontraditório, porque eu estava lá para causar dor mas fazia o que podia para aliviar o mal que estava causando."

"Você já se desculpou alguma vez pelo que estava fazendo?"

"Já, só que isso também não faz sentido. Eu me virava, batia em uma mulher e depois me desculpava por estuprar a outra. Às vezes eu era legal e falava com elas, mas é complexo, tem tanta coisa envolvida que não entendo. Não sei por que fiz certas coisas, por que violei algumas pessoas, por que bati em algumas, por que queimei outras e por que fui legal com uma e não com outra — não sei. Mas sei que não faz sentido."

Enquanto os agentes entrevistavam Simonis, conheci as vítimas dele. Como a maioria dos criminosos em série, ficou claro que Simonis tinha um "tipo". As vítimas tinham trinta e poucos anos ou menos, a maioria poderia ser descrita como atraente, muitas delas eram ricas e viviam em bairros abastados. Algumas eram casadas, outras estavam em relacionamentos estáveis e ainda havia aquelas que moravam na mesma casa e tinham sido atacadas todas juntas, como um grupo. As que falaram comigo ficaram aliviadas por Simonis estar na prisão, mas suas cicatrizes permaneciam.

Uma vítima me disse que ela, seu marido e sua filha estavam ocupados fazendo as malas para as férias. Estavam indo e voltando entre a casa e a garagem enquanto carregavam as malas para o carro. De repente, a mãe percebeu que o marido e a filha haviam parado de ajudar, então voltou para dentro de casa para ver onde estavam. Assim que entrou na cozinha, uma mão a agarrou pelo pescoço e ela sentiu o cano frio de uma arma pressionado contra a própria têmpora. Quando se virou viu um homem com um gorro escuro com fendas desfiadas para os olhos, nariz e boca. Uma voz profunda a instruiu a se despir. Nua e trêmula, foi pega pelos seios e forçada a cometer vários atos sexuais com seu agressor na frente do marido e da filha. Então foi estuprada sobre os ladrilhos frios do chão da cozinha.

Em outro caso, o Estuprador de Balaclava invadiu a casa e surpreendeu uma babá de 13 anos, a quem obrigou a fazer sexo oral nele. Depois de ser violentada, a garota o avisou que ele estava na casa de um policial, pensando que isso ia assustá-lo. Porém, isso só o antagonizou ainda mais. Ele sorriu e disse que esperaria pelo dono da casa. Mais ou menos uma hora depois, quando o marido e a esposa voltaram, o estuprador forçou-os a algemar um ao outro e, em seguida, estuprou a esposa por via vaginal. O marido, a certa altura, perguntou à esposa se ela estava bem. Ela respondeu: "Sim, ele está sendo um cavalheiro", esperando que isso acalmasse a todos. De repente, tomado por grande raiva, o Estuprador de Balaclava começou a socar brutalmente os seios da mulher. As lesões foram tão extensas que mais tarde a mulher precisou fazer uma dupla mastectomia.

==Falar com as vítimas de Simonis reforçou algumas das lições que aprendi com meu estudo original sobre violência sexual — ou seja, que o cerne desses atos não era o sexo, era o controle.== Mas agora, dado o contexto adicional de compreensão dos infratores devido ao meu trabalho no estudo dos assassinos em série, pude levar esse conhecimento um

passo adiante. Percebi que um agressor perpetra seus atos para atingir dois objetivos: controle físico e controle sexual. Ouvir as histórias das vítimas — por mais horríveis e traumáticas que fossem — ajudou-me a esclarecer como isso funcionava. Alguns criminosos (como Simonis) obtinham controle usando um confronto físico direto, como lançar um ataque surpresa repentino ou empregar força esmagadora. Outros usavam os estratagemas verbais de um chantagista, como ameaças ou intimidações. Em ambos os cenários, o agressor assumia o controle sexual da vítima pela força, não por consentimento. Eram duas abordagens diferentes, mas acabavam dando o mesmo resultado.

Classifiquei a primeira dessas duas abordagens como um estupro "estilo blitz". Esse tipo ocorria "do nada" e sem muita interação prévia entre agressor e vítima. A vítima estava tendo um dia normal quando, de repente, em uma fração de segundos, sua vida era destruída sem aviso prévio. Como uma vítima de 31 anos me confidenciou: "Ele veio por trás. Não havia como fugir. Aconteceu tão rápido — como se fosse um raio passando por você".

Do ponto de vista da vítima, não havia causa ou explicação para a presença do agressor. Ele surgia de repente, sua presença parecia estranha e inapropriada, e se forçava a entrar na situação. Havia um desconhecimento a respeito das identidades de ambos os lados. A vítima era selecionada anonimamente e o agressor fazia esforços para permanecer anônimo. Muitas vezes, o agressor usava máscara ou luvas, ou então cobria o rosto da vítima durante o ataque. Em muitos casos, as vítimas de um estuprador estilo blitz simplesmente estavam no lugar errado na hora errada.

A segunda abordagem, mais verbal, classifiquei como a do estuprador do "estilo de confiança". Este poderia ser distinguido por sua sutileza. O agressor do estilo de confiança usaria falsos pretextos — enganação, traição e violência — para forçar interações sexuais indesejadas. Era comum que houvesse algum tipo de interação, por menor que fosse, entre a vítima e o agressor antes do ataque. Às vezes, o agressor conhecia a vítima e, às vezes, podiam até ter um relacionamento formal antes do ataque. Estupradores de estilo de confiança tendiam a iniciar uma conversa com a vítima e tentar ganhar sua confiança antes de finalmente traí-la. Por exemplo, podiam oferecer ou solicitar assistência ou a companhia da vítima, ou prometer a ela informações, itens materiais, atividades sociais, emprego, gentilezas sociais ou benesses.

À primeira vista, Simonis parecia ter algumas das tendências de um estuprador de confiança. Mas depois de ouvir a entrevista de Hazelwood e Lanning fizeram com ele, percebi que o estilo de Simonis se desviava cada vez mais para ataques de blitz ao longo do tempo. A emoção da surpresa, ou o "jogo de gato e rato", como ele o chamava, era um importante elemento ritualístico da maneira como Simonis estruturava seus ataques.

> **Alguns criminosos obtinham controle usando um confronto físico direto [...] outros usavam os estratagemas verbais de um chantagista, como ameaças ou intimidações. Em ambos os cenários, o agressor assumia o controle sexual da vítima pela força, não por consentimento.**

Essa era a chave para Simonis — o elemento ritualístico. Douglas nos ajudou a esclarecer o que estávamos vendo ao descrever esse elemento do comportamento de um criminoso como sua "assinatura". Enxergava como uma contrapartida ao MO. Enquanto o MO de um criminoso em série podia mudar à medida que ele refinava seu processo de cometimento do crime, a assinatura era um recurso recorrente que ia além do processo padrão de atividade criminosa. A assinatura era permanente.

"Você está certa em pensar nisso como um ritual", disse Douglas. "Não é uma parte necessária do cometimento bem-sucedido de um crime específico. Só é necessário para a autorrealização do suspeito."

"Deixe-me ver se entendi", Hazelwood interrompeu. "Se o MO mostra o comportamento dinâmico de um agressor, a assinatura mostra o quê? As fantasias por trás desses comportamentos?"

"Parece personificação", eu disse.

"Agora repita na minha língua, Ann", Douglas brincou.

"O que estou dizendo é que, como um infrator pensa e sonha acordado, sente-se cada vez mais compelido a expressar as próprias fantasias violentas no mundo real. E quando finalmente encena tudo o que está construindo na própria cabeça, algum aspectos dessa fantasia ficam na cena do crime — sinais de força excessiva, rastros de sangue mostrando que uma vítima foi arrastada pela área ou algo dessa natureza. Isso é personificação. Quanto mais crimes um infrator comete, mais essa personificação é repetida como assinatura."

[...] os elementos que compõem a assinatura estão profundamente ligados às fantasias de um infrator. São repletas de significado.

"Agora sim estou estendendo", falou Douglas.

"E para dar um passo adiante, os elementos que compõem a assinatura estão profundamente ligados às fantasias de um infrator. São repletas de significado."

"Ok. Então é disso que precisamos", afirmou Hazelwood. "Uma vez que identificarmos a assinatura de um criminoso em série, teremos uma maneira confiável de vinculá-lo a seus crimes."

Tínhamos visto o processo de assinatura acontecer com Simonis. Em um de seus primeiros estupros, invadiu a casa de um jovem casal, ordenou que o marido se deitasse de bruços no corredor; depois, colocou uma xícara de porcelana e um pires nas costas do homem e disse: "Se eu ouvir aquela xícara se mover ou bater no chão, sua esposa morre". Em seguida, empurrou a esposa para o quarto e a estuprou. Várias vítimas depois, o comportamento de Simonis se agravou quando, ao invadir uma casa, ordenou que a mulher ligasse para o marido para lhe dizer que havia uma emergência e era necessário que ele voltasse para casa o mais rápido possível. Quando o marido chegou, Simonis estava esperando. Então amarrou o homem a uma cadeira e o obrigou a assistir ao estupro de sua esposa.

O padrão era claro. Em um estupro anterior, Simonis havia usado a xícara e o pires como uma forma eficaz de controlar o marido. Em um estupro posterior, deu um passo além, não apenas estuprando a esposa, mas também criando um cenário em que poderia humilhar e dominar o marido como meio de satisfazer plenamente suas fantasias. No primeiro estupro, Simonis lidou com o marido porque ele estava lá. No estupro posterior, *precisava* que o marido estivesse presente e testemunhasse o estupro. Suas necessidades pessoais o compeliram a realizar esse aspecto característico do crime.

Simonis recebeu 21 sentenças de prisão perpétua por acusações de estupro, com anos extras por assalto à mão armada, roubo e roubo de carro. Era um criminoso organizado — alguém que não apenas planejava seus estupros e roubos, mas também criava maneiras criteriosas de evitar ser identificado pela polícia. Ele também era do tipo "poder assertivo" e admitia estar ficando entediado do estupro e começando a ter fantasias assassinas. Em seu julgamento, Simonis alegou arrependimento, mas disse que não conseguia se conter. "Sou culpado desses crimes. Sabia de antemão o que estava fazendo, sabia no momento que cometia aqueles atos e sei agora." Eu nunca caí nessa. Para mim, ele estava tentando controlar a narrativa a seu respeito. Percebeu que havia sido exposto. E não gostava disso. Essa era a maneira dele de tentar recuperar uma pequena aparência de controle, escondendo-se atrás de outra máscara.

Ao mesmo tempo, a admissão de Simonis de que "não conseguia se conter" não era incomum. Ao longo de nossos casos, percebemos rapidamente que, na maioria das vezes, os infratores não conseguiam evitar o próprio comportamento criminoso — e muitos deles não queriam.

Seus crimes só paravam quando eram presos e colocados atrás das grades. Alguns criminosos até diziam que estavam felizes por terem sido detidos. Para eles, a violência se tornara um vício que não conseguiam controlar. Essa ideia nos marcou com a importância de encontrar criminosos em série, principalmente criminosos sexuais, o mais cedo possível — antes que a violência aumentasse ainda mais. Às vezes, os policiais locais davam de ombros, dizendo que "ele cometeu só um estupro". Mas eu sabia que isso era mito. Um estupro nunca seria o fim. Uma vez que esse comportamento era disparado, as fantasias com o estupro se tornavam mais frequentes e o desejo se intensificava. Era como uma doença. Uma vez que o agressor era infectado pela obsessão, não havia outra escolha a não ser agir.

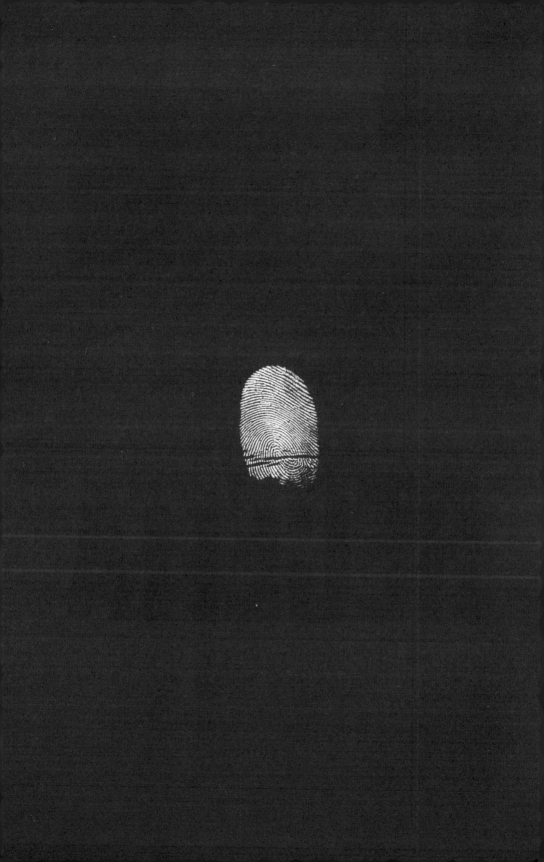

PROFILE 3
profile — 220

Quatro estágios de um Perfil

SEM RECEITA

A vida toda é um experimento.
Quanto mais você experimenta, melhor.
Ralph Waldo Emerson

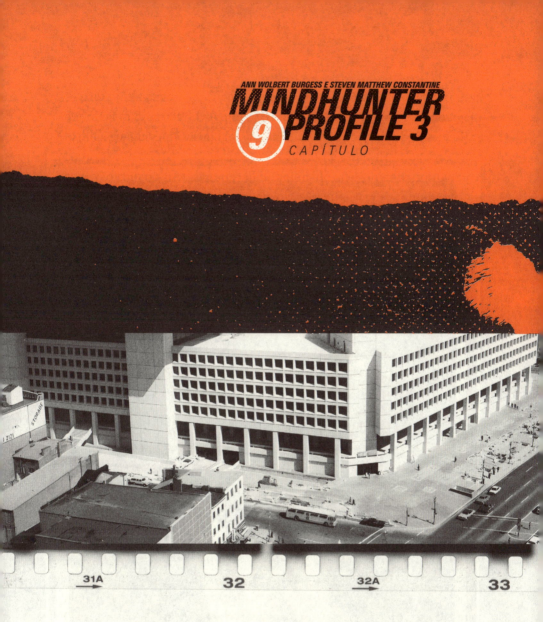

CAPÍTULO 9
MINDHUNTER PROFILE 3

Durante o almoço de uma tarde no refeitório de Quantico — um breve momento de inatividade em que os agentes e eu comíamos às pressas o conteúdo de nossas bandejas de purê de batatas e bife Salisbury para que pudéssemos voltar a um caso particularmente frustrante —, Hazelwood disse algo que me fez parar de repente: "Sempre que estiver trabalhando com comportamento humano, encontrará situações e variáveis atípicas que não encontrou antes. Não há livro de receitas, e nem nunca haverá".

Hazelwood não disse isso por falta de consideração em nenhum sentido. Era nisso que acreditava. Encarava o comportamento humano como nem sempre racional, pensava haver situações nas quais não seria possível compreender as motivações e que, por causa disso, a criação de perfis nunca seria uma técnica totalmente padronizada que pudéssemos ensinar aos novos agentes que se juntassem a nós. E, até certo ponto, eu sabia que ele estava certo. Os melhores criadores de perfil tinham um "talento especial" para o trabalho. Douglas, por exemplo, enquanto ajudava um departamento de polícia local a resolver um caso brutal no qual uma mulher idosa havia sido espancada e agredida sexualmente, foi interrompido por um detetive confuso, que perguntou: "Você é vidente, Douglas?".

"Sempre que estiver trabalhando com comportamento humano, encontrará situações e variáveis atípicas que não encontrou antes. Não há livro de receitas, e nem nunca haverá."

Douglas respondeu na lata: "Não, mas meu trabalho seria muito mais fácil se eu fosse. A forma exata como isso acontece, não tenho certeza", continuou ele. "No entanto, caso haja um componente psíquico, não fugirei dele."

Para alguns, essa admissão era surpreendente. Apesar de nosso trabalho em desenvolver um processo passo a passo para identificação de perfis criminais com base em psicologia comportamental, dados de casos e um processo de análise rigorosa baseada em evidências, ainda havia uma qualidade inefável que colocava os melhores perfiladores em destaque. Esses agentes traziam um elemento do inexplicável para o processo, uma qualidade semelhante à radiestesia da água que resultava em previsões perfeitamente inexplicáveis. Coisas como a visão de Brussel sobre o Mad Bomber ("Ele vai estar vestindo um terno trespassado.

Abotoado") e o perfil posterior de Douglas sobre o Assassino de Trailside ("O assassino terá um problema na fala") foram inegavelmente precisos. E, no entanto, nem sempre ficou claro por quê.

Ainda assim, essas afirmações minuciosas e específicas, embora úteis, em geral eram mais exceção do que a regra. Nosso objetivo com a criação de perfis criminais era projetar um sistema baseado em evidências que pudesse ser aplicado universalmente por policiais em todo o país, a despeito de terem talento para a técnica em si ou não. Queríamos mudar a abordagem dos métodos mais antigos de confiar no instinto e suposições tendenciosas e nos voltar para um desenho deliberado, apoiado por evidências, dados e padrões documentados. Víamos a padronização como um ponto forte. Nossa técnica guiava os agentes metodologicamente, passo a passo, através do processo de reconstrução da natureza física, comportamental e sociológica do assassino. Essas informações então se tornavam a base para uma análise profunda de várias páginas de um suspeito individual — o próprio perfil. Por meio de clareza, detalhamento e totalidade, o perfil orientava cada investigação para uma pequena lista dos suspeitos mais prováveis de cometer um crime específico. O processo funcionou. E, ao longo do tempo, — através da experiência adquirida e prática — nós o refinamos para funcionar ainda melhor, simplificando nossa abordagem de criação de perfis, dividindo-a em quatro etapas, todas construídas com o objetivo único de prender o infrator o mais rápido possível.

Chamamos o estágio um de "entradas de perfil". Era quando o perfilador principal coletava e estudava todas as informações de antecedentes, evidências e relatórios investigativos disponíveis para reunir a visão mais abrangente da perícia, da vítima e do contexto do crime. Era também, de longe, a parte mais demorada do processo. Muitos dos casos da BSU vinham de áreas remotas onde nosso sistema penal estava mal equipado para lidar com a natureza bizarra de nosso tipo peculiar de crimes e, como resultado, os arquivos originais dos casos geralmente estavam incompletos. Isso significava que o perfilador principal tinha que vasculhar os registros para reunir as condições climáticas, o ambiente político/social e as estatísticas de crimes da região no momento do crime, bem como histórico completo da vítima e quaisquer informações ou observações não escritas, ou impressões que pudessem extrair da polícia paralisada em estado de choque.

Ao longo do estágio de entradas de perfil, o perfilador líder coletava dados suficientes para ver a estrutura geral do crime: os elementos principais. Eram elementos como a classificação do infrator (organizado *versus* desorganizado), o nível de sofisticação criminal e a dinâmica básica vítima-infrator que se desenrolava durante o delito. Mas também havia armadilhas inerentes nesse estágio. A natureza humana criava o hábito de procurar respostas o mais rápido possível. Nosso processo reconhecia essa realidade e a justificava alertando os agentes principais para que mantivessem a guarda elevada, de modo que nenhuma influência externa pudesse comprometer a objetividade que deveriam ter dentro do caso. Qualquer viés era um atalho para o fracasso.

Chamamos o estágio dois de "modelos de processo de decisão". Aqui, o perfilador líder vasculhava os dados coletados do estágio um e começava a organizá-los em padrões reconhecidos e classificações conhecidas. O objetivo era criar uma base de entendimento que ajudasse a acelerar a colaboração nos estágios posteriores do processo. Isso era feito identificando e nomeando sete elementos-chave da investigação, incluindo tipo e estilo de homicídio, intenção primária do assassino (criminoso, emocional ou sexual), risco da vítima, risco do agressor, escalada (mudanças no padrão dos crimes praticados pelo assassino em série), fatores temporais (tempo com a vítima, atos *post-mortem*, descarte do corpo) e localização. Essa etapa era nossa forma de padronizar a maneira como os criadores de perfil falavam dos suspeitos. Assim como os médicos usavam linguagem padronizada para fazer um diagnóstico com base em sintomas, histórico do paciente e observação treinada, os criadores de perfil precisavam de uma metodologia semelhante. Os sete pontos de decisão do estágio dois eram nossa maneira de contemplar esse objetivo. Padronizamos a linguagem desses sete pontos para ajudar a prover aos criadores de perfil maior clareza e compreensão do caso em questão, o que, por sua vez, ajudava a acelerar todo o processo.

O estágio três era a "avaliação do crime". Começava quando o perfilador líder reconstruía passo a passo a cronologia do crime, tanto do ponto de vista da vítima quanto do agressor. Isso incluía o planejamento do ataque, o risco da vítima, o confronto, as ações e os comportamentos pós-crime. O interesse principal era a causalidade do comportamento do infrator ao longo da duração do crime. Essa etapa nos ajudava a definir a classificação do crime — em especial para casos originalmente rotulados como "delito misto" devido à falta de informações. Esse era o ponto do processo em que, quando tratávamos de criminosos em série, os padrões familiares tornavam-se claros e óbvios. Nesses casos — ou se não houvesse padrões familiares, mas ainda lidássemos com a suspeita de um criminoso em série —, o perfilador líder faria referência ao extenso catálogo de arquivos criminais da BSU para encontrar casos não resolvidos semelhantes que correspondessem ao crime atual. Nosso catálogo era um recurso inestimável que, em resumo, pegava a experiência e os talentos de um perfilador e ampliava-as dentro do conhecimento coletivo de todos os perfiladores que vieram antes deles.

Outro elemento central do estágio três e seu processo meticuloso de recriar o ataque era a luz que lançava sobre os motivos que faziam um criminoso agir. No caso de criminosos desorganizados, por exemplo, a reconstituição muitas vezes mostrava que a motivação do criminoso era espontânea — o resultado de um gatilho emocional, transtorno mental, drogas ou uma profunda sensação de pânico. Com eles, identificar a causa exata era um desafio por causa de seus comportamentos e pensamentos irracionais. Criminosos organizados, por outro lado, deixavam uma imagem muito mais clara de por que praticavam atos violentos. Mostravam sua motivação na natureza lógica e muitas vezes premeditada de seus ataques.

O estágio três culminava na descrição da dinâmica da cena do crime — o que mudava e o que permanecia igual — ao longo da linha do tempo do ataque. Eram detalhes como localização dos ferimentos, forma como o corpo da vítima era deixado, marcações ou símbolos ritualísticos e quaisquer elementos adicionais de caos ou ordem abertamente conspícua que indicasse que um item havia desaparecido — os criminosos organizados tinham o hábito de levar lembranças de suas vítimas para reviver a emoção do ataque. Se um assassino tinha uma assinatura, o estágio três era onde ela vinha à tona.

A quarta etapa era a criação do próprio perfil criminal. Era quando o perfilador líder reunia um grupo de perfiladores para apresentar suas descobertas nas três primeiras etapas do processo, bem como todos os materiais originais ligados ao caso. O líder da investigação, então, revisava suas descobertas da maneira mais objetiva possível e abria a sessão para perguntas e conversas. A chave aqui era a natureza colaborativa do processo. Cada criador de perfil analisava os dados através de suas próprias lentes individuais de compreensão e experiência, mas eram os esforços combinados dos criadores de perfil que ajudavam a tornar o infrator real com o maior grau de detalhamento possível: características físicas, informações básicas, hábitos, crenças, valores e raciocínio para seus crimes.

> **A natureza humana criava o hábito de procurar respostas o mais rápido possível. [...] Qualquer viés era um atalho para o fracasso.**

Essa etapa final da elaboração do perfil criminal, com todos os *insights* que revelava sobre o comportamento e as características psicológicas do infrator, também servia a um segundo propósito. Validava ou, em alguns casos, ilustrava o conflito com os estágios anteriores do processo de geração de perfil. Por exemplo, se houvesse discordância entre como o corpo havia sido tratado e nossa descrição das capacidades físicas do suspeito, sabíamos que tínhamos que voltar e revisar todos os dados. Um perfil só funcionava quando refletia — total e incondicionalmente — as provas a partir das quais havia sido construído.

· · ·

Em dezembro de 1986, nosso processo oficial de perfilação criminal foi publicado no FBI *Law Enforcement Bulletin*: volume 55, número 12. Tornou-se uma edição de referência para todos os agentes da BSU, fazendo a ponte entre investigação e psicologia criminal por meio de uma metodologia baseada em pesquisa. E essa era a chave. Nosso trabalho não tinha a intenção de substituir os instintos de campo de um investigador. Em vez disso, via o valor dessas qualidades e fornecia aos agentes um processo estruturado que melhorava seus próprios méritos e sucessos.

Era divertido. Quase todos os dias, ao longo dos primeiros seis anos na BSU, ouvi o velho e cansado clichê de que perfilar era "mais arte do que ciência". De minha parte nunca senti a necessidade de escolher entre os dois. Perfilar era arte *e* ciência. Era uma tentativa humana de compreender e descrever um aspecto marginal da condição humana. Eram dois lados da mesma moeda. Só levou mais tempo para todos enxergarem os dois lados.

PROFILE 3 —
profile 230

as fitas de Montie Rissell

CONVERSA
REAL

A medida da inteligência
é a capacidade de mudar.
Albert Einstein

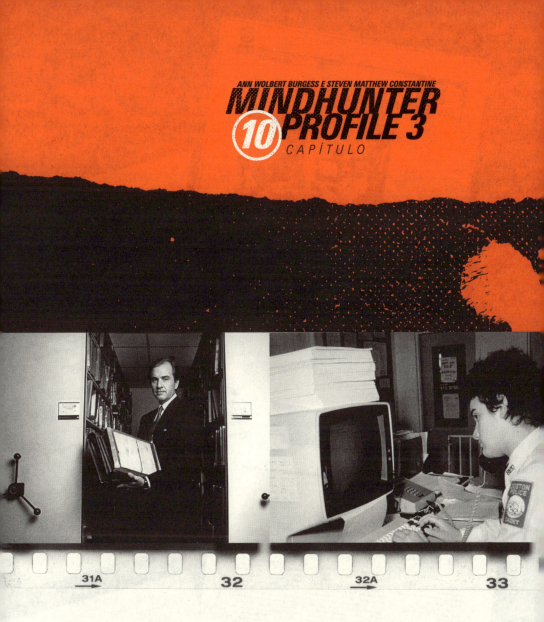

MINDHUNTER PROFILE 3
CAPÍTULO 10

ANN WOLBERT BURGESS E STEVEN MATTHEW CONSTANTINE

Recompensa. Após anos de pesquisa e incertezas, nossa publicação no *FBI Law Enforcement Bulletin* marcou um ponto de virada para nosso trabalho. Era 1986, e o Bureau encarregou Douglas de trazer perfis para o mundo através do programa NCAVC (Centro Nacional de Análise de Crimes Violentos), recentemente financiado. Também recebeu recursos: doze perfiladores com dedicação exclusiva, que, sob sua supervisão, usariam nossas metodologias como modelo para criar análises oficiais de suspeitos em

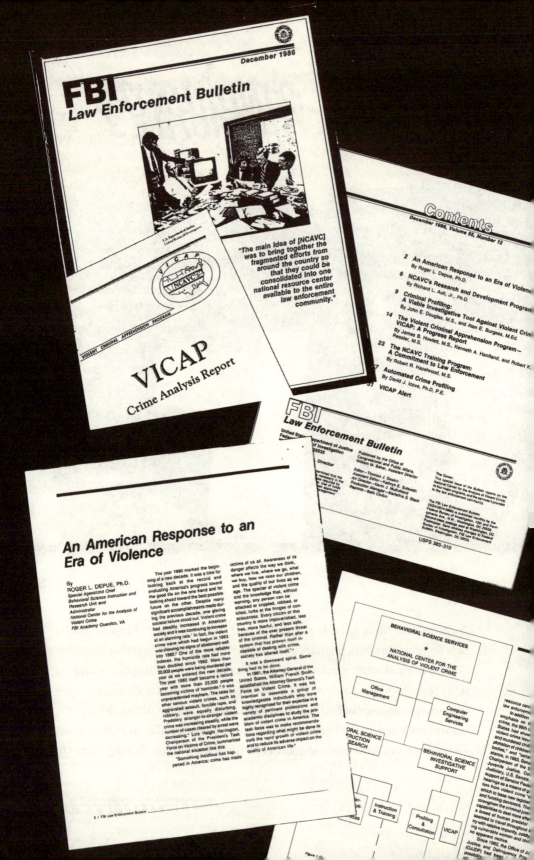

casos incomuns e difíceis de resolver. Eles rapidamente começaram a analisar centenas de casos por ano. Era revelador — as promoções, recursos adicionais e o aumento do volume de casos mostravam até que ponto a criação de perfil havia chegado. O mais revelador de tudo talvez tenham sido os novos escritórios da equipe em seu próprio espaço ao nível da rua, e em um local exclusivo para esse fim. Douglas ficou maravilhado.

"Dá pra imaginar?", ele brincou. "O sol *brilha* em Quantico."

Na mesma época, Ressler passou a supervisionar seu próprio projeto sob o guarda-chuva do NCAVC. Ele se tornou o gerente do Programa de Apreensão de Criminosos Violentos do FBI (ViCAP, na sigla em inglês), um programa de computador inédito, diferente de tudo o que o Bureau já havia visto. Ressler o descreveu como "um centro nacional de informações de dados projetado para coletar, reunir e analisar crimes violentos específicos". O ViCAP era uma ferramenta de criação de perfil para a era moderna. Era uma maneira de incluir e analisar informações de casos de agências de aplicação da lei nos Estados Unidos. Inspirado por nossa ideia original de catalogar criminosos em série para referência futura, o ViCAP buscou padrões e características compartilhadas que existiam entre o grande número de casos individuais que estavam sendo registrados e carregados no sistema por todo o país. Ao comparar fatores como vitimologia, motivação, evidência física, depoimento de testemunhas e comportamento criminoso, o ViCAP poderia acelerar exponencialmente o processo de afunilamento de prováveis suspeitos com base nos padrões de seus crimes.

Ter Douglas e Ressler encarregados das futuras aplicações da criação de perfis foi algo de grande relevância. Eles trouxeram uma experiência incomparável para seus novos papéis. Conheciam o processo por dentro e por fora. E sua contribuição no desenho final do método de perfis foi tão fundamental quanto a minha. Mais importante, eles entendiam que a técnica em si era uma ciência imperfeita. Beneficiava-se de constante pesquisa e revisão. O crime estava sempre mudando. Os criminosos estavam se tornando mais avançados. E, em resposta, o perfil precisava se adaptar se quiséssemos manter nossa vantagem. Enxerguei como uma responsabilidade minha que isso acontecesse.

Então, enquanto Douglas e Ressler desfrutavam de seu brilho recém-descoberto no centro das atenções — respondendo a pedidos de entrevista e sendo citados no *New York Times* com artigos intitulados "O Novo Esquadrão da Psique do FBI" —, eu me apeguei às sombras da pesquisa. É claro, isso não passou despercebido aos meus colegas da BSU, que haviam construído suas carreiras ao prestar atenção aos detalhes. Ressler foi especialmente rápido em notar meu desaparecimento. Certa vez, depois que recusei sua oferta de acompanhá-lo em uma entrevista na qual falaria sobre os primeiros dias da criação de perfis, brincou: "Você parece uma cientista louca escondida naquele escritório. Acho que deveria tomar ar puro de vez em quando".

Eles entendiam que a técnica em si era uma ciência imperfeita. Beneficiava-se de constante pesquisa e revisão. O crime estava sempre mudando.

Ri de como essa avaliação era precisa. "Pode até ser que esteja certo. Mas quem conhece um monstro melhor do que um cientista louco? E vou te contar, Bob, estou mais perto do que nunca de entendê-los. Fizemos muito progresso desde nossas primeiras descobertas de predisposição e categorias de tipo. Perfuramos o núcleo da psicologia e do comportamento deles, e muito disso é quase um livro didático. Se não fosse por algumas peças que faltam ser encaixadas, eu mesma seria capaz de criar assassinos."

"Que peças seriam essas?", perguntou Ressler.

"Rissell e Kemper", eu disse.

"Para sua sorte, temos muitas fitas desses dois. Por que não as reescuta? Devo tê-los entrevistado pelo menos meia dúzia de vezes. Não que você vá ouvir muito de mim nas fitas. Mal conseguia fazê-los calar a boca."

• • •

A essa altura, em 1986, meu trabalho na BSU havia se expandido para além do estudo da personalidade criminosa e do perfil de assassinos em série. Eu estava trabalhando em diversos projetos com vários agentes, incluindo uma análise comportamental de molestadores de crianças com Lanning,[1] que era uma continuação do primeiro estudo em que havíamos trabalhado juntos. E, ao mesmo tempo, também comecei a receber pedidos para prestar depoimento no tribunal em casos de assassinatos estranhos e incomuns programados para julgamento — aparentemente, ninguém mais tinha a minha experiência em psicologia criminal, enfermagem forense e anos de pesquisa para entender a composição das mentes dos assassinos em série. Mas, apesar dessas novas oportunidades, eu ainda não havia encerrado minha participação na criação de perfis — o processo permanecia inacabado. Meu objetivo desde o início era usar todos os recursos disponíveis para refinar o método, tornando-o a ferramenta mais eficaz possível. E havia mais alguns recursos que eu ainda não havia esgotado por completo.

O primeiro desses recursos dizia respeito aos dados de novos agentes. Analisei o feedback que recebíamos dos novatos que estavam começando no campo e os entrevistei para obter possíveis *insights*, após terem utilizado nossa técnica em algumas investigações. O segundo recurso era o catálogo de casos mais antigos da BSU — em especial os que fugiam do padrão — que a equipe nunca havia desvendado por completo. Esses eram os casos que tinham o potencial de causar o maior impacto. Porque, a despeito de tudo o que havíamos feito nos últimos seis anos, independentemente do nosso sucesso em encontrar a razão nos elementos mais bizarros do comportamento humano, subsistiam elementos desconhecidos e criminosos que não entendíamos por completo. Montie Rissell e Edmund Kemper eram os dois que

---

[1] O projeto era uma colaboração entre o FBI e o Centro Nacional para Crianças Desaparecidas e Exploradas. O objetivo era entender a exploração sexual infantil em termos de comportamentos, padrões e tipo dos infratores.

mais me assombravam. Ambos se destacavam em um pequeno grupo dos assassinos mais singulares entre os quais havia analisado. Também eram dois dos mais bem-sucedidos em termos de número de vidas que haviam ceifado. O que bastava para torná-los dignos de mais atenção.

Uma boa parte dos sujeitos originais do nosso estudo sobre assassinos em série eram assassinos desorganizados. Eram um tipo que, como Ressler colocara, "não tem ideia ou interesse nas personalidades de suas vítimas. Esse criminoso não quer saber quem elas são, e muitas vezes toma medidas para obliterar suas personalidades rapidamente deixando-as inconscientes, cobrindo seus rostos ou desfigurando-as de alguma forma."

Rissell e Kemper, no entanto, eram o oposto disso. Ambos eram excepcionalmente brilhantes. Apresentavam a singular característica de serem empáticos — quase até sensíveis — no modo como pensavam as suas vítimas. Os dois possuíam uma visão do mundo baseada em fantasias estranhas e profundamente pessoais. Claro, esses assassinos também tinham suas diferenças. Individualmente, as primeiras expressões de violência que tinham não poderiam ser mais diferentes. E o modo como praticavam os assassinatos, os comportamentos que tinham ao longo das quatro fases distintas do assassinato (o comportamento e planejamento anteriores, o assassinato em si, a eliminação de um corpo e o comportamento pós-crime) eram totalmente incomuns. Mas dentro de suas discrepâncias, grande parte da psicologia subjacente era a mesma: uma natureza antissocial com súbitos acessos de raiva e uma mistura confusa de fantasia e realidade.

Eram como duas expressões únicas da mesma mente psicológica, unidas por uma fantasia comum. Enquanto a maioria dos assassinos enxergava o assassinato como um meio para um fim sexual, Rissell e Kemper usavam o assassinato como um meio de dar vida às suas fantasias dementes. Viam suas vítimas como oportunidades para ajudá-los a derrubar os muros que separavam a realidade externa daquilo que viviam dentro da própria cabeça. E, no entanto, apesar de todos esses níveis de consciência complexa, ambos ainda eram assassinos calculistas que roubavam a vida de mulheres jovens sem qualquer remorso.

Isso foi o que me marcou. E, no fundo, eu acreditava que, entendendo a maneira como esses dois indivíduos pensavam, poderia responder melhor à pergunta fundamental que conectava tudo o que fazíamos: o que leva alguém a matar?

Montie Rissell, o caçula de três filhos, nasceu em Wellington, Kansas, em 1959. Sete anos depois, seus pais se divorciaram e sua mãe separou os filhos do pai, desarraigando a família para Sacramento, Califórnia, com Rissell chorando durante toda a viagem de carro. Seu desejo era ficar com o pai. Ele sentia que sua mãe não o queria de verdade. E quando chegou em sua nova casa, começou a estourar de maneiras cada vez mais violentas. Não demorou muito para começar a ter problemas.

Seria fácil descartar aquele garoto como um adolescente problemático, mas isso não lhe fazia jus. Em última análise, Rissell era um paradoxo. Tirava boas notas na escola e possuía, de modo inquestionável, uma inteligência acima da média. Tinha um corpo atlético e mostrava aptidão para o beisebol. Era extrovertido, com frequência participava de eventos sociais, o que o tornava muito querido por um círculo próximo de amigos homens e mulheres. Via-se como alguém que decidia seus rumos, não como quem vive a reboque dos outros. Também não tinha a típica natureza antissocial comum a muitos estupradores-assassinos conhecidos na época. Apesar disso, à medida que Rissell crescia, suas tendências violentas o espreitavam por trás de sua reputação positiva e, em pouco tempo, a agressividade reprimida começou a dominar sua personalidade.

Em minha primeira análise dos autos da investigação de Rissell e da série de entrevistas com Douglas e Ressler, fiquei impressionada ao perceber como ele tinha consciência dos próprios atos. Essa era uma característica que o destacava dos outros 35 sujeitos em nosso estudo de assassinos em série. Falava com clareza, de forma bem fundamentada na realidade. E, ao contrário da maioria dos assassinos — que tendiam a se dissolver na fantasia ao lembrar de seus crimes —, Rissell tinha um raro controle no modo como descrevia sua infância, criação e memórias de sua primeira atração pela violência. Não era moldado pela natureza de

suas fantasias; em vez disso, moldava-as para que melhor se adequassem à sua própria natureza. Em aparência, ao menos, definia-se por seu próprio senso de controle. Os primeiros crimes de Rissell tendiam a ocorrer sempre que percebia esse controle sendo desafiado, e era assim que ele justificava suas reações cada vez mais violentas.

A primeira indicação de problemas ocorreu quando Rissell tinha apenas 9 anos. O diretor da escola o pegou, e a três outros meninos, escrevendo palavrões na calçada. No fim das contas, isso era uma pequena infração, algo que poderia ser descartado como comum a crianças dessa idade; porém, no caso desse então garoto, marcou o início de sua raiva crescente. Um ano depois, a agressividade de Rissell veio à tona outra vez. Ele atirou em seu primo com uma arma BB e foi prontamente repreendido com uma surra feroz de seu padrasto ex-militar. Segundo seus relatos, esse tipo de punição era comum em casa. A mãe, de forma incompreensível, às vezes ficava fora de casa por longos períodos e encarregava as crianças de cuidarem umas das outras. Nunca dizia a seus filhos ansiosos para onde estava indo ou quando voltaria. Essa separação acrescentava mais estresse à já tênue dinâmica entre pais e filhos dentro da família.

A relação do padrasto de Rissell com a paternidade, de modo semelhante, era problemática. Tratava-se de um homem violento e imprevisível que, vez por outra, podia comprar presentes para seus novos enteados, mas, do nada, era capaz de puni-los de forma arbitrária, atacando-os com um rigor militar de disciplina. Porém o conflito com o padrasto durou pouco. Quando Rissell tinha 12 anos, sua mãe pediu o segundo divórcio em cinco anos e mudou-se novamente com a família, desta vez para se estabelecer na Virgínia. Rissell apontou seu relacionamento conturbado com o padrasto — e a falta de modelos masculinos positivos — como um fator de estresse importante na sua vida. Como o próprio explicou: "Esse divórcio sempre foi um problema, e isso nunca saiu da minha cabeça. Pois meu irmão mais velho nunca estava por perto, já que vivia saindo com namoradas ou se alistando no Exército ou indo para o exterior e tudo isso desde que eu tinha 9 ou 10 anos até eu ter 16. Eu quase não tinha supervisão masculina".

Na Virgínia, Rissell começou a roubar carros, usar drogas e invadir casas. Aos 13 anos, foi preso por dirigir sem habilitação. Um ano depois, foi acusado de estupro e roubo de seu vizinho de cima no complexo de apartamentos onde morava com a mãe. Isso ocorreu ao retornar de uma festa por volta da meia-noite, depois de várias horas bebendo, fumando maconha e tomando cápsulas de beleza negra.[2] Tentou dormir, mas estava "excitado pra caramba" ao fantasiar sobre estuprar sua vizinha de 25 anos do andar de cima. No fim, o pensamento se tornou um desejo poderoso demais para ignorar, então vestiu uma meia na cabeça, cobrindo o rosto, escalou a parede do apartamento e invadiu a sala de estar dela pela porta do pátio. O estupro foi cometido com o uso de uma faca para ameaçar a vítima. Na manhã seguinte, sua mãe o acordou por volta das 7h dizendo que houvera um estupro no apartamento de cima. Como muitos criminosos em série, Rissell rapidamente se inseriu na investigação. Conversou com a polícia e deu uma descrição falsa de como havia entrado em uma briga com um ladrão desconhecido na noite anterior, sugerindo que esse poderia ser o mesmo indivíduo que os investigadores estavam procurando. A mentira desnecessária, embora inconsequente, foi mais um exemplo da profunda atração de Rissell pela fantasia. Também o expôs a um certo grau de risco — e através do risco, exibia seu próprio senso de controle.

Mas os investigadores enxergaram além disso. Rissell tornou-se um suspeito quando os investigadores descobriram que seu álibi não era verdadeiro e o prenderam três semanas depois, quando constataram que suas impressões digitais e amostras de cabelo batiam com as provas colhidas na cena do crime. Após sua audiência na vara juvenil, Rissell se enfureceu com a juíza — uma mulher —, pois considerou que havia sido julgado culpado sem justificativas, apenas pelo fato de ter ruborescido quando a vítima descreveu ter sido atacada. Ele reclamou: "Aquela vadia maldita me colocou nessa coisa sem uma boa razão".

---

2 Nas décadas de 1960 e 1970, "beleza negra" era a gíria de rua padrão para cápsulas de anfetamina farmacêutica. Era o nome mais comumente usado para comprimidos de Bifetamina.

Longe de suprimir seu ímpeto criminoso, a punição de Rissell atuou como um catalisador para futuros surtos violentos. Em suas próprias palavras: "Aquela juíza determinou que meu comportamento fosse analisado clinicamente. Foi isso que começou a me deixar ressentido com as autoridades [...]. Ninguém poderia me dizer o que fazer ou quando fazer ou como fazer".

Essa atribuição de culpa a outrem fazia parte do padrão recorrente de Rissell de responsabilizar os outros por suas ações. E porque o veredicto em si tinha vindo de uma juíza mulher, Rissell sentiu-se justificado em buscar sua vingança por meio de novos atos de violência. Via-se como uma vítima. Em sua mente, a violência contra as mulheres era uma forma de restaurar a ordem. Era sua maneira de acertar as coisas.

Depois de condenado, Rissell foi enviado a um complexo psiquiátrico fora do estado da Flórida e diagnosticado com "reação de ajuste da adolescência" — um recurso bastante empregado no passado para dar uma resposta aos casos nos quais os médicos de saúde mental não conseguiam definir com clareza o que especificamente havia de errado no caso de comportamento anormal de um menor. Ele passou dezoito meses recebendo psicoterapia individual orientada para o *insight* e mais tarde recebeu alta com as recomendações de que retornasse para sua casa, frequentasse a escola pública e continuasse a psicoterapia em regime ambulatorial semanal, com sua mãe ativamente envolvida no tratamento.

Um agente de condicional observou que "as avaliações psiquiátricas e psicológicas de Montie indicavam tratar-se de um jovem perturbado que precisava desesperadamente de terapia intensiva em um ambiente fechado". Contudo, apesar de receber esses cuidados, nenhum dos tratamentos funcionou. Em vez disso, Rissell intencionalmente enganou os médicos, fazendo-os acreditar que estava tendo um progresso constante, enquanto, na realidade, conseguiu estuprar cinco mulheres sem ser detectado durante o período do suposto tratamento. Um dos ataques aconteceu até no estacionamento do hospital psiquiátrico. Isso pareceu encorajar Rissell. Foi nessa época que sua escalada de tendências violentas o levou a dar o salto do estupro para o assassinato.

A segunda vítima de estupro de Rissell foi outra mulher do seu prédio. O criminoso tinha 16 anos na época e estava de licença do complexo residencial para as férias de Natal. Em sua última noite em casa, abordou uma mulher no elevador, ameaçou-a com uma faca e a levou para uma área arborizada próxima antes de estuprá-la. Seu terceiro ataque foi três meses depois, quando abordou uma mulher no estacionamento de uma escola local que frequentava. Mais uma vez fazendo uso de uma faca, forçou a vítima a dirigir até o apartamento dela, onde a estuprou.

Os dois ataques seguintes incluíram outros agressores como coautores dos crimes. Essa mudança em seu estilo criminoso foi inesperada, mas fundamentada na lógica. Fosse em casa, na escola ou residindo em um centro de detenção, Rissell era popular e estabelecia relacionamentos facilmente. Alimentava seu narcisismo para incluir companheiros de crime em seus ataques sexuais. Então, uma noite, durante uma saída de fim de semana, Rissell e dois outros pacientes roubaram um carro, viajaram para fora do estado, invadiram uma casa e cada um se revezou estuprando uma garota de 17 anos. Três meses depois, junto a outro paciente, invadiu o vestiário feminino de uma piscina local, cobriu a cabeça da vítima usando uma toalha e os dois a estupraram repetidamente. O comportamento de gangue acrescentava um elemento de voyeurismo aos estupros. Era excitante no início, mas a paranoia de Rissell rapidamente se instalou — estupradores adicionais ampliavam exponencialmente as variáveis, o que poderia aumentar suas chances de ser pego. Ele logo voltou aos atos solo.

O sexto ataque foi o último antes de progredir para estupro-assassinato. Como antes, a vítima era uma mulher que tinha visto em seu prédio. O estuprador aproximou-se dela com uma pistola de ar, levou-a para um depósito e cobriu seu rosto com a jaqueta antes de estuprá-la duas vezes. E ==embora o ataque tenha sido horrível por si só, para Rissell foi apenas mais uma iteração== do mesmo velho crime. Ele precisava de uma nova emoção.

· · ·

Tarde da noite, em agosto de 1976, quando Rissell estava no ensino médio, então com 18 anos, em liberdade condicional, tudo mudou. O início da mudança ocorreu ao descobrir que sua namorada o estava traindo com outro rapaz. Mais cedo naquele dia, havia dirigido para a faculdade dela a fim de surpreendê-la. No entanto, em vez disso, através de uma janela, flagrou-a em cenas de romance com outro cara. Esse evento tornou-se o "estressor" de Rissell — rubrica empregada para designar eventos que desencadeiam atos de violência ao longo da vida de um assassino em série —, transformando-o de estuprador em um homicida contumaz.

Furioso, Rissell correu de volta para seu apartamento em Alexandria. Sua mente disparava com fantasias assassinas enquanto adentrava o estacionamento, onde permaneceu sentado por várias horas, embebedando-se e usando drogas para alimentar sua raiva desenfreada. As projeções e pensamentos de Rissell relacionados à prática de assassinatos mostravam que o processo de planejamento — a primeira fase do assassinato por motivação sexual — havia começado. Às duas da manhã, quando uma jovem parou seu carro no estacionamento, Rissell, ciente de que não havia mais ninguém por perto, viu isso como uma oportunidade de nutrir seu ego ferido, recuperando o orgulho e o controle que lhe haviam sido roubados. Abordou a mulher com uma arma, forçou-a a dirigir até uma área isolada e a estuprou do lado de fora do carro. Rissell não sabia disso na época, mas sua vítima se prostituía como funcionária de uma casa de massagem em Maryland. Ficou desconfiado quando a vítima, de acordo com as palavras do criminoso, "tentou controlar a situação" fingindo orgasmos e perguntando "de que forma eu queria". Isso validou todo o ódio que estava sentindo em relação às mulheres no momento, confirmando que elas eram mentirosas e vagabundas. E embora não planejasse assassiná-la após o estupro, ocorreu uma alteração em seus planos quando a mulher tentou escapar.

De acordo com Rissell, "Ela saiu correndo pela ravina. Foi quando a agarrei. Eu a prendi em uma chave de braço. A mulher era maior do que eu. Comecei a sufocá-la... ela tropeçou... descemos a colina e entramos na água. Bati a cabeça dela contra a lateral de uma pedra e a segurei debaixo d'água".

Quando os pulmões da vítima se encheram de água, Rissell entrou na segunda fase do assassinato, o ponto em que a fantasia se tornava realidade.

"Por que você a levou até lá?", Ressler havia perguntado.

"Eu costumava ir até aquele local quando pequeno, brincar na água — brincar de Exército entre outras coisas... mas não pensei na hora que outras crianças também frequentavam o espaço, e então duas criancinhas a encontraram. Nunca retornei lá depois disso."

Rissell, ao tomar a decisão de deixar o corpo ao ar livre, sem cobri-lo ou descartá-lo, marcou o início da terceira fase do assassinato. Ao deixá-lo exposto, o assassino queria demonstrar que estava no controle. Era flagrante. Não mais escondia sua natureza para si próprio. E a estava expondo para que o mundo visse.

O comportamento pós-crime de Rissell, também chamado de quarta fase do assassinato, não tomaria forma até que ele fizesse sua vítima seguinte e começasse a colecionar pequenas lembranças: joias, relógio, óculos de sol. No entanto, seus padrões e comportamentos já haviam sido definidos. Nos cinco meses seguintes — um período no qual estava em liberdade condicional e passava por aconselhamento psiquiátrico obrigatório — Rissell cometeu mais quatro assassinatos e por pouco não escapou da detecção. Só foi pego quando a polícia revistou seu carro por uma acusação de agressão não relacionada ao homicídio e encontrou lembranças de sua vítima mais recente, incluindo suas chaves, carteira e pente. No julgamento, recebeu cinco sentenças de prisão perpétua pelos cinco estupros e assassinatos que cometeu. Após dois anos de encarceramento, confessou mais seis estupros, nenhum dos quais resultou em acusação formal devido à insuficiência de provas forenses e ao fato de que, durante a década de 1970, a violência sexual contra a mulher ainda era considerada um crime de baixa prioridade nos Estados Unidos.

Rissell foi participante voluntário no estudo do FBI sobre assassinos em série. Era atencioso em suas entrevistas, parecia sincero na maior parte das vezes, além de ser o único que havia se tornado ativo em uma idade surpreendentemente jovem. Também gostava de conversar. Os assassinos

em série nem sempre gostavam, então os agentes aproveitaram a abertura dele para gravar várias entrevistas que refaziam até os menores detalhes dos assassinatos, seus comportamentos e pensamentos.

Contudo, os padrões ficam escondidos se ninguém se incomodar em procurá-los. E as fitas de Rissell não eram tocadas há anos. Ao analisar o conteúdo delas agora, neste momento, auxiliada pelo contexto de tudo o que tinha aprendido nos últimos seis anos, esperava entender melhor a natureza obsessiva dos infratores. Os arquivos de Rissell me deram a oportunidade de fazer exatamente isso. Seus métodos de violência sexual eram perturbadores e repetitivos, e foram aumentando em gravidade à medida que passavam despercebidos. Além disso, a habilidade particular de manipulação que ele tinha ajudava a ampliar sua capacidade de controle. Rissell não era apenas um tipo obsessivo; obsessão era sua assinatura. É o que lhe motivava em tudo o que fazia. Era a raiz de todas as suas fantasias. Isso ficou claro para mim assim que comecei a ouvir a primeira fita.

"Sou muito esperto para eles", disse Rissell, rindo e explicando por que a polícia local não o considerava suspeito. "E nenhuma das garotas dizia nada. Era muito excitante perceber que [elas] não estavam me denunciando nem me identificando."

"Onde tudo isso começou? Qual era a distância entre onde você morava e o local em que encontrava suas vítimas?", perguntou Ressler.

"São só uns dois, três quarteirões", respondeu Rissell. "Vou desenhar um mapa para te mostrar. Essa aqui é uma visão ampla da minha área. Todos os assassinatos ocorreram na região de onde venho."

"Já tinha pensado em pular em um carro, partir para Maryland ou algo assim?", provocou Douglas. "Haveria menos gente na sua cola se você levasse suas vítimas para outro lugar."

"Sim, sim", disse Rissell, arrogantemente descartando a ideia. "Mas imaginei que conhecer a área era um benefício que tinha. Melhor que ir a algum lugar que não conhecia ou onde a patrulha policial poderia me pegar. É por isso que cometi tantos assassinatos e fiquei lá tanto tempo, pois conhecia a área e sabia a que horas os policiais vinham de manhã, porque ficava sentado lá. Veja só, até o artigo do jornal dizia que a razão por não terem me capturado se devia ao fato de que estavam procurando por alguém de fora, certo? A polícia procurava por forasteiros e personagens suspeitos, mas eu, sendo um jovem adolescente que morava naquela área, era visto todos os dias."

Apesar do que dizia ser espantoso, ele estava certo. Uma das principais razões para Rissell não ter sido pego até depois do quinto assassinato se relacionava à procura da polícia por pessoas de fora da área e mais velhas — em especial "forasteiros suspeitos", de acordo com seus relatórios —, não um adolescente residente na área. Assim, enquanto a polícia perseguia pistas falsas, Rissell continuava sua onda de crimes sem impedimentos, apesar de seu histórico criminal e do fato de morar no mesmo prédio onde a maioria desses crimes havia sido cometida. Estava escondido à vista de todos.

> **Seus métodos de violência sexual eram perturbadores e repetitivos, e foram aumentando em gravidade à medida que passavam despercebidos. [...] Rissell não era apenas um tipo obsessivo; obsessão era sua assinatura. É o que lhe motivava em tudo o que fazia. Era a raiz de todas as suas fantasias.**

A localização, no entanto, era o fio investigativo que deveria ter ligado esses casos. A maioria das vítimas era abordada com uma faca ao entrar no elevador do próprio prédio. Todas as vítimas de estupro seguido de assassinato tinham sido sequestradas no mesmo lugar, mortas em diferentes áreas e encontradas completamente vestidas em algum ponto entre o dia seguinte ao crime e seis semanas depois. Na maioria das vezes, Rissell havia escolhido suas cinco vítimas de estupro seguido de assassinato ao acaso, observando carros entrando no complexo de

apartamentos no qual vivia. Uma vez, no entanto, o padrão foi invertido. Rissell pegou carona para casa com uma mulher que ia a uma festa no conjunto residencial em que ele próprio morava. Após deixá-lo em seu prédio, a motorista foi estacionar o carro. Ele a esperou, entraram juntos no elevador e a sequestrou ali mesmo.

O MO de Rissell era assustadoramente consistente. Primeiro, sinalizava a intenção dele para as vítimas ao se aproximar delas com uma arma, prometendo que não as machucaria se fizessem sexo com ele. Então deixava a reação da vítima ditar o que aconteceria em seguida. As que obedeciam não recebiam ordens ou ameaças adicionais. As que gritavam recebiam ameaças verbais. E aquelas que se recusavam a cooperar eram esmurradas e espancadas até adotarem uma postura submissa. Em quase todos os casos, Rissell mantinha o controle forçando a vítima a dirigir até uma área arborizada próxima. Ainda assim, havia variáveis que o assassino nem sempre conseguia explicar. E essas interações imprevisíveis muitas vezes marcavam pontos de virada significativos que neutralizavam ou aumentavam o desejo dele de matar. Como Rissell explicou: "Quanto mais conhecia as mulheres, mais suave eu ficava".

Quando Rissell capturou sua terceira vítima, as coisas realmente mudaram. A princípio, ordenou-lhe que ficasse quieta, depois ligou o rádio. "Eu estava pensando [...] matei duas. Poderia muito bem matar esta também [...]. Algo em mim estava querendo matar [...]. Eu a amarrei com suas meias-calças e comecei a me afastar [...] então a ouvi pela floresta meio que rolando e fazendo sons abafados. Então me virei e disse: 'Não, eu tenho que matá-la. Tenho que fazer isso para me preservar e me proteger'." O corpo da vítima foi descoberto mais tarde, abandonado na floresta, com 21 facadas espalhadas pelo lado esquerdo de seu tórax e abdômen superior.

A quarta vítima de assassinato de Rissell marcou outro momento crucial em sua progressão como assassino sexual em série. Ele agora escolhia vítimas sabendo muito bem que acabaria matando-as. Não havia mais inibições. E com essa nova clareza mental, as fantasias de Rissell se tornaram mais objetivas, mais violentas e mais bem planejadas. Ao descrever esse quarto ataque, ele se lembrou de que "ela me arranhou no rosto. Fiquei louco. Ela começou a correr. Eu me levantei depois da queda e a persegui. Ela correu para uma árvore. Eu a peguei. Nós lutamos, rolamos pela margem e caímos na água [...]. Ela estava lutando e era forte, mas coloquei a cabeça dela debaixo d'água e a mantive submersa com as mãos em seu pescoço".

O mais brutal de todos foi seu quinto e último assassinato. A mulher, que morava perto do conjunto de prédios onde Rissell residia, o reconheceu. Isso aumentou o temor que ele sentia de ser pego pela polícia e fez com que se sentisse menos no controle da situação. Tentou superar a ansiedade ao dominar a vítima usando o medo. Relatou à vítima que havia assassinado quatro mulheres e mencionou a alegria que sentiu ao matá-las. Depois a informou que ela seria a próxima e não havia nada que pudesse fazer para detê-lo. Contudo, não conseguia se livrar de sua paranoia. Incomodava-o ser visto tão clara e distintamente por alguém cuja vida estava prestes a roubar. Enquanto os dois caminhavam pelas grandes tubulações de drenagem sob uma rodovia próxima, a paranoia o dominou e ele atacou — com selvageria. "Foi quando peguei a faca e, sem dizer nada, a esfaqueei", disse Rissell. "Talvez cinquenta ou cem vezes."

Quanto mais Rissell falava, mais vividamente aguçava minha curiosidade. A maneira sutil com a qual ele próprio enxergava seus crimes e o cuidado ao descrever as vítimas revelavam um estranho paradoxo. Rissell não era tão unidimensional quanto os relatórios iniciais dos agentes o descreviam. Não poderia simplesmente ser descartado como um monstro, psicopata ou aberração: ele era mais complexo do que isso. Na verdade, Rissell era mais complexo do que qualquer outro infrator que eu analisara até aquele ponto, pois seu objetivo não era dominar e controlar suas vítimas. O que tentava fazer era controlar o mundo ao seu redor. Buscava um modo de preencher a lacuna entre as fantasias construídas com rigor em sua cabeça e as realidades imperfeitas de sua própria existência corrupta. Ao encenar suas fantasias — acreditava Rissell —, poderia corrigir o passado tirando dos outros o que lhe fora tirado. Ele enxergava a violência como uma ferramenta para se tornar inteiro. No entanto, ao mesmo tempo, entendia que a violência era um meio incapaz de fornecer respostas a um problema de solução impossível. Ninguém podia mudar o passado.

"Como você se sentia depois?", perguntou Ressler. "Como era quando você terminava e se livrava do corpo?"

"Depois que chegava em casa, me limpava e pensava no que tinha feito, ficava com medo de novo. Ficava nervoso. Tinha vergonha de mim. Não sabia o que estava acontecendo, nem por que fazia aquilo."

"Por que vergonha?"

"Era complicado", explicou Rissell. "Lembro de uma noite, enquanto assistia à cobertura jornalística com a minha mãe sobre um dos casos, o pai da vítima entrou e disse: 'Quem fez isso, por favor, se entregue. Não queremos nos vingar de você pelo que fez. Sabemos que você é doente'. Isso começou a me afetar. Eu precisei sair, então peguei minhas chaves e dirigi até a loja. Minha mãe não associou essas duas coisas. Mas aquilo tudo que ele disse mexeu comigo."

"E sua mãe não fazia ideia?"

"Ela só estava preocupada com a minha segurança. Ficava me dizendo que tinha gente por aí matando enquanto eu andava à noite indo para festas e tal. Ela me disse para tomar cuidado." Rissell fez uma pausa e acrescentou: "Tentei tirar isso da cabeça porque sabia o quanto estava errado".

"Você acha que teria se entregado se achasse que receberia algum tratamento?", perguntou Douglas.

"Não." Rissell disse sem hesitar. "Já fui forçado a passar por isso. Não acreditava que nada me pararia até que me pegassem. E quando me pegassem, teriam que me matar. Pensei em entrar para os fuzileiros navais. Achava que a disciplina severa me endireitaria. Precisava de algum tipo de autodisciplina para me conter e evitar essas ações violentas que passavam pela minha mente."

"E a última vítima que você deixou escapar?", perguntou Ressler. "Você já estava matando naquele momento. O que a fez ser diferente?"

"Ela me disse que o pai estava morrendo de câncer. Pensei no meu próprio irmão que havia voltado do exterior e tinha acabado de passar por uma cirurgia de câncer. Vinte e cinco anos e teve câncer... ficou na minha cabeça. Não conseguia matá-la. A situação dela já era bem difícil."

Pausei a fita, rebobinei e escutei de novo aquela última conversa.

"A situação dela já era bem difícil."

Esta era a chave. Nesse instante, enquanto a mulher contava seus problemas a Rissell, toda a delicada estrutura de fantasia dele desmoronou. Foi quando deixou de enxergar na mulher uma representação despersonalizada de seu gênero. Ela se tornou uma pessoa real, um indivíduo único. A vítima estabeleceu uma conexão com Rissell ao representar as mesmas instabilidades emocionais na raiz de sua necessidade obsessiva de controle — como o divórcio de seus pais, o pai ausente, suas rejeições por mulheres, o câncer de seu irmão. O mundo daquela mulher era tão falho e confuso quanto o dele, e assim que o algoz percebeu isso, sentiu empatia por sua vítima. Foi também por isso que disse à mulher para encostar e jogar as chaves do carro pela janela antes que ele saltasse do veículo e corresse para a floresta.

As fitas de Rissell me deram a rara chance de observar passo a passo o surgimento de um assassino. Narravam como o seu modo padronizado de pensar — sua necessidade de reviver e revisar experiências passadas, reproduzindo-as repetidamente em sua cabeça — alimentava suas fantasias obsessivas de uma maneira que o diferenciava dos indivíduos comuns. E mostravam o que desencadeou sua progressão da raiva ao pequeno roubo, ao estupro, ao assassinato. Porém o que mais me chamava a atenção em Rissell era a firme demonstração de consciência plena de seus atos. Ele sabia exatamente o que estava fazendo. Compreendia o efeito de sua ação. E continuava a despeito disso.

"Na superfície, acho que sou normal como qualquer um", arriscou dizer. "Porém, no fundo, tem algo lá embaixo que sinto que se tornou minha ruína. É uma ferocidade de como me sinto e como quero reagir às vezes."

"Mas você se desviou da regra mais básica da sociedade", comentou Ressler. "Você tirou vidas humanas. É isso que te faz diferente."

"Sim", reconheceu Rissell.

• • •

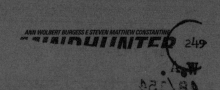

O que mais me impressionou em Rissell foi o fato de que ele cometeu a maioria de seus crimes sob supervisão psiquiátrica. Isso expunha certas falhas e limitações nas técnicas comuns de questionário psiquiátrico. A mais notável delas é a prática de autorrelato. A técnica se baseava na ideia de que os pacientes queriam melhorar, que participavam do tratamento dispostos a isso e que eram sinceros nos relatos que davam sobre si próprios. Contudo, não levava em conta que os infratores mentiam abertamente para seus psiquiatras ou manipulavam propositalmente aqueles ao seu redor para acreditarem em falsas melhorias pessoais.

Rissell reconheceu sentimentos semelhantes de surpresa por poder se safar de seus crimes enquanto estava sob supervisão psiquiátrica. Explicou que os psiquiatras nunca voltavam a falar sobre seus crimes. Os médicos só queriam saber como ele estava se sentindo naquele momento, o que lhe facilitava a escolha para mentir dizendo que havia aprendido com os erros do passado. Nunca lhe perguntavam a respeito dos crimes em si ou do relacionamento dele com os pais ou ainda sobre a bebida ou o rompimento com a namorada.

Teria sido "doloroso passar por isso outra vez", admitiu Rissell. No entanto, ao mesmo tempo, sentiu que seus psiquiatras perdiam uma oportunidade por não fazerem as perguntas certas. Se tivessem feito, talvez teriam encontrado uma razão para os crimes. "A longo prazo, falar ajuda."

Isso era raro, esse nível de consciência que Rissell mostrava sobre quem era e a natureza de suas ações. Mas ele não era o único. Kemper também mostrava essa característica, só que ela o afetava de maneira diferente.

PROFILE 3
profile 252

as fitas de Ed Kemper

FANTASIA
BRUTAL

[...] me contou que foram as fantasias que
o levaram aos homicídios e que [...] nunca
se igualava à fantasia — isso jamais aconteceria.
Robert K. Ressler, *Mindhunter Profile #1*

ANN WOLBERT BURGESS E STEVEN MATTHEW CONSTANTINE

MINDHUNTER
PROFILE 3
CAPÍTULO 11

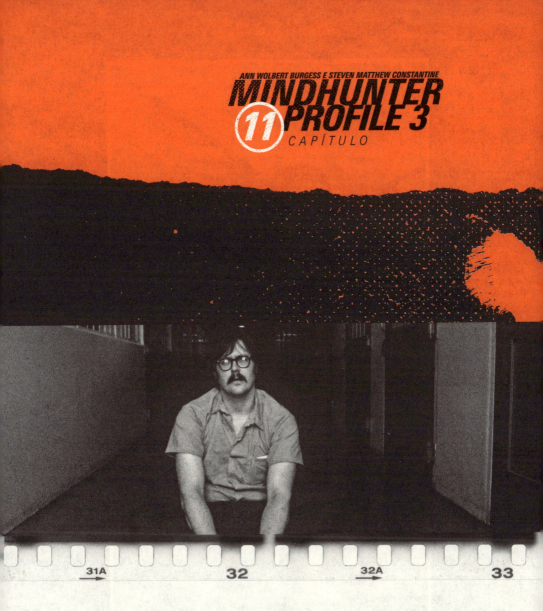

Douglas uma vez falou sobre o assassino em série Edmund Kemper: "Eu não seria nada honesto se não admitisse que gostava do cara". E embora seja uma admissão estranha, eu certamente poderia entender seu ponto de vista. Kemper não tinha a arrogância típica de outros assassinos em série. Era calmo e articulado. Gostava de brincar e era amigável, aberto e sensível. Porém, ao longo de menos de uma década, também havia matado friamente três familiares seus e sete mulheres

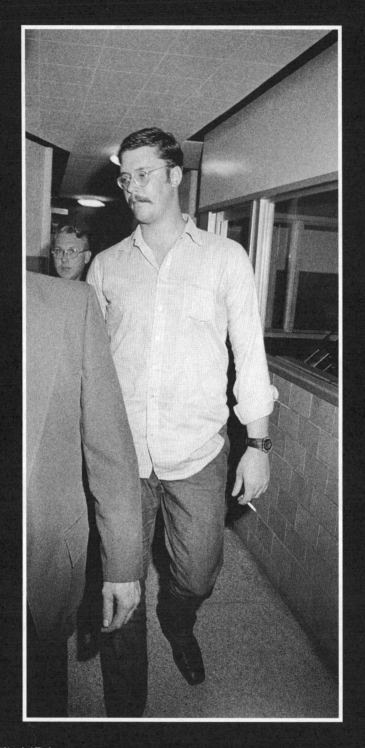

254 PROFILE 3
profile

indefesas. Ao contrário de Douglas, eu não conseguia separar o criminoso do crime. Via o valor nos dados que Kemper oferecia — era isso. Para mim, ele era apenas um meio para um fim.

Mas no contexto dos dados, o que me fascinou em Kemper foi que ele era incrivelmente autoconsciente. Esse traço era algo que eu só havia notado antes em Rissell — e presumia que Rissell era simplesmente um discrepante. Agora, com Kemper, eu tinha um segundo ponto de referência. Poderia analisar os padrões, comportamentos e a psicologia criminal dos dois e aplicar o que havia aprendido tanto ao ato de criação de perfil quanto ao estudo da personalidade criminosa. Era um tanto raro encontrar esses tipos de sujeitos discrepantes nos estágios finais de um projeto de pesquisa. Eu estava animada. Então, mergulhei de cabeça.

Apesar de várias diferenças imediatas entre Kemper e Rissell, também havia importantes semelhanças subjacentes. Por exemplo, ambos eram assassinos em série e estupradores cujo comportamento sexualmente desviante mostrava total desrespeito pelo valor da vida individual. Ambos fantasiavam sobre ter poder e controle no sentido mais absoluto. E ambos viam seus atos de violência como uma forma de conexão. A diferença notável era o ponto em que estabeleciam essa conexão com a própria vítima. Rissell estuprava e tentava se conectar com suas vítimas enquanto ainda estavam vivas. Kemper não achava que isso fosse possível. Acreditava fundamentalmente que a conexão — conexão verdadeira, sem medo de resistência ou rejeição — só poderia acontecer depois que suas vítimas já estivessem mortas. Era quando ele estuprava seus corpos para obter a mais elevada sensação de controle.

Precisamos cavar um pouco para separar Kemper do mito impressionante que ele desenvolveu nos anos após seus crimes. Parecia que todo jornal publicava sua própria versão embelezada da história de Kemper, e todo psicólogo elaborava sua própria análise com base em boatos e rumores. O próprio Kemper contribuía para essa confusão. Tinha o hábito de adaptar cada releitura de seus crimes às expectativas da pessoa que o entrevistava, testando o que o entrevistador sabia a seu respeito e acrescentando novas firulas onde podia. Era um jogo que praticava a fim de satisfazer sua necessidade de estar sempre no controle. No entanto, para mim, significava apenas mais trabalho para descobrir a verdade.

Nascido em Burbank, Califórnia, em 18 de dezembro de 1948, Edmund Kemper III era o filho do meio e único menino de Clarnell e Edmund Kemper II. Suas irmãs, Allyn e Susan, eram cinco anos mais velha e dois anos mais nova, respectivamente. Como o único filho homem, Kemper foi visto como especial desde o momento em que respirou pela primeira vez. Recebeu até um nome em homenagem a seu pai e avô, o que representava seu legado e orgulho da família.

Apesar disso, sua infância foi definida pela instabilidade, pelo conflito e pelo eventual divórcio de seus pais, após o qual sua mãe levou a família para Montana. Kemper ficou arrasado. Pior ainda, sem seu pai por perto, sentiu que a mãe estava descontando a raiva nele. "Eu queria que o mundo inteiro explodisse quando tinha uns 9 ou 10 anos. Não queria que minha família se separasse. Amava os dois. Havia muitas brigas, e me fazia chorar ver aquilo à noite. Eles se divorciaram. Tenho duas irmãs e minha mãe me tratou como se eu fosse uma terceira filha, me dizendo que pai podre eu tinha. Eu deveria me identificar com meu pai, mas nunca me identifiquei. Tenho uma irmã mais velha que batia muito em mim — cinco anos mais velha. Tenho uma irmã mais nova que mentia por nós dois, fazendo com que fôssemos punidos. Eu tinha o instinto de sentir que estava em uma péssima situação ali."

O crescente ressentimento de Kemper em relação à própria família se manifestou em "jogos" bizarros e encenações que muitas vezes envolviam suas irmãs. A irmã mais nova do criminoso — os agentes também gravaram os depoimentos dela — apresentou um exemplo de uma das brincadeiras favoritas e estranhas de seu irmão, que consistia em sua irmã o vendando para conduzi-lo a uma cadeira e depois puxar uma alavanca imaginária. Ele então se contorcia e convulsionava como se estivesse morrendo em uma câmara de gás. Kemper, mais tarde, acrescentou a essa rotina um falso "caixão feito de caixa" para se deitar depois de ser asfixiado pelo gás.

A partir desse momento, a infância de Kemper foi marcada por muitas das mesmas circunstâncias infelizes de seus colegas infratores no estudo original de assassinos em série do FBI. Ele era ridicularizado na escola, sentava-se sozinho no ônibus, era perseguido por suas irmãs e se tornou um alvo constante do abuso de álcool de sua mãe. Kemper internalizou grande parte dessa humilhação; mas, vez ou outra, agia de forma cruel com animais ou com suas irmãs. Depois de um incidente em particular com sua irmã mais nova — de natureza muito pessoal — Clarnell decidiu que os dois não deveriam mais dividir um quarto e separou seu filho do resto da família, mudando os pertences dele para o porão. Kemper, que, como Rissell, havia sido outro participante tagarela e disposto no estudo do FBI sobre assassinos em série, lembrou-se do porão com precisão assustadora:

> Era um porão, um longo lance de degraus de madeira até o subsolo [...] paredes de granito nativo, canos chocalhando no alto. Era ótimo para uma criança com imaginação [...] infelizmente, eu tinha pavor de monstros — e de todos os aspectos negativos e assustadores das coisas. De certa forma, durante os seis meses ou mais em que fiquei naquele porão, barganhava com forças demoníacas que estava convencido de que iam me consumir, que de alguma forma acabariam comigo. Havia uma caldeira reformada no porão que havia sido um queimador de carvão em anos anteriores [...]. Para mim, era o fogo do inferno. Quando meus pais se separaram, eu tinha 7 anos de idade, em 1956. Passei alguns meses, como disse, em um ambiente familiar — dividindo o quarto com minha irmã dois anos mais nova. E então, quando fui colocado naquele porão, o resto da família subia para se recolher à noite e eu ia para o porão: tínhamos um andar inteiro da casa entre nós e era muito assustador. Minha mãe não me permitia negociar o horário de apagar a luz. Eu não podia ter nenhuma luz para usar à noite porque era muito cara. Para um menino de 8 anos — 7 e 8 anos —, eu ficava apavorado.

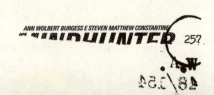

Pouco depois, quando Clarnell se casou pela terceira vez, Kemper — a seu próprio pedido —, foi morar com o pai e com a madrasta. Mas ele também não era bem-vindo na casa do pai. A madrasta achava sua "estranheza" inquietante. A mulher frequentemente o pegava encarando-a, o que lhe dava arrepios, chegando a pedir ao marido para mandá-lo embora. Essa situação veio à tona quando todos se reuniram na fazenda da família em North Fork, Califórnia, para o Natal de 1963. No final das férias, sem nenhuma explicação, Kemper, de 15 anos, foi abandonado pelo pai e largado para ficar com os avós. Ficou parado, observando de longe o carro se afastar da entrada de terra da casa da fazenda, diminuindo cada vez mais à medida que acelerava pela estrada sem ele.

A princípio, parecia que Kemper estava se adaptando bem ao novo lar na fazenda. Adquirira uma espingarda calibre .22 que usava para atirar em esquilos e coelhos e parecia estar se saindo bem na escola. Contudo, no final daquele primeiro verão, sua avó ficou preocupada porque sentiu uma regressão. Também se sentia cada vez mais desconfortável com a "estranheza" do neto. E por sua própria admissão, Kemper estava cada vez mais obcecado por suas fantasias assassinas. O neto havia matado muitos animais. E agora desejava ver como era matar uma pessoa.

"Como essa fantasia se formou em seu pensamento?", perguntou Ressler.

"Me chamavam de 'idiota' com bastante frequência e, infelizmente, aquilo estava me afetando [...] Foi quando essa fantasia mórbida começou, e foi aí que essa onda de morte começou. O diabo dividia o quarto comigo, morava naquela fornalha [...] Eu criava muita hostilidade inconscientemente, que se transformava naquela fantasia maluca. Então tudo apodreceu. Eles deveriam ter notado na escola; meus devaneios durante as aulas eram tão excessivos que sempre apareciam nos meus boletins."

"Com o que você devaneava?"

Kemper explicou que seus devaneios consistiam em "fantasias que lentamente se tornavam mais avançadas, como, por exemplo, matar a escola inteira. Isso era ruim. Mas eles achavam que eu estava só tendo devaneios com tulipas voando pela janela e pássaros de cabeça para baixo — como qualquer pessoa que tem devaneios normais".

Não ajudou que Kemper, que tinha 15 anos na época, tivesse 2 metros e pesasse 78 quilos. Seus colegas zombavam dele constantemente, que era um introvertido grande demais para se esconder de seus algozes. Também ==era incrivelmente solitário: sem amigos, havia sido separado dos pais e vivia isolado== em uma área rural longe de tudo o que conhecia. Tudo o que tinha eram suas fantasias. Sua única saída era reproduzi-las repetidamente na própria cabeça, aperfeiçoando-as até que se tornassem algo sagrado — um lugar onde ditava as regras.

Em 27 de agosto de 1964, Kemper observava sua avó revisar um livro infantil na cozinha quando ela lhe gritou abruptamente que parasse de olhar para ela. Kemper se levantou, pegou sua espingarda calibre .22 e disse que ia sair para atirar em esquilos. A avó o avisou para não atirar em pássaros e depois voltou ao trabalho. Assim que ela fez isso, Kemper atirou uma vez na parte de trás da cabeça dela e várias outras entre suas omoplatas. Ele então a esfaqueou e cobriu a cabeça dela com uma toalha. Quando seu avô voltou para casa, Kemper atirou nele e o matou também. Então ligou para a mãe e confessou os crimes; ela lhe disse para chamar a polícia, o que ele fez. Depois de anos suportando tantos pequenos gatilhos e rejeições, a dura repreensão de sua avó tinha sido o estopim. Com as fantasias assassinas totalmente realizadas, ele agora se sentia livre para matar impunemente.

A reação de Kemper ao chamar a polícia depois de cometer seus primeiros assassinatos, no entanto, foi bastante incomum. Ao contrário da maioria de nossos sujeitos no estudo de assassinos em série, ==assassinos que faziam tudo o que podiam para evitar a detecção, o instinto de Kemper era reconhecer o que havia feito==. Indicava que ele não havia pensado no que fazer depois — ou quais consequências poderia enfrentar. Mas o que me pareceu ainda mais estranho foi o que Kemper disse, de fato, à polícia quando ligou para eles.

"Eu só queria saber como seria atirar na vovó", comentou, acrescentando que depois matou seu avô para poupá-lo de descobrir que sua esposa estava morta.

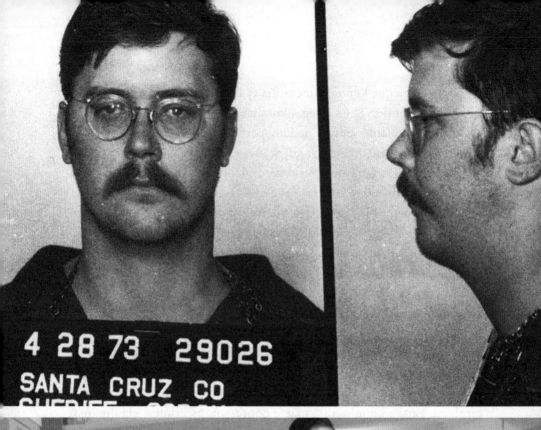

Havia muito para assimilar a partir dessas declarações. Claramente, elas ilustravam o apego muito baixo, se é que havia algum, de Kemper pelos relacionamentos familiares. No entanto, ao mesmo tempo, ele racionalizou matar o avô como uma forma de protegê-lo da dor emocional. E também ligou para a mãe para explicar o que havia feito. Era uma contradição que falava dos primeiros apegos, rejeições e isolamento de Kemper. E isso me deu um vislumbre de como ele percebia o mundo ao seu redor. A fantasia era a lente dominante de Kemper. Ele sabia disso e tentou manter os pés no chão por meio de um apego à mãe. Porém, o relacionamento deles era antagônico e poderia ser incrivelmente volátil. Sua mãe provou ser seu principal fator de estresse e, no entanto, em sua mente, a mãe também era sua salvação.

Como Rissell, Kemper também era menor de idade quando foi condenado pela primeira vez. Passou quatro anos no Atascadero State Hospital para criminosos insanos antes de ser liberado de volta aos cuidados da mãe. Vários médicos discordaram do acordo de liberação, considerando o relacionamento hostil bem documentado que Kemper tinha com a mãe, contudo o Conselho de Autoridade Juvenil desconsiderou os relatórios clínicos. Agora com 127 quilos e 2,05 metros, Kemper voltou para casa com a chance de um novo começo. Frequentou uma faculdade comunitária e tentou entrar para o sistema de aplicação da lei, mas foi rejeitado pela academia por ser muito alto; em vez disso, aceitou um emprego no Departamento de Estradas de Rodagem do Estado da Califórnia.

Levando em conta todos os aspectos, parecia que Kemper estava no caminho certo para viver uma vida normal. Tinha um emprego, às vezes namorava, e passava a impressão de ser um jovem inteligente. No entanto, dentro de sua cabeça, um mundo silencioso de fantasias adormecidas se estendia como uma doença. Kemper achava difícil resistir às velhas tentações. Passou os dois anos seguintes pegando caronas com mulheres para testar se conseguiria controlar seus impulsos de lhes causar mal. Porém, apesar desses experimentos, tinha total ciência do que aconteceria a seguir. "Eu sabia muito antes de começar o experimento que iria matar, que acabaria assim", admitiu. "As fantasias eram muito fortes. Aconteciam havia muito tempo e eram muito elaboradas."

Kemper enfim sucumbiu a essas fantasias em maio de 1972. Certa noite, enquanto dirigia por Berkeley, parou para pegar duas moças que estavam pedindo carona: Mary Ann Pesce e Anita Luchessa. Originalmente pretendia apenas estuprá-las; mas, em vez disso, entrou em pânico, matou-as, enfiou-as no porta-malas e dirigiu até sua casa, onde estuprou repetidamente os corpos e depois os esquartejou. Isso sinalizou uma nova fase no curso assassino de Kemper, e ele logo embarcou em uma onda de morte, atacando estudantes universitárias (isso mais tarde levaria ao apelido de "o Assassino das Universitárias"). Ele as matava, decapitava, fazia sexo com seus cadáveres e as esquartejava para descartar seus restos mortais — jogando mãos, torsos e outras partes do corpo em diferentes locais. Em alguns casos, também mantinha as cabeças decepadas para violá-las repetidamente, e só se livrava delas quando começavam a cheirar mal.

Quando lhe perguntaram se seria capaz de justificar o raciocínio por trás de suas ações violentas, a resposta de Kemper foi muito prática. "Sim, a origem das decapitações vem, acho, que de uma coisa meio estranha que eu tinha na cabeça. Era uma fantasia que eu tinha na infância." Kemper acrescentou que "sentia uma satisfação com a remoção da cabeça. Na verdade, a primeira cabeça que retirei foi a da srta. Luchessa no porta-malas do carro, com a faca que matou a srta. Pesce, e lembro que foi muito emocionante tirar a cabeça da srta. Luchessa. Havia até mesmo uma excitação sexual, e acho até que havia quase um clímax nisso tudo. Era uma coisa do tipo exaltada, triunfante, da mesma forma como tirar a cabeça de um cervo, alce ou algo assim seria para um caçador. Eu era o caçador e elas eram minhas vítimas".

A autoidentificação de Kemper como um caçador que colecionava troféus é central para entender a natureza de sua mente, e explica, em parte, por que ele se voltou para o esquartejamento como uma ferramenta para descartar os corpos depois. Ficou fascinado pelo processo de desmembramento, estudando-o e melhorando sua eficiência a cada morte, como quando começou a cortar os tendões de Aquiles de suas vítimas antes que o *rigor mortis* se instalasse, a fim de facilitar a manipulação de seus corpos. Porém, o ato de decapitação era o elemento essencial para as fantasias violentas de Kemper. Cabeças eram suas lembranças favoritas.

Esse fascínio pelas cabeças começou na infância, quando Kemper decapitava as bonecas de sua irmã em um jogo de rituais sexuais. "Eu ficava lá olhando para as cabeças em uma cadeira estofada, viajando nelas deitado na cama, olhando-as [até que] uma delas bambeava e rolava da cadeira de forma medonha. Caía da cadeira, rolava pela almofada e batia no tapete — 'TUM'." Essa ideia cresceu ao longo da infância até se tornar central para a fantasia, na qual um cadáver feminino morto essencialmente se transformava no que Kemper considerava uma boneca da vida real. Como Kemper descreveu: "Se eu as matasse, sabe, elas não poderiam me rejeitar enquanto homem. Era mais ou menos como se eu transformasse um ser humano em uma boneca, realizasse minhas fantasias com uma boneca, um ser humano vivo".

Kemper chegou mais perto de encenar esse crime idealizado quando assassinou sua última vítima universitária, Cynthia Schall, em quem atirou, depois enfiou no porta-malas de seu carro e levou de volta ao apartamento da mãe. Manteve o corpo no armário durante a noite para que pudesse dissecá-lo na banheira no dia seguinte enquanto a mãe estava no trabalho. Então enterrou a cabeça decapitada no quintal com o rosto virado para a janela do quarto. Kemper acrescentou: "Às vezes, à noite, eu conversava com ela, falando coisas de amor pra ela do jeito que as pessoas fazem com uma namorada ou esposa".

A cada novo assassinato, a confiança e a competência de Kemper cresciam. Começou a admirar sua abordagem, romantizando tanto suas vítimas quanto o próprio processo. "Era como ver lindas borboletas passando e só querer uma para ver mais de perto porque passa muito rápido, e eu estendia a mão sabendo que quando a pegasse, a borboleta seria esmagada e não estaria mais viva. Não seria bonita, mas estaria imóvel. É por isso que superei aquela coisa horrível que vem de pessoas dizendo que não se deve brincar com os mortos. Que é horrível. Que é nojento e tudo mais."

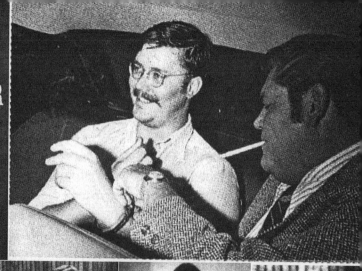

I WAS THE HUNTER AND THEY WERE THE VICTIMS

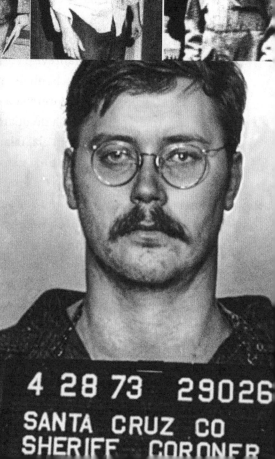

Na primavera de 1973, após um hiato de dois meses, a onda criminosa de Kemper culminou com o assassinato de sua mãe e uma de suas amigas, Sally Hallett. Naquela sexta-feira, Clarnell foi a uma festa, ficou bêbada e acordou Kemper fazendo barulho ao chegar em casa. Quando Kemper foi ver como ela estava, ela disse: "Ah, agora vai querer ficar sentado a noite toda e conversar?". Kemper olhou para ela e disse: "Não, boa noite", sabendo perfeitamente o que aconteceria a seguir. Assim que sua mãe adormeceu, entrou no quarto dela e a golpeou até a morte com um martelo. Ele então cortou-lhe a cabeça e passou as horas seguintes violando o corpo de sua mãe, usando-o para sexo oral, depois gritando com o cadáver antes de usá-lo como alvo para dardos.

Eu podia ouvi-lo chorando no gravador enquanto contava os detalhes. Mas não me emocionei. Como de costume, Kemper fazia o mundo girar em torno dele: "Eu vim da minha mãe", comentou. "E em um acesso de raiva, entrei nela de novo."

Por mais perturbador que fosse ouvir o relato, atos de esquartejamento e necrofilia eram bastante comuns entre os assassinos em série. Já conhecia muitos depoimentos semelhantes, mas com Kemper era diferente. Ele mutilava suas vítimas com facilidade. E falava sobre isso como se fosse um ato sagrado. "Só existe um [tipo de] cara que se sente mais confortável do que eu perto de um corpo: um agente funerário ou um patologista que faz isso há anos. Porque vi algumas merdas nojentas, mas algumas dessas fantasias eram tão bizarras que provavelmente virariam o estômago até de um maldito patologista. Não era uma viagem sádica. Foi um crescimento gradual. Em outras palavras, eu me cansava de um certo nível de fantasia e ia ainda mais longe e mais fundo e agia de forma ainda mais bizarra. Ano após ano, após ano, e finalmente cheguei em um fim tão profundo que ainda não me expôs à pior das fantasias que tive."

A implicação era clara. Para Kemper, matar não era o ponto. O esquartejamento, sim. Ele satisfazia uma forma grosseira de se conectar com seus companheiros humanos ao rasgar seus corpos. E por mais perturbador que isso fosse, por mais falha que sua lógica parecesse, o processo fazia todo o sentido para um sociopata como Kemper. Refletia

sua falta de empatia, sua necessidade de domínio e sua incapacidade de manter laços emocionais com os outros. Isso era mais notável em sua obsessão quando se tratava de preservar a cabeça de suas vítimas, que ele usava tanto ritualisticamente quanto com o objetivo de prolongar as próprias fantasias. Kemper explicou seu pensamento na gravação que o FBI fez do depoimento de seu julgamento com o promotor Pete Chang e o detetive Mickey Aluffi, do Gabinete do Xerife.

"Eu queria que [o corpo dela] se decompusesse rapidamente porque havia uma bala na cabeça dela e eu não queria que houvesse nada visual", explicou Kemper. "Não queria ter muito problema com o cheiro ou, do jeito que você chama, com a decomposição. Eu esfolei a cabeça, removi o cabelo, o couro cabeludo, o tecido facial e do pescoço e toda carne da cabeça que consegui."

"Você enterrou tudo isso com a cabeça dela?", perguntou o detetive Aluffi.

"Sim, logo abaixo", respondeu Kemper. "Sabia que ia apodrecer primeiro, mas não queria que ainda estivesse preso à área do crânio. Queria que a área do crânio se decompusesse rapidamente, qualquer coisa que ficasse nela ou dentro dela. Mas cabelo e couro cabeludo eu não coloquei. Apenas as áreas faciais da cabeça."

"O que fez com o cabelo e com o escalpo?"

"Cortei o cabelo do escalpo, coloquei no lixo de um posto de gasolina dentro de um saco e cortei o escalpo em pedaços, jogando no vaso sanitário e dando a descarga e imaginando que não seria descoberto."

Essa recontagem pragmática e sem emoção de eventos horrivelmente macabros — semelhante ao tom de como um mecânico descreveria o desmanche de um automóvel peça por peça — mostrou a abordagem transacional de Kemper à violência. Suas vítimas eram apenas telas em branco para serem pintadas com as tremendas fantasias que escapavam de sua cabeça. Mas foi a irmã de Kemper, Allyn, que apresentou a visão mais perspicaz e profunda do julgamento. Ela se lembrou de achar que o irmão tinha alguma coisa a ver com os assassinatos das universitárias antes de ele se entregar. "Um incidente de infância me passou diante dos olhos", comentou ela, descrevendo rapidamente como o irmão havia matado e decapitado o gato da família. Depois escondera os restos no armário até que a mãe notou o fedor. Allyn também mencionou ter perguntado a Kemper se ele tinha algo a ver com os assassinatos. O irmão negou, mas lhe pediu para não falar com a mãe pois "ela iria fazer perguntas e as coisas podiam ficar pesadas".

No fundo, a maneira como Kemper executava esses assassinatos refletia a adversidade que experimentara na primeira infância, incluindo o abandono do pai ausente e sua mãe indisponível. Ele matava tanto como expressão dessa incapacidade de se conectar com os outros quanto como punição pela recusa teimosa de seus pais em lhe demonstrar conforto. A violência era a tentativa de Kemper de provar o valor que tinha em meio a ataques constantes e emasculações verbais, de recuperar os laços emocionais com outras pessoas que estavam sendo negados a ele. Se Freud desenhasse um assassino em série, Kemper certamente seria o arquétipo. Era clássico: estava desesperado pelo favoritismo intransigente de seus pais, e quando falhavam em lhe dar a atenção positiva que desejava, ele atacava — com brutalidade impiedosa.

Tanto Kemper quanto Rissell eram a epítome de — e, por sua vez, complicavam — um aspecto do desenvolvimento dos assassinos em série que eu não havia entendido completamente antes. A abordagem dominante para analisar esses tipos de criminosos sempre se concentrava em inato *versus* adquirido, implicando que fatores biológicos ou ambientais predeterminavam o potencial de alguém para se tornar um assassino. Porém, Kemper e Rissell tinham complicado essas divisões, antes claras. Tinham mostrado que os ==assassinos em série não nasciam necessariamente para serem violentos, mas que eram suscetíveis ao comportamento violento e que desenvolviam maior probabilidade de matar quando eram expostos a gatilhos== específicos. Ainda assim, mesmo com as condições certas, o desejo de matar era algo que desenvolviam ao longo do tempo. Era complexo e se formava devagar. E, na maioria das vezes, tudo remontava à incapacidade de se conectar — tanto com os outros quanto consigo mesmo. Na mente de um assassino em série, a violência pode ser uma forma de automedicação. Acalmava as obsessões deles, confusões e fantasias avassaladoras.

Isso lhes dava uma sensação de controle. Contudo, como toda automedicação, os efeitos eram apenas temporários. Kemper sabia disso muito bem, admitindo que "a realidade nunca estava à altura da fantasia".

Não importava o grau de autoconsciência de um assassino em série, ou quantos novos rituais ele adicionasse aos seus crimes violentos, jamais seria suficiente. A linha entre fantasia e realidade era fluida. O desejo primitivo que tinham de matar — aquela sede implacável e obstinada — era insaciável. Nenhuma quantidade de violência poderia domar ou extinguir esse desejo subjacente. Rissell e Kemper entendiam isso melhor do que ninguém. Era por isso que não conseguiam parar de falar sobre seus crimes. As memórias eram tudo o que lhes restava.

PROFILE 3
profile

Padres macabros

TERCEIRO ATO

A maior parte da minha vida eu vivi
como uma pessoa comum, até mesmo
quando eu vivia outra vida paralela
e cada vez mais violenta.
Ed Kemper III

CAPÍTULO 12
MINDHUNTER PROFILE 3

ANN WOLBERT BURGESS E STEVEN MATTHEW CONSTANTINE

Lecionar poderia ser uma parte polarizadora do trabalho na BSU. Alguns agentes gostavam, outros usavam como uma saída social e ainda havia aqueles que consideravam um fardo para seus recursos já escassos. Meu modo de encarar a tarefa era diferente. Para mim, tratava-se de uma oportunidade única de testar novas ideias em uma plateia ao vivo e depois ajustar meu trabalho com base na resposta coletiva. Em parte, eu enxergava como uma oportunidade de ensinar e, por outro ângulo, uma forma de

PROFILE 3
profile

aprender. Havia valor no processo — nas perguntas que os novos agentes faziam, na empolgação que mostravam quando algo fazia sentido ou em seus olhares silenciosos de confusão quando eu não conseguia me expressar de maneira eficiente. As palestras me motivavam. Tornavam meu trabalho mais abrangente. Traziam o melhor de mim à tona.

Na primavera de 1986, pouco depois de publicar um artigo alusivo a assassinos que estupravam e mutilavam suas vítimas, tive uma espécie de epifania para uma nova ideia de palestra. Tinha acabado de passar a maior parte de três meses comparando assassinos sexuais com histórico de abuso sexual e assassinos sem esse histórico. As descobertas me surpreenderam. Os dados revelavam que assassinos com histórico de abuso sexual na infância eram mais propensos a mutilar suas vítimas. Esse tipo de comportamento vingativo — hipercompensando o trauma do passado, espelhando-o de maneiras mais extremas, mais sádicas — falava da natureza singular dos assassinos em série de maneiras que eu estava ansiosa para explorar mais. Tinha a ver com padrões de pensamento. E era exatamente o tipo de ideia que se beneficiaria das experiências contextuais de outras pessoas de fora da equipe.

A motivação por trás dessa desconfiança em particular veio de uma entrevista com Edmund Kemper. Robert Ressler pediu a Kemper que lhe contasse como era o processo de escolha de vítimas e por que as matava. A resposta de Kemper foi surpreendente.

"Eu tinha um problema muito sério quando privava as pessoas de suas vidas", comentou. "Não era o aspecto de matá-las, e, sim, o de possuir-lhes o corpo depois."

Tive um estalo. O que Kemper falou — não necessariamente suas palavras, mas o sentimento de tensão e o princípio moral por trás delas — fazia todo o sentido. Sugeria para esses assassinos em série uma dimensão totalmente nova que não tínhamos considerado antes. Até aquele momento, estudávamos assassinos em série e desenvolvíamos perfis de criminosos com base no que sabíamos sobre sua criação, planejamento e o registro de uma cena de crime dos atos de estupro e assassinato. Porém não levávamos em consideração seriamente os elementos ritualísticos que envolviam como os infratores interagiam com o corpo da

vítima após a morte. Pelo menos não de verdade. Nós nos concentrávamos nesse elemento do crime apenas em termos práticos: como o corpo era descartado, se havia sido estuprado postumamente e como poderia ser usado para coletar dados forenses. O relato de Kemper sugeria que os infratores também poderiam ter objetivos muito claros, até mesmo detalhistas e específicos, a respeito de seu comportamento pós-crime, que havia significado ali e que analisá-lo mais profundamente poderia nos levar a uma melhor compreensão de como a mente dos assassinos em série funcionava. Parecia óbvio em retrospecto: o ritual era o terceiro ato de um assassino em série.

Essa percepção também ampliou o escopo de nosso trabalho. Mostrou que, para certos indivíduos, a satisfação de cometer um crime não provinha de matar, mas dos atos ritualísticos que vinham depois: massacrar corpos humanos, coletar lembranças e exibir ou descartar com sucesso o cadáver de uma vítima. Esse tipo de descarte e o comportamento pós-crime não haviam sido bem estudados antes dessa forma. E embora fosse perturbador pensar nisso, parte do meu trabalho na BSU era entender as margens mais extremas da violência em série e usá-las para prever como os infratores poderiam evoluir. Como John Douglas gostava de dizer:

> O comportamento reflete a personalidade. O melhor indicador de violência futura é a violência passada. Para entender o "artista", você deve estudar sua "arte". O crime deve ser avaliado em sua totalidade.

"Há duas razões pelas quais alguém mutila ou desmembra um corpo humano", comentei, mergulhando no tema logo no início da minha palestra, diante do púlpito familiar de um auditório de Quantico. "A primeira é prática — dissecar um corpo para esconder a identidade da vítima ou para descartar mais facilmente os restos mortais. Mas, para alguns indivíduos, os atos pós-crime servem para contemplar uma fantasia primária de sadismo, que é de natureza cerimonial e inclui esculpir padrões simbólicos e fazer marcações em um corpo ou amputar ou desmembrar partes sexuais."

Cliquei no projetor para mostrar uma imagem de investigadores em volta de uma cabeça sem corpo nas montanhas perto de Santa Cruz. As feições estavam todas claras e totalmente intactas. Não havia apodrecimento, apenas enrugamento visível. Era possível dizer que a vítima era uma jovem ainda na adolescência.

"Em ambos os casos, o esquartejamento apresenta um enorme desafio para os investigadores. Um cadáver mutilado torna muito mais difícil realizar atos básicos de perícia. E a dispersão de várias partes do corpo em vários locais ajuda a esconder a identidade da vítima e a do infrator."

Cliquei para passar para a foto seguinte, um close-up apenas da cabeça da vítima.

"Não é fácil olhar nem pensar a respeito", disse a eles. "Acreditem em mim, eu sei. Porém, ao investigar o planejamento desses atos — as decisões envolvidas na mutilação, exibição e/ou preservação do corpo de uma vítima —, temos a oportunidade de coletar informações valiosas sobre quem é o agressor e como ele pensa. Há um elemento que funciona quase como uma assinatura em cada um desses casos. Existem padrões. E se você conseguir olhar sob essa luz, estará um passo mais perto de compreender um infrator antes que ele aja novamente."

Notei olhares de confusão entre os agentes, então parei para perguntas.

"Esse tipo de coisa não é um exemplo do que você chamaria de comportamento irracional — algo imprevisível e inexplicável?", um agente na frente da plateia perguntou. "Quer dizer, parece muito incomum."

"Na verdade, não", respondi. "Os rituais *post-mortem* eram comuns nas tradições religiosas durante a maior parte da história humana. Só recentemente a prática se tornou mais rara sem esses tipos de suportes culturais. Apesar disso, cada caso moderno que examinei mostra exemplos claros de infratores agindo deliberadamente, meticulosamente e com um interesse narcisista em sua própria autogratificação sádica. Demonstram intenção, não insanidade. Basta olhar para os exemplos de Edmund Kemper, Ted Bundy, Carlton Gary. Todos agiram dentro da razão."

"Entendo o que está dizendo", o mesmo agente retorquiu. "Porém, não chega a um ponto em que o raciocínio do suspeito é tão complicado, tão louco — para ser sincero —, que deixa de ser útil usá-lo para obter pistas?"

"A questão não é se é loucura ou não", emendei. "A questão é que o *infrator* vê algum tipo de lógica em suas ações, que *ele* segue um padrão de raciocínio e que isso faz sentido para ele mesmo. Vou explicar. Quando comecei a trabalhar na BSU, uma das perguntas fundamentais que fiz aos 36 assassinos sexuais no estudo original foi: 'O que desencadeou seu primeiro assassinato?'. Sem exceção, a resposta de cada criminoso seguiu o mesmo padrão de lógica. Primeiro, explicaram ter plena consciência da obsessão de longa data por uma vida de fantasia ativa — muitas vezes descrevendo-a como uma 'presença dominante' que estivera lá desde que conseguiam se lembrar. Em segundo lugar, descreveram como suas fantasias haviam evoluído de ideias vagas de violência para obsessões mais complexas, com estupro, assassinato e controle de pessoas. Em terceiro, as respostas deles mostraram como seus intrincados mundos fantasiosos tinham chegado a um ponto crítico, demonstrando uma autenticidade tão profunda que rivalizava com a própria realidade.

"Esse componente final — a indefinição entre as linhas da realidade e da fantasia — é o mais importante para entendermos. É a chave. Porque é neste momento específico que o fascínio abstrato por matar finalmente escapa da cabeça de um infrator e ganha vida, fazendo com que ataque violentamente vítimas reais no mundo real.

"E sabem por que isso deveria ser tão importante para todos vocês?", acrescentei, clicando em um slide com a foto de prisão de Ed Kemper tirada pelo Departamento do Xerife de Santa Cruz. "Porque na mente dos agressores, eles entendem a motivação que sentem para a violência sexual como um sintoma de fantasia sádica. Mas não conseguem enxergar isso como uma falha própria ou como um mal-entendido da realidade. Em vez disso, acreditam que a percepção deles da realidade é mais clara do que a percepção dos outros, que eles têm direito ao que quiserem e que vivem em um mundo injusto no qual o controle é a recompensa final. Para eles, fantasia é realidade. É uma existência privada e poderosa que segue seu próprio conjunto complexo de regras e rituais, uma narrativa egoísta que se torna a estrutura para o completo desrespeito que têm pelas vidas humanas. Para eles, têm significado. Caso consigamos enxergá-la, ela também terá significado para nós."

Ao longo de nossa pesquisa, Douglas, Ressler e eu tínhamos plena consciência de como a natureza dos infratores poderia ser formada em camadas. Nunca havia uma única razão abrangente para seu desenvolvimento. Eles não estavam "destinados" a buscar o caminho da violência. Não havia um condicionamento para matar. Era muito mais complexo do que isso. E embora houvesse temas comuns às histórias deles, como abuso ou exposição à violência quando jovens, seus atos destrutivos não se baseavam nessa violência passada. Em vez disso, os agressores sexuais violentos eram motivados pelos próprios padrões únicos de pensamento. Os infratores que estudamos tendiam a repetir e reencenar mentalmente traumas de infância como uma forma de entender sua experiência — não como um meio de superar o trauma, mas como uma forma de indulgência. Para eles, a fantasia como repetição ajudava a reforçar e encorajar eventos traumáticos dos primeiros anos de vida. Era uma forma de ensaio. Era um raro padrão de pensamento que moldava profundas ranhuras cognitivas e realinhava os meios tradicionais de percepção, o que mais tarde justificaria o planejamento consciente de seus próprios atos violentos.

Nossa principal lição disso foi o que significava para a evolução de um criminoso. A natureza padronizada de seus pensamentos e intenções eram de natureza obsessiva, o que significava que exigia refinamento contínuo, prática contínua, para que o ato de matar pudesse espelhar a perfeição da fantasia. Dessa forma, os padrões de pensamento perigosos de um criminoso se tornavam mais complexos e mais violentos quanto mais descontrolados fossem. As fantasias dele evoluíam a cada assassinato. Eles avançavam, concentrando-se em maior controle e possessão e se expandindo para formas ritualísticas de estupro, tortura e mutilação. E embora a maioria dos criminosos tenha sido pega antes que suas fantasias chegassem a esse ponto, outros eram calculistas e paranoicos o suficiente para evitar a detecção à medida que esse processo continuava a evoluir. Foram esses infratores, aqueles que conseguiam realizar suas fantasias de forma mais completa, que nos proporcionaram os *insights* mais profundos que tivemos a respeito da natureza única de suas mentes. E foram esses mesmos criminosos que cometeram alguns dos atos mais horríveis que já tínhamos visto.

Analisei meu quinhão de casos de esquartejamento durante meu tempo na BSU, examinando cada um cuidadosamente, a despeito da crueza dos detalhes. Claro, isso não significa que eu tenha me acostumado aos horrores de crimes tão nefastos. No entanto, possuía a determinação de não desviar o olhar. Dados eram dados. Cada caso oferecia algo útil. Cada caso trazia uma nova perspectiva. E assim, minha compreensão dos assassinos em série como um todo aumentava. Porque, na verdade, essa é a natureza da pesquisa: ela só funciona quando se considera toda a realidade de um fenômeno — não se pode ignorar o que é desconfortável. Essa lição aprendi com o estudo do estupro. Sabia da importância de aplicar essa filosofia também ao estudo da personalidade criminosa. Para entender em profundidade o crime, precisava penetrar o âmago das motivações dos indivíduos envolvidos em seus crimes. Mesmo que esses crimes sejam uns mais assustadores do que os outros.

Gerard John Schaefer Jr., por exemplo, descreveu ter fantasias de *bondage* e sadomasoquismo desde cerca de seus 12 anos. "Eu me amarrava a uma árvore, me masturbava e tinha fantasias com me machucar. Descobri as roupas íntimas femininas e as usava. Meu pai preferia minha irmã, então eu queria ser menina."

A rotina homicida de Schaefer era sequestrar adolescentes e levá--las para uma área remota de uma reserva natural da Flórida, onde as amarrava, amordaçava e as fazia se equilibrarem em raízes com laços enrolados ao redor do pescoço antes de assassiná-las. Então, retalhava os corpos para não deixar vestígios de seus crimes. Uma vez que os investigadores identificaram Schaefer como o principal suspeito, revistaram a casa onde ele morava com a mãe e encontraram um estoque de troféus de suas várias vítimas: joias, armas, fotos explícitas, relatos de pessoas desaparecidas, dentes e ossos. Também encontraram mais de cem páginas de manuscritos e desenhos que detalhavam fantasias violentas de violação e mutilação de mulheres jovens. No entanto, a exibição mais explícita das fantasias de Schaefer foi uma espécie de homenagem pendurada em suas paredes. Lá, em grande destaque, o criminoso havia criado meticulosamente uma colagem de pôsteres pornográficos *soft-core* que davam forma visual a seus pensamentos selvagens.

Um mostrava uma mulher encostada em uma árvore com as mãos escondidas atrás das costas, na qual ele havia desenhado buracos de bala, laços de *bondage* e marcas de fezes em sua calcinha. Outra mostrava três mulheres nuas em frente a um único homem, acima do qual Schaefer havia delineado um balão de pensamento e escrito: "Essas mulheres vão me dar prazer. Caso contrário, vão ser levadas para a praça e entreter os moradores locais enquanto dançam na ponta da minha corda". Em outra parte da parede, vários pôsteres haviam sido agrupados e retratavam mulheres jovens penduradas em árvores.

Porém, ele não estava sozinho em suas fantasias tenebrosas. Houve também o caso Carmine Calabro, no qual a vítima, Francine Elveson, uma professora de educação especial de 26 anos, foi encontrada morta no telhado de seu prédio no Bronx. Esse foi um exemplo particularmente brutal de esquartejamento. Elveson havia sido torturada antes da morte e violada depois — espancada até ficar irreconhecível, amarrada com suas meias e cinto e colocada, com os braços e pernas abertos, de uma forma que imitava a letra hebraica *chai*, que a vítima usava em seu colar. O rosto inteiro dela havia sido fraturado e estava coberto por sua calcinha. Havia marcas de mordida na parte interna de suas coxas e ao redor dos joelhos. Tinha sido perfurada com um canivete. No entanto, o mais notável de tudo era o nível de frustração sexual aparente nos atos pós-crime do infrator. Os mamilos da vítima haviam sido cortados, os órgãos sexuais, mutilados, obscenidades escritas em seu abdômen, um guarda-chuva enfiado em sua vagina. Além disso, o algoz se masturbou e defecou ao lado do cadáver da mulher, coberto pelas roupas dela própria. Na perna, escrita com caneta esferográfica, lia-se a frase "Vão se foder. Vocês não podem me parar" — um desafio direto à polícia.

O perfil do suspeito da BSU incluía detalhes de que ele teria uma aparência desgrenhada, estaria desempregado, moraria com os pais nas proximidades (possivelmente no mesmo prédio onde ocorrera o ataque), que se tratava de uma pessoa que havia abandonado a escola ou a faculdade e que possuía uma grande coleção de pornografia de *bondage*, tendo recentemente passado por um período em uma instituição psiquiátrica, onde lhe teriam receitado medicamentos para depressão. Os investigadores usaram essa informação para encontrar Carmine Calabro, um rapaz evadido do ensino médio que morava com o pai no mesmo prédio de Elveson e que tinha um histórico de instabilidade mental. A solução do caso veio quando Calabro voluntariamente permitiu que os investigadores tirassem uma impressão dental de sua boca, que três especialistas combinaram com as marcas de mordida na vítima. Calabro foi, então, preso, e a impressão de sua mordida foi a prova principal usada para garantir sua condenação por assassinato.

"Morder geralmente faz parte de uma agressão sexual violenta, seja estupro ou assassinato. Remonta à questão do controle e da dominação", explicou Douglas. "Diz respeito a raiva, agressão e poder. Significa dominação total. É como se estivessem consumindo essa pessoa de todas as maneiras possíveis. Seus dentes são ferramentas. Estão causando destruição com todas as armas que possuem."

Calabro foi considerado culpado e jamais admitiu seus crimes. De fato, no início de 1986, ele escreveu uma carta à BSU questionando nosso perfil: "Se o perfil é para ser eu, há duas pequenas falhas. 1. Tenho diploma de ensino médio; 2. Eu não tinha uma coleção de pornografia". E acrescentou: "Quanto tempo vocês acreditam, em uma opinião profissional, que o assassino levou para cometer todos os atos desse crime? Quanto tempo acham que ele passou, de fato, na cena do crime? Para vocês, essas respostas não significariam nada; mas, para mim, significam muito. Se a resposta de vocês for mesmo a que eu espero que seja, então vou escrever uma segunda carta e expor os fatos para vocês. Dessa forma, vão poder decidir se foi ou não só um erro da parte de alguém ou negligência intencional".

Douglas e Ressler foram visitar Calabro na prisão pouco depois disso. De imediato, notaram que Calabro estava sem nenhum dente. E quando lhe perguntaram a respeito, Calabro disse que ele próprio os havia arrancado porque as marcas de mordida haviam sido usadas para incriminá-lo no julgamento, e ele não queria que a mesma coisa acontecesse no julgamento de seu recurso.

Calabro, ao que parecia, estava disposto até a praticar atos de desmembramento em si mesmo.

No entanto, até mesmo o caso de Calabro parecia inofensivo em comparação a alguns dos outros que vimos. Houve um em particular, um caso de Ohio, que se destacou pela forma perturbadoramente prolongada com que os atos de desmembramento haviam ocorrido. Aconteceu alguns anos antes e confundiu a polícia local durante meses. Mais tarde, depois que uma força-tarefa assumiu, fizeram uma prisão e a investigação foi considerada um sucesso. Eu tinha minhas dúvidas. Algo sobre o caso não me agradava, e sentia como se eles tivessem pegado o cara errado. Queria testar minha teoria como parte de uma palestra para ver se algum agente se sentia da mesma forma que eu.

Preparei o caso para a palestra de forma distinta de como faria normalmente. Deixei esse caso o mais simples possível — despojado e no esqueleto, incluindo apenas as descobertas da polícia local, nenhum dos *insights* posteriores que vieram do FBI. Pretendia apresentá-lo exatamente como os investigadores locais teriam visto as coisas logo após o crime. Normalmente, apresentava cada caso em sua totalidade, incluindo o perfil da BSU, para que os jovens agentes pudessem entender o desenho completo do nosso processo sem ter que adivinhar como todos os elementos poderiam se conectar. Para este caso, porém, eu queria que os jovens agentes olhassem com novos olhos e instintos, não através das lentes e das conclusões da BSU. Esperava que os agentes chegassem a uma decisão por conta própria.

"Bom dia a todos." Larguei minhas pastas e fui direto ao ponto. "Vamos revisar um caso com mais de uma vítima hoje: um homem, Todd Schultz, e uma mulher, Annette Cooper. Há uma interação interessante que acontece entre pessoas diferentes aqui. Então vou apresentar essa parte primeiro e depois passar para a sequência de fatos desde o dia em que as vítimas desapareceram. Por fim, teremos uma rodada de perguntas. Tenham isto em mente: mesmo que já tenham ouvido falar sobre esse caso antes, não significa que saibam algo a respeito dele. Os preconceitos só vão atrasá-los. Agora vamos começar."

Tratei a palestra como uma verdadeira sessão de perfil, começando com a vitimologia e destacando os indivíduos envolvidos no caso. Não foi apenas um exercício de estratégias investigativas. Para mim, pelo menos, não foi. Pessoas reais haviam morrido. Minha intenção era fazer com que o peso da situação parecesse o mais autêntico possível, o mais urgente possível. Eu precisava que o caso mexesse com eles.

Annette Cooper, de 18 anos, e seu noivo de 19 anos, Todd Schultz, se conheceram enquanto cursavam o ensino médio em Logan, localizado no sudeste de Ohio. Cooper morava com o padrasto, Dale Johnston; a mãe, Sarah Johnston; e seus meio-irmão e meia-irmã adolescentes. Porém, em 6 de agosto de 1982 — dois meses antes do crime acontecer —, Cooper se mudou da residência dos Johnston e foi morar com a família de seu noivo. Considerava, segundo amigos, que seu padrasto era abusivo e desagradável. A situação, entretanto, pode ter sido mais complexa. Cooper tinha a reputação de ser ambiciosa e era considerada, de certa forma, uma estranha na escola e na pequena comunidade como um todo. Tinha muitos conhecidos, mas poucos amigos íntimos. No entanto, ao mesmo tempo, era uma estudante de honra nacional, de inteligência excepcional e vista como alguém com um futuro brilhante. Não tinha registro de prisão conhecido, nenhum envolvimento conhecido com drogas ou álcool. Sua dicotomia a tornava um tanto complexa — uma garota com dois rostos muito diferentes para dois grupos diferentes dentro da comunidade.

Schultz era mais fácil de identificar, socialmente falando. Era um menino de cabelo bem curto que trabalhava como bombeiro voluntário. Passava seu tempo livre caçando e indo a shows, e era fanático por restauração de carros. Há relatos de que usava maconha de forma recreativa de vez em quando e também não possuía registro de prisão conhecido. Era um garoto bastante correto.

Em 4 de outubro de 1982, Cooper e Schultz se encontraram com um advogado no início da tarde para discutir o processo de casamento e depois retornaram à residência de Schultz por volta das 16h. De acordo com a mãe do rapaz, o casal começou a discutir no segundo andar da residência, depois desceu as escadas, momento em que Cooper, visivelmente aborrecida, fugiu da casa. Alguns minutos se passaram antes que o namorado finalmente corresse pela rua atrás dela, acalmasse sua noiva, e então se virasse e acenasse para a mãe na varanda, sinalizando que estava tudo bem. Com o conflito aparentemente resolvido, o casal continuou andando pela rua. Essa foi a última vez que a mãe os viu.

Às 8h da manhã seguinte, quando o casal ainda não havia retornado do passeio, o pai de Schultz ligou para o Departamento de Polícia de Logan para comunicar o desaparecimento. Dez dias se passaram antes que uma equipe de busca descobrisse os torsos das vítimas nas proximidades do rio Hocking, em West Logan. Dois dias depois, as cabeças, braços e pernas das vítimas foram encontrados enterrados em covas rasas sob um milharal adjacente ao rio. As duas vítimas tinham sido baleadas várias vezes.

Enquanto a equipe forense estava no local, a polícia notou um homem observando o desenrolar dos eventos a partir de uma posição parcialmente escondida entre os pés de milho. O homem foi identificado como Kenny Linscott, morador da cidade, que vivia a três quarteirões de distância e frequentemente pescava e caçava nas margens do rio. Ele explicou que tinha ficado simplesmente curioso com a presença da polícia ali, e a investigação prosseguiu sem prestar mais atenção nele. Porém, o caso rapidamente parou depois disso. À medida que os dias continuavam a passar sem novas pistas ou resoluções, rumores começaram a se espalhar por toda a comunidade. Os sermões da igreja alertavam que o diabo tinha visitado Logan, que os assassinatos eram algum tipo de ritual satânico e que não havia como saber quem poderia ser a próxima vítima.

O relatório do legista revelou que a arma usada para matar as vítimas era um revólver calibre .22. Schultz havia sido baleado seis vezes; Cooper, duas vezes. Ambos tinham sido alvejados na cabeça. O relatório também indicava que Schultz havia sido castrado, *post-mortem*, entre os dez dias em que estava desaparecido. Uma meia localizada em uma das sepulturas continha tecido humano que originalmente se acreditava ser o escroto de Schultz, mas mais tarde foi identificado como um pedaço da área vaginal de Cooper. O relatório observou que os ferimentos de

PROFILE 3
profile

bala de ambas as vítimas estavam cheios de insetos e larvas, enquanto as feridas de corte pareciam ser mais recentes. Isso sugeria que os corpos haviam sido enterrados primeiro, depois desenterrados e esquartejados. Quanto aos cortes, o legista os descreveu como tendo sido feitos com a precisão deliberada de um cirurgião, similares ao que se faria para remover vísceras de um cervo ou outro animal de caça grande.

Os sermões da igreja alertavam que o diabo tinha visitado Logan, que os assassinatos eram algum tipo de ritual satânico e que não havia como saber quem poderia ser a próxima vítima.

Outras testemunhas se apresentaram para ajudar a preencher a sequência de fatos da noite de 4 de outubro. Além de a mãe ver Cooper e Schultz saindo de casa às 16h, um vizinho também confirmou essa versão dos eventos. Um segundo vizinho viu Schultz e Cooper andando pela rua, parando por um momento para se abraçarem e se beijarem. Uma terceira testemunha os viu caminhando em direção aos trilhos da ferrovia nas proximidades, às 16h15, e os viu passar por um antigo depósito. Às 16h30, um funcionário da ferrovia os notou na estrutura suspensa por onde passava o trem. Várias testemunhas atestaram que os dois andaram juntos pelos trilhos das 16h40 às 18h30. Outra testemunha relatou que o casal caminhava em direção ao leste entre 18h30 e 19h, mas depois parou para conversar com os motoristas de um caminhão vermelho e um jipe Golden Eagle. Ainda outra testemunha viu quando um veículo carregando três pessoas parou, um homem saiu e Cooper e Schultz entraram no carro com os passageiros restantes.

Uma testemunha adicional foi trazida para sofrer regressão hipnótica — um processo pelo qual um hipnotizador guia uma testemunha de volta no tempo para recordar eventos específicos que, de outra forma, seriam inacessíveis. Durante a sessão, essa testemunha descreveu ter observado o casal pouco antes de partir e alegou que o padrasto de Cooper, Dale Johnston, havia forçado Cooper furiosamente a entrar no carro enquanto ameaçava dar um soco em Schultz.

"Aqui está uma foto da meia com as partes do corpo dentro", informei, passando por alguns slides finais. "E aqui está o milharal com sangue no chão. Esta última mostra a vítima masculina. Esse era o garoto. Dá para ver a longa incisão no abdômen, expondo o que resta de seus órgãos internos depois que os insetos já os haviam devorado. Agora, lembrem-se: o objetivo aqui é encontrar uma motivação ao percorrermos todo o processo. Quem tem perguntas?"

"O que se sabia da relação entre a menina e o padrasto?"

"Não era das mais fáceis. As pessoas diziam que o homem era um bêbado que às vezes dava socos nos filhos. Também se opunha fortemente ao noivado de sua enteada com Schultz, isso ficou claro."

"E ele caçava?", o mesmo agente perguntou. "Porque a descrição do legista de 'precisão cirúrgica' pode ser um diferencial importante."

"Eu não me prenderia muito a isso", respondi. "Os legistas locais usam essa expressão o tempo todo. É uma pista falsa para esses tipos de casos rurais. Você viu as fotos. Não há nada de cirúrgico nelas. Os cortes foram caóticos e agitados e parecem ter sido feitos com algum tipo de lâmina não afiada."

"Bem, ele tinha uma arma de calibre .22?"

"Tinha", confirmei. "Tinha tido uma até perto dos fatos acontecerem. Não existia mais no momento da investigação."

"Para mim, foi o padrasto", disse um segundo agente. "Mas o que me surpreende é como as vítimas foram enterradas e depois desenterradas para que pudessem ser retalhadas de todas as formas doentias. Por que o padrasto faria isso?"

O primeiro agente interrompeu antes que eu pudesse responder. "Talvez ele tenha feito isso para se livrar da evidência balística. Talvez tenha confrontado a enteada e o noivo, os três brigaram e ele os matou em um acesso de raiva. Talvez estivesse bêbado na hora e começou a se sentir culpado um pouco mais tarde. Logo, começou a pensar nas provas e passou a ficar preocupado, e então voltou para limpar os corpos e jogar os torsos no rio. Não é muito difícil ver as coisas acontecendo dessa maneira."

Vários agentes assentiram. Um terceiro levantou a mão.

"E o homem que encontraram no milharal, Linscott? Houve algum desdobramento em relação a ele?"

Eu esperava que alguém mencionasse Linscott. O papel potencial dele no caso também me chamava a atenção. Porém, tive o cuidado de não conduzir a conversa. "Sim. Mais de um mês depois do caso, dois informantes ligaram para os investigadores e disseram que, no dia em que o casal desapareceu, Linscott havia sofrido um corte profundo no braço direito. Os investigadores, então, obtiveram os registros hospitalares de Linscott, mas pararam de persegui-lo como uma pista viável depois que Linscott explicou que havia se cortado quando seu braço passou por uma janela.

"Estou mudando de ideia em relação ao padrasto", o segundo agente voltou atrás. "Acho que há uma certa encenação aqui. Acho que se o crime fosse sexual, o perpetrador teria agido imediatamente, e não voltado para cortar os corpos depois. Acho que ele só fez isso para tirar a investigação do seu encalço. Tentou fazer o ataque parecer uma espécie de assassinato com machado. Porém, na verdade, só tem um motivo possível aqui: raiva contra essas duas crianças. O motivo principal é a raiva do padrasto."

Esperei um momento para ver se mais alguém falaria, mas ninguém o fez. A sala parecia ter chegado a um consenso.

"Tudo bem", falei, tentando não parecer desapontada. "Vou atualizar vocês sobre os desdobramentos desse caso ao longo dos poucos anos desde que aconteceu. Vejo vocês na semana que vem."

Os agentes trainees no auditório de Quantico naquele dia seguiram a mesma linha de lógica dos investigadores originais do caso. Viram o padrasto como o único suspeito lógico, motivado pela raiva, supostamente porque não desejava que o casamento acontecesse. Mas isso não levava em consideração um possível motivo sexual para o caso. Desconsiderava o elemento do ritual pós-crime, que, eu estava começando a enxergar, era a expressão mais clara dos padrões de pensamento de um criminoso.

Nesse caso, a remoção da genitália masculina e feminina pelo assassino demonstrava não apenas o envolvimento sexual com a mulher — real ou fantasiado —, mas também um ressentimento pela relação sexual que existia entre as vítimas. O padrasto tinha um histórico de violência, mas nada de natureza sexual. Aos 49 anos de idade, seria improvável que ele mudasse seu MO naquele momento.

O nível de controle necessário para subjugar vítimas jovens e ativas também era importante. Em especial quando se levava em consideração todos os componentes físicos envolvidos.

Além disso, continuei voltando ao papel do túmulo. Seria um lugar de significado para o assassino. Seria parte do ritual. Assim como Kemper enterrava a cabeça de sua vítima em seu próprio quintal para que pudesse conversar com ela à noite, esse assassino desejava manter o relacionamento com as vítimas por um período prolongado. No caso desse assassino, vi duas razões possíveis para a importância do túmulo. Por um lado, o local poderia ser facilmente acessível ao assassino e, assim, o criminoso seria beneficiado em seu desejo de revisitar e reviver a fantasia para obter prazer de forma reiterada. Por outro, a localização podia permitir que o assassino ficasse de olho no desenrolar da investigação e visse o que estava acontecendo no local. De qualquer forma, ambos os cenários apontavam para longe do padrasto, dada sua falta de familiaridade com o campo em si.

O nível de controle necessário para subjugar vítimas jovens e ativas também era importante. Em especial quando se levava em consideração todos os componentes físicos envolvidos: transportar os corpos para o campo, cavar suas covas, decepar membros e órgãos sexuais, carregar torsos até o rio. Esse era um trabalho demorado e árduo que sugeria a possibilidade de envolvimento de dois suspeitos entre 20 e 30 anos, não um homem solitário de 49 anos.

E, finalmente, o fato de que todos os sinais apontavam para este ser um ato espontâneo e não planejado também tinha significado. O padrasto tinha vivido com Cooper durante anos sem atacá-la. E a natureza do relacionamento deles significava que ele teria tido tempo para planejar e executar um ataque, caso essa tivesse sido sua intenção. Além disso, o padrasto foi interrogado por mais de oito horas logo após os corpos serem encontrados, e sempre negara qualquer envolvimento. Assassinos espontâneos tendiam a ser extremamente ansiosos e incertos, algo que pode ser explorado durante o processo de interrogatório. Sempre senti que Johnston, embora se adequasse superficialmente ao crime, não tinha a profundidade de conexão que um suspeito precisa para ser significativamente emparelhado com um perfil da BSU. Os investigadores viam Johnston como a solução fácil, embora eu sentisse que faltava uma peça do quebra-cabeça — algo que acabaria provando quem seria o verdadeiro perpetrador, de uma vez por todas.

Eu acompanhava essa investigação desde que Johnston fora acusado de assassinato, em 31 de janeiro de 1984, e condenado à morte vários meses depois. Essa condenação não fazia sentido para mim. O lastro probatório da promotoria era constituído do depoimento de uma testemunha hipnotizada e corroborado pelo depoimento de um antropólogo de que uma pegada lamacenta no campo onde os membros das vítimas haviam sido encontrados era compatível com o salto da bota de caubói de Johnston.

Mas foi só em agosto de 1986, vários meses depois de eu dar uma palestra sobre o caso, que Ressler me passou uma atualização que ajudou a validar minha incômoda sensação de incerteza.

PROFILE 3
profile

"Oi, Ann. Você viu isso?" Ele estava segurando uma cópia do *Chicago Tribune*. "Estão anulando a condenação do caso Johnston. Pelo visto, decidiram que o depoimento da testemunha hipnotizada não era confiável e não deveria ter sido permitido."

"Deixa eu ver." Rapidamente passei os olhos pelo artigo para conferir. "Olha só! E a promotoria também reteve provas relacionadas a outro suspeito — um açougueiro que era apaixonado pela garota."

"Isso mesmo. Seu instinto estava certo."

Parei por um longo momento refletindo a respeito do que havia acabado de ler. "Mas nós fizemos o perfil desse. Se os investigadores confiaram em nosso trabalho, então esse resultado é nosso."

"Eu sei", disse Ressler. "Acontece."

"Não é desconfortável para você? Quer dizer, o cara errado acabou indo para a cadeia."

"Nosso trabalho era fazer o perfil. Nós o fizemos, e fizemos da melhor maneira que sabíamos. A partir desse ponto, está fora das nossas mãos. Se a polícia escolheu a resposta fácil e não alguém que se encaixasse no perfil, é com eles. Tudo o que podemos fazer é aprender com isso, aplicá-lo ao próximo e seguir em frente."

Ressler estava certo. Eu sabia disso. Porém, saber não trazia conforto.

"Então é isso? Deixamos desse jeito?"

"Deixamos desse jeito", confirmou Ressler.

Balancei a cabeça em sinal afirmativo. Apesar disso, esse caso ficaria comigo pelos anos seguintes. Ele apontava para um dos desafios restantes com o processo de criação de perfil.

Nosso trabalho na BSU era usar todas as informações do caso ao nosso alcance para reconstruir os suspeitos em suas características mais essenciais e definidoras. Uma vez que tivéssemos cumprido essa etapa, cabia aos investigadores usarem o perfil totalmente desenvolvido em sua plenitude. Em outras palavras, nosso trabalho não era apenas criar uma miscelânea de traços de caráter da qual os investigadores poderiam escolher, a fim de fazer qualquer suspeito se encaixar em um crime. Era uma reflexão meticulosa — uma compreensão cuidadosamente desenvolvida através da qual cada peça se sintetizava em um todo abrangente.

É claro que os detalhes individuais eram importantes, contudo, eram parte do cenário maior. Afinal, os assassinos em série operavam dentro da mesma estrutura de nuances da psicologia que todas as demais pessoas. Eram complexos. E não fazia sentido tentar entendê-los reduzindo-os a uma ou duas características simples. A criação de perfis só funcionava porque elucidava o suspeito por meio de uma coleção de padrões, comportamentos e narrativas criteriosamente elaboradas. Era essa totalidade que mais importava.

O caso Johnston fracassou porque os investigadores se perderam nos detalhes. Depois que entendi isso, percebi que a criação de perfil precisava ser mais do que apenas um processo do tipo "aqui está, boa sorte". Precisávamos ficar mais tempo envolvidos nos casos. E fazia sentido. Uma vez que, pelo próprio ato de passar pelo processo de criação de perfil, entendíamos a psicologia do suspeito. Agora, só precisávamos transformar esse entendimento em estratégias investigativas para ajudar a resolver os casos de forma mais célere. Precisávamos usar os próprios padrões e comportamentos dos suspeitos contra eles.

PROFILE 3
profile 294

rastrear e identificar

MÍDIA
ALIADA

Ver o que está bem diante
do seu nariz é uma luta constante.
George Orwell, *Por que escrevo*

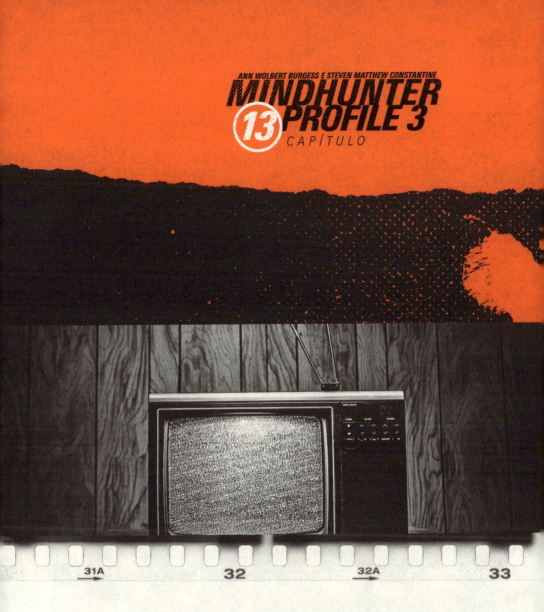

MINDHUNTER PROFILE 3
CAPÍTULO 13
ANN WOLBERT BURGESS E STEVEN MATTHEW CONSTANTINE

A BSU estava sempre pronta para um desafio. Porém, em meados dos anos 1980, quando sentimos a necessidade de ficar com os casos por mais tempo e oferecer pareceres mais prescritivos aos investigadores em campo, fomos forçados a enfrentar uma complicação que há muito tentávamos evitar.

Desde o início, a BSU teve uma relação um tanto desconfortável com a mídia. Alguns dias éramos elogiados por nosso trabalho inovador e pioneiro, outros dias éramos descritos como charlatães, pseudoinvestigadores

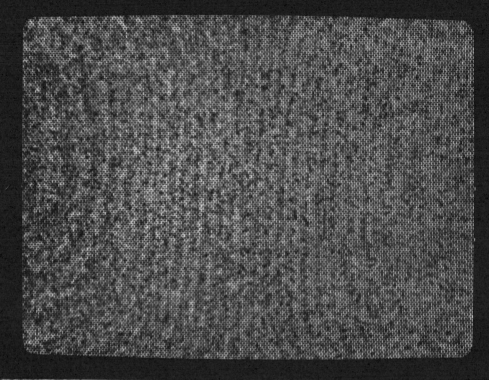

ou picaretas. Nada disso realmente importava para os agentes ou para mim, no entanto possuía uma importância significativa para o FBI como instituição. Na verdade, J. Edgar Hoover, desde o início de seu mandato como diretor do Bureau, via as relações públicas como um elemento central de seu trabalho. Sempre fazendo um esforço imenso para controlar como o Bureau era retratado nas notícias e na cultura popular — promovendo uma narrativa heroica de homens do governo altruístas que traziam justiça habilmente aos criminosos mais perigosos do país. Na verdade, o próprio termo "homens do governo" (*G-man*) era um refrão da ideia de super-heróis como Batman e Superman. A engenhosidade de Hoover transformou os homens do Bureau em ícones americanos.

Independentemente dessas motivações,[1] havia algo a ser dito quanto a essa empreitada. Ter uma imagem pública positiva ajudava na qualidade do recrutamento, garantia o orçamento cada vez maior do Bureau e facilitava o envolvimento da cooperação pública como ferramenta de combate ao crime. Isso perdurou mesmo depois que Hoover se foi — perpetuado por retratos idealistas em livros, filmes, rádio e TV, incluindo *O Silêncio dos Inocentes*, *Arquivo X* e *Os Mais Procurados da América*.

Dentro da BSU, porém, percebemos que poderíamos usar a mídia como uma ferramenta de conexão não apenas com o público, mas também com muitos dos próprios infratores. Assassinos em série muitas vezes se orgulhavam do que faziam. Importava-lhes como os jornais e a TV cobriam seus crimes. E em casos como o do Assassino dos Corações Solitários [Lonely Hearts Killer] e o do Mad Bomber, o ato de se envolver com a mídia era intrínseco ao próprio crime. A maioria dos assassinos em série era cautelosa, relutante em sair das sombras e se expor mesmo da menor maneira que fosse. Ao mesmo tempo, se quisessem continuar

---

[1] O principal objetivo de Hoover ao controlar a imagem pública do FBI era imbuir o instituto de boa vontade e confiança suficientes para que apenas a reputação o impedisse de lidar com qualquer supervisão indesejada nos bastidores.

sua onda de crimes ininterruptamente, precisavam saber até que ponto a polícia estava avançada em suas investigações. E uma maneira de medir essa distância de longe era sintonizar o noticiário.

==Se pudéssemos descobrir como manipular a mídia a nosso favor, poderíamos usá-la como uma arma inestimável em nosso arsenal enquanto rastreávamos esses assassinos.==

Na BSU, uma das reuniões mais importantes que tínhamos a cada dia foi batizada de "Relatório da Manhã". Era quando nos reuníamos regularmente como uma unidade para revisar qualquer trabalho de criação de perfil que estivesse em execução e avaliar novos casos vindos de agências externas ou de vários grupos de força-tarefa. Eu fazia questão de comparecer às reuniões sempre que podia. Mesmo em meados dos anos 1980, à medida que meu interesse mudava cada vez mais para depoimentos no tribunal e outros trabalhos especializados, eu aparecia ou recebia uma recapitulação de Douglas ou Ressler. Afinal, perfilar permanecia sendo algo muito importante para mim. E quando surgiam casos incomuns ou desafiadores, queria analisar o que os diferenciava para poder ajudar a encontrar a solução certa. Essa era a situação na qual eu me encontrava no inverno de 1987.

Naquela manhã, o chefe da unidade Depue começou a reunião com sua apresentação padrão — a mesma que ele fazia todos os dias — sobre a importância da BSU e como tínhamos chegado longe em tão pouco tempo. Discorreu a respeito de que nossa função era ajudar os investigadores a fazer o trabalho deles melhor. E ressaltou a importância de se manter sempre vigilante. Mas foi o que disse em seguida que me chamou a atenção. Depue começou a nos informar da nova tendência que o Bureau observava. Havia um aumento recente no número de criminosos que começava a tentar se comunicar com a mídia e as autoridades sobre seus crimes em andamento. Faziam isso por atenção, pela emoção, por saborear ainda mais a violência. E sua motivação muitas vezes era claramente visível nas próprias mensagens, que podiam ser insultos, ameaças, confissões ou discursos raivosos sobre a cobertura que estavam recebendo nos noticiários. Seja qual fosse o motivo, os

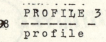

departamentos de polícia nunca tinham visto nada parecido antes e não tinham certeza de como responder.

"É nossa missão agora", anunciou Depue. "O diretor quer um relatório completo a respeito do significado desse comportamento: uma análise e uma estrutura para a melhor forma de responder. Alguns deles são muito conhecidos, incluindo o BTK, que apareceu novamente com mais duas vítimas, então a reviravolta deve ser rápida. Quem tem uma ideia para começar?"

A sala ficou em silêncio por um instante. Alguém batia lentamente o lado da borracha de seu lápis contra uma mesa, até que Ressler finalmente falou:

"Algum de vocês se lembra do assassinato de Frances Brown em 1945?".

Alguns agentes assentiram.

"Eu tinha só 10 anos na época, contudo me recordo de que teve muita cobertura nos jornais. Havia uma descrição do assassino usando o batom vermelho-vivo da vítima para escrever uma mensagem em seu espelho. Dizia: 'Pelo amor de Deus, me capturem antes que eu mate mais. Não consigo me controlar'", relembrou Ressler. "De qualquer forma, nunca esqueci desse caso. Foi o que criou meu interesse por assassinos em série. Eu e três dos meus amigos do bairro formamos nossa própria agência de detetives depois disso. E passamos as semanas seguintes na escola trocando anotações sobre como pegaríamos os criminosos a respeito dos quais estávamos lendo."

Douglas sorriu para Ressler e disse: "Isso é ótimo, Bob. Diremos à polícia para colocar crianças da vizinhança no caso. Vão dar um jeito nesse aqui da noite pro dia. Problema resolvido".

Até Ressler riu e protestou: "Você não me deixou terminar de falar. Minha questão é a seguinte: se esses caras estão passando recados para a mídia, então devemos usá-la para passar recados de volta para eles".

À moda da BSU, começamos a trabalhar imediatamente. Nosso primeiro passo foi procurar em arquivos de casos antigos exemplos anteriores de infratores que haviam mostrado esse mesmo tipo de envolvimento. A maior parte do que encontramos consistia em ameaças diretas que chegavam a

WANTED

INFORMATION AS TO THE WHEREABOUTS OF

CHAS. A. LINDBERGH, Jr.
OF HOPEWELL, N. J.

SON OF COL. CHAS. A. LINDBERGH
World-Famous Aviator

This child was kidnaped from his home in Hopewell, N. J., between 8 and 10 p. m. on Tuesday, March 1, 1932.

DESCRIPTION:

Age, 20 months   Hair, blond, curly
Weight, 27 to 30 lbs. Eyes, dark blue
Height, 29 inches   Complexion, light
   Deep dimple in center of chin
   Dressed in one-piece coverall night suit

ADDRESS ALL COMMUNICATIONS TO
   COL. H. N. SCHWARZKOPF, TRENTON, N. J. or
   COL. CHAS. A. LINDBERGH, HOPEWELL, N. J.

ALL COMMUNICATIONS WILL BE TREATED IN CONFIDENCE

COL. H. NORMAN SCHWARZKOPF,
March 11, 1932.   Supt. New Jersey State Police, Trenton, N. J.

departamentos de polícia. Porém, Hazelwood conseguiu encontrar pistas no caso de Harvey Glatman, o caso que originalmente havia inspirado seu interesse pela violência em série. Apontou que Glatman — também conhecido como o Assassino dos Corações Solitários — era um exemplo em que a interação da mídia não tinha o objetivo de enviar ameaças. Tratava-se de usar os jornais para chegar diretamente às vítimas em potencial, o que Glatman fazia colocando anúncios em busca de modelos, que agrediria sexualmente para depois matar.

"A mensagem não é o que importa", disse Hazelwood. "É apenas o contexto. Nosso interesse deve estar no que a mensagem pode nos dizer sobre o remetente. Esse precisa ser o foco da nossa abordagem."

Douglas pegou a ideia de Hazelwood e a estendeu. A BSU havia feito pesquisas anteriores sobre psicolinguística — o estudo dos aspectos psicológicos da linguagem — e Douglas acreditava que valia a pena aplicar isso aos novos tipos de casos com repercussão de mídia. Analisar as mensagens de um infrator não é realmente diferente de qualquer outro aspecto da criação de perfil. Ao detalhar os elementos-chave de como, quando e por que um criminoso se comunicava com os outros, podíamos obter *insights* profundos do pensamento do agressor. Douglas explicou isso usando o famoso caso do Bebê Lindberg, citando um recado descoberto no peitoril da janela do berçário do bebê sequestrado. Dizia:

> Caro senhor
>
> Providenciar 50.000$. 25.000$ em notas de 20$, 15.000$ em notas de 10$ e 10.000$ em notas de 5$. Após 2–4 dias, informarão onde você deveu entregar dimheiro. Um alerta: não fazer nada disso vir a público nem notificará o polícia. O criança está bem tratada. Instrução para as cartas na assinatura.[2]

---

2   O original traz uma série de erros ortográficos e gramaticais: "Dear Sir, Have 50.000$ ready 25.000$ in 20$ bills 15.000$ in 10$ bills and 10.000$ in 5$ bills. After 2–4 days we will inform you were to deliver the money. We warn you for making anyding public or for notify the police. The child is in gut care. Instruction for the letters are singnature." [NT]

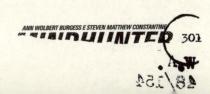

Douglas detalhou a importância da análise da linguagem no caso. Explicou como a ortografia e a sintaxe, bem como a escolha das palavras e o fraseado empolado, sugeriam que o autor havia nascido na Alemanha e provavelmente mantinha um forte sotaque alemão. Nessa nota, o autor usou a palavra alemã *gut* no lugar da palavra inglesa *good* [bem]. E nas notas subsequentes, o autor escreveu foneticamente como um falante nativo de alemão faria, usando palavras como "mony" (*money*: dinheiro) e "shuld" (*should*: deveria). As pistas estavam todas lá para os investigadores que conseguiam enxergá-las.

"Eles pegaram o cara rastreando os números de série do dinheiro do resgate", disse Douglas. "Mas poderiam facilmente ter usado a análise de linguagem. Só precisamos desenvolver um conjunto de técnicas para a análise."

Lembro-me do momento decisivo em que ajudei Douglas a descobrir os detalhes dessa nova técnica — análise psicolinguística, como ficou conhecida. Estávamos sentados no escritório quando ele recebeu uma ligação. Era um caso de Chicago. A polícia recebeu uma carta não rastreável que ameaçava explodir um banco com uma bomba.

Douglas reuniu vários agentes e nos deu um resumo da ligação. "É um banco da cidade que está demitindo pessoas, e estão fazendo isso por carta, não pessoalmente. O interessante é que a carta que a polícia recebeu não menciona nenhum funcionário por nome. Só ameaça o banco. Então, qual é a vitimologia neste caso?"

"Tem que ser o banco", eu disse.

"Por quê?", perguntou Douglas.

"Porque é aí que concentraremos a análise", expliquei.

Os agentes pareciam confusos, então acrescentei: "Não se prendam ao fato de que um banco não é uma pessoa. Essa não é a questão. O que importa é como a vítima e o agressor estão conectados. O suspeito vê o banco como o problema geral".

"Ok. Então, por que se incomodar em enviar uma carta à polícia?", Douglas refletiu.

Hazelwood interveio. "Isso me parece uma ameaça vazia. Estamos olhando para um cara que perdeu o emprego e não tem com quem reclamar. Está tentando se sentir grande."

"Tome cuidado para não dar motivos aos investigadores para não levarem isso a sério", acrescentei. "Pode ser uma ameaça vazia agora, mas quanto mais tempo ele insiste nisso, mais real se torna na cabeça dele. Algo poderia ativá-lo bem rápido."

Douglas assentiu e dispensou todos de seu escritório. Então contatou a polícia de Chicago e sugeriu que procurassem um funcionário de longa data que havia sido demitido há pouco tempo, provavelmente um homem branco com um histórico de reclamar com seus colegas de trabalho sobre como se sentia infeliz com o banco. Não estavam procurando um cara durão, mas alguém que cederia depois de algumas perguntas difíceis. Era o necessário.

Mais tarde naquela semana, Douglas recebeu uma ligação do Departamento de Polícia de Chicago dizendo que tinham identificado o autor da carta. Era um homem branco, de meia-idade, e um dos funcionários recém-demitidos. O sujeito tinha um histórico de reclamações sobre o banco e sobre como a instituição era mal administrada.

Assim, a análise psicolinguística tornou-se uma ferramenta viável na criação de perfis.

E fazia sentido. Porque embora a psicolinguística pudesse parecer excessivamente técnica à primeira vista, estava completamente enraizada no comportamento humano. Esse era o tipo de pesquisa inovadora que mais me fascinava na BSU. Enquanto o resto do mundo investigativo era arrastado por uma corrida armamentista tecnológica — especialmente nossos colegas da CIA, que dependiam cada vez mais de computadores, bancos de dados e todo um novo paradigma de sistemas avançados de vigilância na Guerra Fria com a União Soviética —, nós nos focamos no aspecto humano. Eram pessoas que tinham cometido crimes e ameaçavam a segurança. Nunca perdemos de vista esse fato.

É claro que não éramos completos luditas.[3] Houve momentos em que enxergávamos o valor de usar novas tecnologias para ajudar a BSU a melhorar como uma unidade. Certa vez, por exemplo, quando sete de

---

3   O ludismo foi um movimento surgido na Inglaterra durante o século XVIII, no contexto da Revolução Industrial. Os ludistas quebravam as máquinas como forma de protesto frente às más condições de trabalho, como se as máquinas fossem as culpadas por suas mazelas. [NT]

nós estávamos a caminho de uma conferência em Baltimore para apresentar um estudo de caso de perfil, os dois carros em que estávamos se separaram. Deveríamos nos encontrar no Holiday Inn, mas havia vários locais na cidade e não havíamos coordenado especificamente onde nos encontrar. Estava ficando cada vez mais tarde quando, por fim, os dois carros ligaram para a Academia usando telefones públicos. Conseguimos coordenar a reunião debaixo de uma ponte em Baltimore e decidimos o que fazer depois de lá. Mais tarde, Nick Groth virou-se para mim e disse: "Esses caras são agentes do FBI. Como resolvem crimes se nem conseguem encontrar uns aos outros?".

A BSU foi rápida em adotar pagers depois disso.

Nos meses seguintes — a maior parte do outono e do início do inverno de 1986 —, trabalhei nos seis arquivos da BSU para reunir uma lista de casos anteriores envolvendo anotações ou outros tipos de comunicação que poderiam ter se beneficiado de psicolinguística investigativa. Não eram muitos, mas isso não me surpreendeu — a maioria dos assassinos em série tinha bom senso suficiente para evitar qualquer tipo de interação que pudesse levar à sua prisão. É claro que tínhamos notas e cartas de casos clássicos como parte de nossos registros, incluindo Jack, o Estripador ("Não vou parar de estripar até ser preso. Grandioso foi o último trabalho. Não dei tempo nem para a mulher gritar"), David Berkowitz ("Olá das sarjetas de Nova York, cheias de esterco de cachorro, vômito, vinho velho, urina e sangue"), e um assassino bem conhecido ainda foragido de Wichita, Kansas ("Onde esse monstro entra no meu cérebro, eu nunca vou saber, mas ele vem para ficar"). Mesmo assim, apesar desses nomes mais conhecidos, eu continuava voltando a um caso de extorsão em uma cidade pequena de Ohio. Chamou minha atenção pela maneira como eram intrincadas as mensagens do suspeito. A comunicação começou no dia seguinte ao desaparecimento de uma adolescente. Seus pais receberam uma ligação dizendo: "Estamos com a sua filha. Queremos 80 mil dólares ou você nunca mais a verá". A polícia, então, correu para o lugar de onde a ligação havia sido rastreada — uma pequena residência nos arredores da cidade —, mas tudo o que encontraram foram algumas peças de roupa da garota desaparecida e um mapa.

O mapa direcionou os investigadores a um segundo local — uma área gramada ao longo do rio Sandusky —, onde encontraram um segundo mapa coberto de desenhos indecifráveis e o restante das roupas da garota desaparecida. Uma inspeção mais detalhada desse segundo local revelou que algo, possivelmente um corpo, havia sido arrastado de um veículo e jogado no rio. Porém, nos dias que se seguiram, os pais receberam ligações adicionais descrevendo como a troca do resgate precisava funcionar se a família quisesse ver sua filha novamente.

Eu estava curiosa quanto aos mapas, de modo que entrei na sala de Douglas para conferir se ele tinha alguma recordação relacionada ao caso.

"Sim, conheço esse", confirmou. "Para mim, exigir 80 mil dólares parecia baixo demais. A princípio, imaginei que o suspeito não era particularmente brilhante, mas as cartas de extorsão que escreveu foram bastante bem-feitas."

"O que quer dizer com isso?", perguntei.

"Bem, para começar, o homem usou um estêncil para escrever as palavras. E escrevia coisas como: 'Vá a uma cabine telefônica nesse local e procure embaixo uma mensagem que será colada na parte inferior do telefone'. Ele levava as pessoas a seguirem pistas erradas, tentando distrair a investigação do fato de que havia cometido um assassinato. A falha dele foi insistir em continuar fazendo a mesma coisa. Acabamos colocando vigilância em todas as cabines telefônicas locais e tiramos fotos dele colando uma mensagem embaixo de um telefone."

"Entendi", comentei. "Então ele estava facilitando para a polícia, deixando um rastro como as migalhas de João e Maria. E deixa eu adivinhar: ele nunca teve a intenção de matá-la. Foi um estupro que deu errado. Algo o desencadeou. Então misturou tudo na cabeça e encenou a extorsão como forma de encobrir o assassinato. O criminoso estava tentando se separar do caso, mas sendo antissocial, foi pego na parte de assumir um risco e não podia simplesmente ir embora. Isso resume o jogo dele?"

"Bingo." Douglas assentiu. "Mas por que o interesse repentino nesse caso?"

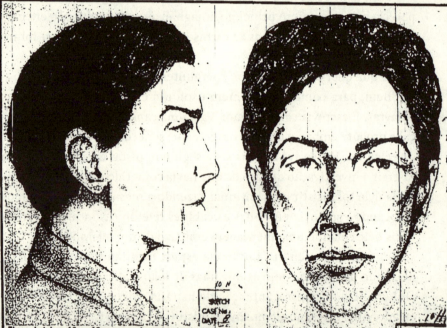

1977

PROFILE 3
profile

"Estive passando por alguns casos antigos como este para ver se a psicolinguística teria ajudado. Achei que seria um bom recurso para os criadores de perfil mais novos da equipe. Se bem que esse não serve muito de exemplo."

"Na verdade, não. Não havia necessidade de prolongar o ato a ponto de ser pego em uma cabine telefônica. Ele estava sendo elaborado demais. É a mesma coisa que aconteceu com Berkowitz ou o Assassino do Zodíaco, esses caras ficam cheios de si. Parece que estão em uma maré de sorte. Bundy, Williams — todos eles. Eles se perdem no aspecto de risco do crime. Isso se alinha com a personalidade de risco."

"Espere um minuto", interrompi. "Então essa é a sacada. Aqueles que querem interagir conosco — aqueles que provocam a polícia ou os jornais ou quem quer que seja —, estão, em resumo, gritando por atenção. Se o que desejam é um pouco de emoção, então devemos lhes entregar emoção. Vamos jogar com o ego deles, pegar as migalhas de pão deles e lhes dizer como são espertos. Quanto mais nos envolvermos com eles, mais tentarão nos impressionar. É basicamente um ABC do comportamento que precisa de aprovação. A necessidade desesperada dessas pessoas por atenção é a isca que usaremos para nossas armadilhas."

PROFILE 3
profile 308

bind, torture and Kill

TORTURA
E CAOS

Não há criatura mais cruel
do que o Homem.
Leonid Andreyev, *O Riso Vermelho*

CAPÍTULO 14

MINDHUNTER PROFILE 3

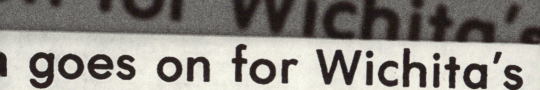

Em 1987, quando o FBI encarregou a BSU de descobrir por que os assassinos em série estavam procurando a atenção da mídia, foi claramente uma resposta a um suspeito em particular. O autodenominado Assassino BTK[1] estava ativo novamente. Suas ações fizeram sete vítimas entre janeiro de 1974 e dezembro de 1977, antes de ficar em silêncio por quase uma década.

---

1 Abreviação de *"Bind, Torture, Kill"*, que em português se traduz livremente para "Amarrar, Torturar, Matar". [NT]

PROFILE 3
profile

Então, a partir da primavera de 1985, matou duas novas vítimas. Em seu retorno trouxe consigo um antigo hábito de enviar comunicações tanto para a mídia quanto para a polícia local de Wichita, Kansas. Era estranho. O fato de ter interrompido de forma súbita sua atividade criminosa sem que tivesse sido pego era algo incomum para um assassino em série — embora houvesse alguns casos em que suspeitos tinham sido presos por um crime não relacionado e depois confessado os assassinatos. No caso de um assassino como BTK, alguém que claramente buscava reconhecimento e atenção como um componente fundamental de seus atos criminosos, o prolongado período de inatividade era diferente de tudo que já tínhamos visto antes.

"Essas pessoas não param por anos a fio", disse Ressler.

Para tornar as coisas mais complicadas, a BSU tinha se envolvido com o caso em várias ocasiões ao longo dos anos, mas sem sucesso. O assassino tinha total controle. Às vezes, provocava a investigação com elaborados caça-palavras ou colagens que sugeriam uma obsessão pela fantasia. Outras vezes, praticamente implorava para ser pego. Enviou uma mensagem para o jornal local *Wichita Eagle*, que fez uma releitura explícita de como o assassino invadira uma casa e matara quatro membros de uma família em plena luz do dia. Mais tarde, seguiu com uma divagação apologética cheia de erros gramaticais e palavras incorretas: "Lamento que isso aconteça com a sociedade [...] eu não posso parar assim, o monstro continua, e me machuca tanto quanto a sociedade. Talvez vocês possam detê-lo. Eu não posso. Boa sorte na caça".

De certa forma, o BTK assombrava a BSU. Era vago, fugaz e incognoscível, uma ameaça generalizada que pesava sobre nossas obrigações para com o Meio-Oeste. Nós nunca sabíamos quando apareceria novamente, e tínhamos certeza de que ele iria aparecer em algum momento. E apesar dos melhores esforços da BSU, ele já havia escapado duas vezes antes: uma em 1979 e outra quando tínhamos tentado atraí-lo em 1984. Agora, com essa nova missão do próprio diretor do FBI William Webster, a equipe tinha mais uma chance de aprender com os erros do passado. Nós poderíamos finalmente consertar as coisas — e colocar esse criminoso perigoso atrás das grades.

Nosso envolvimento original com o caso começou quando um detetive de homicídios do Departamento de Polícia de Wichita nos fez algumas perguntas. Seu departamento nunca havia enfrentado nada tão grave quanto os assassinatos de BTK, e não havia nenhum suspeito. Tudo o que tinham eram as fotos da cena do crime e duas cartas que ameaçavam ataques futuros. O detetive mencionou ter ouvido falar sobre nossa pesquisa a respeito de assassinos em série e o sucesso que tivemos em casos como esse. Queria saber se poderíamos ajudar. A equipe estava interessada e, uma semana depois, um tenente do Departamento de Polícia de Wichita voou para Quantico para nos atualizar sobre o caso.

Só pela cobertura jornalística, eu já sabia que estávamos lidando com um assassino que ansiava por reconhecimento. Ele era alguém que se sentia importante, mas negligenciado, ignorado e autoafirmativo — descontente a ponto de ver o crime como uma oportunidade para obter a atenção da qual se achava merecedor. Mas isso era apenas a superfície. O BTK era mais complexo do que a cobertura redutiva dos noticiários jamais poderia mostrar. E enquanto líamos as cartas dele e examinávamos pilhas de fotos de cenas de crime mostrando vítimas posando como bonecas abandonadas, tive meu primeiro vislumbre de como esse assassino era inteligente e obcecado. Ele usava o assassinato como uma tentativa de ser reconhecido, como uma forma de encontrar aceitação, como uma ferramenta para sair dos confinamentos sociais para expressar as ideias mais verdadeiras que tinha sobre si mesmo. E esse era apenas o começo. Ficou claro que o BTK mataria de novo — a menos que conseguíssemos entrar em sua mente e descobrir como dar um passo à frente dele.

Havia um desafio extra. Como o BTK era um criminoso ativo, Douglas, Ressler e eu tínhamos que ter o cuidado de manter a influência dele separada do estudo dos assassinos em série em que estávamos trabalhando na época. Tínhamos estabelecido parâmetros que nos limitavam a infratores conhecidos que já haviam sido condenados e haviam passado por recursos, e sabíamos da importância de manter a integridade de nossos resultados. Ainda assim, o caso me fascinava. Ressler, Hazelwood e Douglas também se interessaram profundamente por ele e estavam ansiosos para falar o quanto era incomum comparado aos pedidos mais típicos que costumavam chegar ao Bureau. Ficaram especialmente intrigados com o fato de um suspeito se comunicar tanto com a mídia quanto com a polícia. Ao contrário da maioria dos assassinos em série, que evitavam atividades capazes de expor suas identidades, o BTK exibia um desejo intenso e quase imprudente de atenção por parte do público. Até sua escrita parecia autêntica e desmascarada. Tudo mostrava um novo tipo de assassino que precisava ser pensado de forma diferente, tanto em termos de psicologia quanto de abordagem investigativa criminal.

Apesar de tudo o que havia de novo no caso, o BTK incorporava elementos de outros assassinos em série na construção da própria personalidade. Isso fazia sentido para mim, dada a obsessão do BTK em seguir a cobertura da mídia sobre seus próprios crimes. Confirmava sua natureza alienada, seu senso de arrogância e sua autoinadequação. Era do tipo que queria se comparar com outros assassinos, medir-se pelos olhos dos outros e controlar a narrativa pública de qualquer maneira que pudesse. Isso o tornava mais parecido com o Filho de Sam (Son of Sam), David Berkowitz, um assassino em série que aterrorizou Nova York durante o verão de 1976 atirando em vítimas inocentes e deixando recados na cena de seus crimes. Ambos haviam se referido ao seu lado assassino como "o monstro", e de modo igual sugerido seus próprios apelidos à mídia e desafiado a polícia deixando pistas alusivas a quem matariam em seguida. Isso ajudou a dar subsídios para a análise original do caso da BSU em 1979. E também se tornou parte integrante da estratégia que sugerimos à polícia de Wichita.

Nosso principal conselho? "Façam com que ele continue falando e não demonstrem qualquer hostilidade." Nosso relatório explicava que o assassino se sentia no direito de algum tipo de reconhecimento público pela relevância de seus crimes. Conseguia se divertir alimentando a percepção exagerada que tinha de si mesmo — logo, *ansiava* por conexão. E foi aí que surgiu a oportunidade. Nossa sugestão foi usar uma estratégia de mídia proativa na qual a polícia trabalhasse junta aos jornais

locais para atrair o assassino e fazê-lo se expor. Poderiam conseguir isso criando um canal aberto de comunicação para um diálogo contínuo entre o assassino e a polícia. Ele se revelaria através de seu orgulho.

Esse tinha sido o papel original da bsu no caso. Ainda assim, continuamos a monitorá-lo, especialmente durante o período inicial de idas e vindas entre o btk e a polícia local. Porém, não houve mais pedidos por nossa ajuda, e estávamos muito envolvidos em outros casos do nosso estudo de assassinos em série para oferecer qualquer conselho não solicitado. Como o resto do público, só podíamos assistir ao desenrolar dos acontecimentos, carta por carta, vítima por vítima, ao longo dos anos que se seguiram.

Cinco anos após a ligação original, a Polícia de Wichita resolveu fazer um segundo pedido de ajuda à bsu. Estavam nos estágios iniciais de formação de uma força-tarefa btk — mais tarde conhecida como "Caça-Fantasmas" — e queriam trazer uma perspectiva externa para os elementos comportamentais do caso. Até o momento, tinham acumulado pilhas de novos arquivos de casos, incluindo relatórios policiais, depoimentos de testemunhas, retratos falados, extensas fotos de cenas dos crimes, relatórios de autópsia e quase uma dúzia de novas cartas e colagens do próprio assassino. Porém, acreditavam que sozinhos talvez não soubessem exatamente o que fazer com todo aquele material; precisavam de ajuda para desenvolver um perfil coeso. E em outubro de 1984, dois detetives da força-tarefa chegaram a Quantico para fazer um resumo do caso durante um dia inteiro, pois haviam se preparado para fazer uma apresentação detalhada de tudo o que acontecera desde a última vez que havíamos conversado.

Douglas, que liderava o caso, trouxe os detetives da força-tarefa para a sala de conferências subterrânea e os apresentou à equipe. Esperou que todos se acomodassem antes de falar. "Antes de começar, tenho uma pergunta a fazer. Por que ir atrás do btk agora? Até onde qualquer um pode dizer, esse criminoso não está ativo há vários anos. Em sua *apresentação* foi dito que ele parou de se comunicar com a polícia de Wichita há algum tempo. Então por que agora?"

"Está certo", reconheceu o mais alto dos dois detetives. "A verdade é que o chefe do Departamento de Polícia de Wichita, depois de anos no cargo, está para se aposentar. Este caso sempre o perseguiu. Está tentando se livrar do fantasma antes de ir."

"Então, o ponto aqui é defumar um incenso para o BTK e mandá-lo embora", disse Douglas.

"Sim, senhor."

"Tudo bem. Porém, quero ter certeza de que conhece os riscos do que está propondo. Está provocando um assassino em série. E se der errado, isso é com você e o chefe."

Mais tarde naquela semana, depois de vasculhar os novos dados da força-tarefa e compará-los com outros casos de nosso estudo, começamos a trabalhar para refinar o perfil do BTK. Mas tudo se desenrolou devagar. Na verdade, não havia precedente real para esse tipo de criminoso, nenhum caso correspondente em que se basear. Apesar de adotar o padrão de assassinos conhecidos e cometer atos psicologicamente familiares que poderíamos categorizar e entender, todo o escopo de seus crimes era diferente. Era mais complexo e caótico. A crueldade do que fazia com os corpos de suas vítimas, os elementos ritualísticos de *bondage* envolvidos, sua natureza sexual e o nível de planejamento antes de cada ataque — tudo isso falava de violência em um grau mais alto. O número de diagnósticos psiquiátricos também estava fora dos padrões. O BTK mostrava sinais de sete transtornos parafílicos[2] e vários transtornos de personalidade. O assassino em série médio tinha dois ou três distúrbios no máximo — narcisismo e psicopatia sendo dois particularmente comuns. No caso do BTK, estávamos lidando com um tipo de psicologia criminal em camadas intrincadas sem termos nada do que já havíamos lidado antes para comparar.

---

2   Transtornos parafílicos são fantasias ou comportamentos sexuais recorrentes e intensamente persistentes que envolvem objetos, situações e/ou alvos atípicos, como crianças, cadáveres, animais ou adultos sem consentimento. Sua característica principal é o foco na angústia, sofrimento ou humilhação e seu potencial para causar danos.

"A lista vai longe", disse Hazelwood. "O cara se dá um valor muito maior do que possui na verdade, não sente empatia pelos outros, nenhum sentimento de culpa, remorso ou medo. Pode escolher o que for: ele vai ter."

O outro desafio era como entender os longos períodos de inatividade incomum entre os crimes do BTK, um comportamento muito estranho para um assassino em série. Os infratores tendiam a aumentar a frequência de seus ataques à medida que caíam cada vez mais na fantasia e perseguiam uma expressão ideal da raiva que se desenrolava em suas cabeças. Sabíamos que o BTK pegava itens pessoais de suas vítimas, e me perguntei se isso desempenhava um papel em sustentar períodos tão longos de inatividade. Em certo nível, sabia que os assassinos costumavam usar as lembranças que tiravam de suas vítimas como um adereço para ajudar a repetir seus assassinatos de novo e de novo na cabeça. Mas isso era mais um paliativo, uma correção temporária de recompensas decrescentes.

Havia ainda outra possibilidade para os longos períodos de inatividade a serem considerados. Pelas fotos forenses, sabíamos que o assassino não economizava tempo — nem o risco inerente a isso — de colocar cuidadosamente suas vítimas em posições sexualmente explícitas. Isso sugeria que tirava fotos dos corpos das vítimas. Também se encaixava com o fato de que o assassino usava lembranças como forma de prolongar a fantasia e reviver seus atos de violência. As fotos tornariam muito mais fácil reviver o ato. Isso fazia sentido. E funcionava com o aparente conhecimento e hábito do BTK de imitar outros assassinos em série. Era uma homenagem a Harvey Glatman e seu *modus operandi* de usar fotografia em seus crimes — Glatman amarrava suas vítimas, estuprava-as e tirava fotos de seus rostos aterrorizados para saborear a experiência muito depois.

Ao final da sessão, a equipe montou um perfil de três páginas do BTK. Também oferecemos aconselhamento sobre como enfrentar o assassino sem antagonizá-lo com mais derramamento de sangue. Sugerimos apelar ao ego do assassino, tratando-o como igual e construindo um senso de confiança e respeito mútuos. Essa estratégia funcionara para resolver um caso anterior na Califórnia no início dos anos 1980, no qual Douglas usava o que era chamado de "superpolicial" para falar diretamente com o assassino em coletivas de imprensa. Ressaltou a importância de não fazer declarações sobre o estado mental do assassino, aconselhando que o superpolicial se certificasse de se alinhar com o assassino e não com a mídia ou especialistas em psiquiatria. Se o BTK quisesse se sentir importante, os investigadores deveriam fazê-lo se sentir importante. Ele acabaria ficando tão fixado pela atenção que se entregaria.

O próprio perfil categorizava o BTK como um sádico sexual com uma imaginação fantasiosa vívida. Pegamos todas as provas disponíveis (que, na época, não eram muitas) e as dividimos em seções. Com base na pose deliberada de corpos em forma de boneca na cena do crime, deduzimos que os assassinatos do BTK eram o resultado de uma fantasia assassina sendo encenada no mundo real. Quando cometeu assassinato, foi a primeira vez na vida que se sentiu em uma posição de importância e domínio. Tudo isso apontava para um fascínio de longa data pela violência, que provavelmente começou como fantasias logo no começo da infância. Com base em suas ações e na área na qual atuava, acreditávamos que o assunto era abordado de maneira abertamente estrita e religiosa, provavelmente por uma mãe autoritária que se utilizava de uma disciplina rígida para impor regras domésticas. Seu pai — como era o caso na vida de muitos suspeitos — provavelmente saíra de casa quando o BTK ainda era jovem.

A maneira como o suspeito brutalizava e profanava os corpos de suas vítimas era particularmente significativa para o perfil. "Isso mostra que ele estudou esses tipos de crimes e que não se incomoda com a violência", disse Hazelwood. "Tem pensamentos violentos desde que se lembra. Provavelmente torturava animais na infância e, quando adulto, tornou-se afeito por trilhas e montanhismo e se interessou por psicologia e criminologia para aprender mais sobre si mesmo e outros como ele. E as poses nas quais coloca suas vítimas — isso é algo que ele já viu antes. Aposto que é conhecido por quem gerencia a livraria adulta mais próxima. Ele gravita para a fantasia."

PROFILE 3
profile

A vitimologia também era importante. Os primeiros assassinatos do suspeito estavam em todo lugar — homens, mulheres, mais jovens, mais velhos — enquanto seus assassinatos mais recentes se concentravam em mulheres solteiras de meia-idade. Isso mostrava que o suspeito estava envelhecendo e que seus alvos eram vítimas que poderia controlar facilmente, já que suas presas eram oportunidades para exercer domínio absoluto. O criminoso caçava suas vítimas selecionando bairros familiares onde não seria facilmente detectado. Escolhia áreas familiares, vigiava seus alvos para aprender os horários e rotinas deles e criava rotas de fuga fáceis para o caso de algo dar errado.

Pela formalidade de suas cartas, combinada com a maneira empolada com que escrevia, "Onde esse monstro entra no meu cérebro, eu nunca vou saber. Mas vem para ficar. Como alguém se cura? Se pedir ajuda porque matou quatro pessoas, vão rir ou apertar o botão de pânico e chamar a polícia", acreditávamos que o assassino tinha alguma experiência militar e/ou era aficionado pela polícia. Ele teria passado por acusações de arrombamento e invasão de propriedade, mas os itens que subtraía eram insignificantes: mais por fetiche ou pela emoção de cometer o crime do que qualquer outra coisa.

O perfil também enfatizava que não era incomum que sujeitos como o BTK se identificassem com os investigadores até o extremo de frequentar pontos de encontro da polícia para ouvir os policiais discutindo o caso (como Ed Kemper costumava fazer). Aqui, especialmente por causa da natureza orgulhosa e ousada do suspeito, sabíamos que revisitava a cena do crime logo após sua descoberta e tentava se misturar à onda inicial de vizinhos e transeuntes voyeuristas. Isso lhe permitia alimentar o próprio ego e ter um sentimento de superioridade. Também dava uma vantagem aos investigadores porque o sujeito não conseguiria sair do seu próprio jeito de ser. Ele escorregaria. Mas antes que escorregasse, provavelmente mataria outra vez.

Após a sessão de perfil, puxei Douglas de canto para trocar uma ideia com ele. Queria a opinião dele sobre a tendência do BTK de imitar ou incluir elementos de outros assassinos em série. Parecia significativo que o BTK estivesse emprestando hábitos de alguns dos mais notórios assassinos em série e adaptando-os para se adequarem às suas próprias rotinas. Certamente confirmava o tipo de ego com o qual estávamos lidando e explicitava seu desejo de obter o mesmo nível de notoriedade. Mas se ele era um estudante desse tipo de violência, então saberia como outros assassinos tinham sido pegos. Era importante termos isso em mente enquanto construíamos a estratégia para o caso. Seria preciso estar especialmente atento ao caso do Filho de Sam, David Berkowitz, com o qual BTK parecia explicitamente familiarizado.

"O que você acha do símbolo que ele usa nas comunicações?", perguntei a Douglas. "É muito parecido com o que Filho de Sam fez. Mas esse não é satânico, é erótico."

"Esse cara está tão mergulhado na própria cabeça que enxerga isso como parte de sua arte", Douglas refletiu. "Considera esse símbolo um elemento que aumenta sua importância. Por quê? Você acha que tem algo mais nisso?"

"Não tenho certeza. Acredito que ele o utiliza em parte pelo efeito. Mas transformar as próprias iniciais em um desenho sexualizado de um torso feminino é muito explícito. É meio desesperador de certa forma. É como se tivesse uma necessidade compulsiva de desenvolver e manter constantemente seu próprio mito."

"Quando Ressler e eu entrevistamos Berkowitz, perguntamos a ele a respeito de BTK", disse Douglas. "Foi assim que conseguimos que ele falasse. Adotamos a abordagem de: 'Tem um novo assassino no Kansas que o idolatra e está copiando um pouco do que você fez'."

"Você comentou com ele sobre o símbolo?"

"Não tivemos oportunidade. Assim que mencionamos o BTK, o Filho de Sam passou as cinco horas seguintes falando sobre cada detalhe de seus crimes. Não conseguimos calá-lo. Ficou com raiva que alguém estivesse andando na sua onda e roubando sua fama. E também ficou com raiva de todas as coisas que a mídia havia errado a respeito de seu caso."

"Eu me lembro disso." Balancei a cabeça. "Ele aceitava ser chamado de monstro, mas estava 'profundamente magoado' por ser chamado de odiador de mulheres."

"Sim. Deus não permita que alguém fira os sentimentos de um assassino em série." Douglas revirou os olhos. "Mas e quanto ao símbolo? O que estava pensando?"

"Só representa o quanto o criminoso quer o crédito por seus assassinatos — assim como Berkowitz", observei. "Contudo tem que ser feito da maneira certa. Esses caras querem que a mídia os veja e os retrate da mesma maneira como se veem. Para o BTK, esse símbolo faz parte da imagem que ele está tentando criar. O intuito dele é ser conhecido por sexo e controle."

Levaria vários anos para conseguirmos provar, mas estávamos certos de que o orgulho seria o calcanhar de Aquiles do BTK. O pontapé inicial foi dado no período que antecedeu 15 de janeiro de 2004, o trigésimo aniversário do horrível assassinato da família Otero, cometido pelo BTK, com o público mostrando interesse renovado no caso. E em 17 de janeiro, quando o *Wichita Eagle* publicou um artigo especulando se o BTK estava morto ou na prisão por um crime não relacionado, o próprio assassino tomou conhecimento. Fazia mais de uma década desde que cometera um assassinato pela última vez e anos de sua última comunicação com a polícia. Mas o BTK respondeu rapidamente ao *Wichita Eagle* reivindicando a autoria de seus crimes. Ironicamente escreveu o nome "Bill Thomas Killman" — como em BTK — como o endereço do remetente. E dentro do envelope, incluiu fotografias de uma mulher sem vida em posições sexuais, bem como uma fotocópia da carteira de motorista da mulher. O nome da vítima era Vicki Wegerle, uma mulher assassinada em 1986, mas não oficialmente ligada ao BTK. Essa carta foi apenas o começo.

À medida que os investigadores voltavam aos arquivos preparando-se para fazer outra tentativa no caso, perceberam que tudo o que o BTK estava fazendo e revelando sobre si mesmo se encaixava no perfil original da BSU de meados dos anos 1980. Chegou até a antecipar seu desejo de se identificar com os investigadores em uma carta na qual se autodenominava um colega policial. Foi quando a força-tarefa procurou o FBI para obter ajuda. Desejavam usar a estratégia original de "superpolicial" da BSU para atrair o BTK. No entanto, estavam apreensivos com a ideia de antagonizar ainda mais o assassino.

A estratégia da BSU era simples. Se o BTK quisesse se identificar como policial, o ajudaríamos a fazer isso. O plano era organizar coletivas de imprensa para que um oficial específico falasse diretamente com o BTK todas as vezes. De certa forma, esse oficial se tornaria um reflexo para o criminoso, uma contraparte devotada cuja dedicação ao caso — na mente do assassino — era uma forma de camaradagem e compreensão. A estratégia do superpolicial atenderia à necessidade constante de validação do BTK, confortando seu ego, seu senso de autoimportância e sua necessidade de se sentir aceito em um nível pessoal por figuras de autoridade. Em essência, o superpolicial seria um espelho. E no complicado mundo de fantasia da mente do assassino, mais cedo ou mais tarde ele começaria a se enxergar no superpolicial. Passaria a encará-lo como um amigo.

Ao longo dos onze meses seguintes, o detetive de homicídios de Wichita, Ken Landwehr — um policial sensato que trabalhava longas horas na base de café e cigarros — assumiu o papel de superpolicial para o caso. Tornou-se o rosto da investigação, realizando coletivas de imprensa regulares para falar diretamente com o BTK, massageando o ego do assassino, que certamente estaria de olho.

O BTK entrou direto na estratégia, como planejado. De modo muito rápido, ficou viciado pela atenção recém-descoberta que estava recebendo. E nos meses que se seguiram, provocou os investigadores por meio de uma série de dez comunicações adicionais que consistiam em cartas, quebra-cabeças e pacotes perturbadores de bonecas amarradas que tinham sido feitas para imitar as cenas de crime de seus assassinatos anteriores.

Em janeiro de 2005, o assassino deixou uma mensagem impressa em uma caixa de cereal para a polícia encontrar. "Posso me comunicar com um disquete e não ser rastreado até um computador? Seja honesto", disse. Continuou explicando que, se a resposta fosse *sim*, Landwehr deveria colocar um anúncio nos classificados do *Wichita Eagle* com a resposta: "Rex, ficará tudo bem".

Os investigadores fizeram o anúncio conforme solicitado. E então esperaram. Depois do que pareceram ser duas semanas intermináveis, receberam um pacote contendo um disquete que, sem que o BTK soubesse, armazenava metadados rastreáveis, mostrando que o disco havia sido usado em uma Igreja Luterana nas proximidades e tinha sido salvo pela última vez por um usuário chamado "Dennis". O site da igreja identificava Dennis Rader como presidente da congregação. A polícia tinha seu suspeito. Agora precisava buscar elementos que confirmassem as suspeitas.

Sabiam que se pedissem a Rader uma amostra de DNA, a resposta seria negativa. No entanto, puderam usar uma amostra de tecido coletada da filha de Rader, que recentemente havia ido a uma clínica de saúde para fazer exames de laboratório. Os resultados forenses chegaram 24 horas depois. O DNA de Kerri Rader batia com o do BTK. Com essa informação, a polícia não demorou para obter um mandado e prendeu o agente de *compliance* de Wichita, Dennis Rader, em 25 de fevereiro, durante seu intervalo para o almoço, capturando-o enquanto estava parado em um semáforo perto de sua casa.

A estratégia do superpolicial funcionou de forma tão eficaz que Rader ficou genuinamente chocado ao saber que Landwehr estava envolvido em sua prisão. O assassino pareceu ficar quase de coração partido pelo que via como uma traição à sua confiança. Chegou a perguntar para Landwehr: "Como você foi mentir para mim? Como foi mentir para mim?".

"Porque eu estava tentando capturar você", respondeu Landwehr.

Este foi o momento em que Rader ruiu.

Depois, fez uma confissão de 32 horas — uma recontagem cronologicamente dispersa, mas exaustivamente detalhada, de como havia torturado e assassinado dez pessoas, incluindo um menino de 9 anos e uma menina de 11 anos.

Falou de sua infância: "Na época, eu fazia esboços. Annette Funicello era meu alvo favorito de fantasia quando estava em *Mouseketeers*. Eu tinha histórias imaginárias de como iria sequestrá-la e praticar atos sexuais com ela. Também gostava de múmias, já que elas amarravam as pessoas".

Ele falou sobre os seus estágios para assassinar alguém: "Primeiro, vigio — esse é o estágio de pesca. Depois vem a fase de perseguição. Você basicamente vasculha, persegue e depois trava [a mira]. E continua

The Wichita Eagle

→ Now you know.

sas.com
■ WEATHER, 6B

Associated Press
...id that while the
...ation treated
...ghest priority,
...stration did not
...n urgent issue
...1 attacks.

...ke:
...te
...se
...bled

...terrorism
...epeated
...t al-Qaida fell
...the Bush

...papers

— Richard
... White House
...coordinator who
...political lightning
...se Wednesday
...inistration fum-
...o the al-Qaida ter-
...he panel probing
...attacks that his
...ent unheeded.
...iefed national
...ndoleezza Rice
...nd outlined a
...administration
...e the al-Qaida ter-
...ts Afghanistan
...matic pressure on
...ment and, failing
...adversaries.
... Clinton adminis-
...being too timid
...arguing that
...ted on unassail-
...fore launching
...eserved his
...or the Bush

CLARKE, Page 6A

...ery
...es
...reds
...os

...construction
...t in to make

BTK resurfaces after 25 years

Letter from serial killer ties him to '86 dea...

BY HURST LAVIANA
The Wichita Eagle

Vicki Wegerle

An envelope postmarked from Wichita on March 17 arrived at The Eagle on Friday. Inside was a photocopy of the driver's license of Vicki Wegerle, a 1986 homicide victim. Also inside were photos apparently taken at the scene of her slaying.

A serial killer who t...
...ized Wichita durin...
1970s by commit...
series of seven m...
has claimed responsibili...
eighth slaying and is pro...
now living in Wichita, p...
said Wednesday.

A letter The Wichita E...
received Friday suggest...
the BTK strangler was re...
ble for the Sept. 16, 198...
gulation death of Vicki W...
who was found dead in...
home at 2404 W. 13th S...
crime was never solved.

The letter contained a...
sheet of paper with a ph...
of Wegerle's driver's lice...
three pictures that appa...
were taken of her body...
picture shows the victim...
slightly different pose a...
her clothing arranged in...
slightly different manne...

The letter was postma...
from Wichita on March...

The victim's relatives s...
Wednesday that the dri...
license was the only thi...
know of that was missin...
the home.

Police said there were...
crime scene photograph...
Wegerle's body because...
removed by EMS worke...
before police arrived. A...
time, police said, EMS p...
was to transport injured...
to the hospital as quickl...
sible even if there was n...

"The photographs app...
be authentic," said Lt. K...
Landwehr, who has bee...
ing on the BTK case for...
years. "I'm 100 percent...
BTK. There's no doubt...
that's Vicki Wegerle's p...

Landwehr said the let...
tained no suggestion th...
killer planned to strike...
and he asked residents...
normal safety precautio...

Landwehr said the let...
being processed for fing...
and DNA evidence at th...
Sedgwick County Foren...
Science Center.

He said evidence from...
Wegerle homicide also...
sent to the forensic cen...
being processed using t...
gy that was not availabl...
1986. He said detective...
planned to run any evid...
they find through natio...

Sept. 16, 1986
Vicki Wegerle is strangled in her bedroom at 2404 W. 13th St. The family car is found two blocks away in the 1300 block of North Edwards.

April 4, 1974
Kathryn Bright is found stabbed to death in her home at 3217 E. 13th St.

Jan. 15, 1974
Joseph Otero, his wife, Julie, and two of their children are strangled in their home at 803 N. Edgemoor. The family car is later found at the Dillons store at Central and Oliver.

BTK's letters

October, 1974
The Eagle is directed to BTK's first letter claiming responsibility. It is found in a textbook in the Wichita Public Library and later traced to a copier in the WSU library.

Jan. 31, 1978
The Eagle receives a poem on an index card referring to the Van homicide.

Feb. 10, 1979
KAKE receives a letter from BTK claiming responsibility for the Van and Fox murders, as well as an additional unnamed victim.

January 1988
The wife of murder victim Phillip Fager receives a letter from someone claiming to be BTK.

March 19, 2004
The Eagle receives a letter containing a photocopy of Wegerle's driver's license and photos apparently taken at the scene.

March 17, 1977
Shirley Vian is found bound and strangled in her apartment at 1311 S. Hydraulic.

Dec. 8, 1977
Nancy Fox is found bound and strangled in her home at 843 S. Pershing. The killer calls police to report the homicide from a pay phone at Central and St. Francis.

April 28, 1979
The killer waits inside a home at 643 S. Pinecrest. He later sends the owner a letter letting her know he was there.

Mike Sullivan/The Wichita Eagle

Authorities remove the body of an Otero family member in January 1974. Four family members were ...

trabalhando nesse padrão. Depois vem a fantasia. Veja, você começa a sonhar com o modo de fazer e onde irá executar o plano. De alguma forma, dá um clique, e então junta suas coisas, marca uma data e tenta".

E falou sobre o ato de matar em si: "Estrangular uma pessoa é difícil. As mãos ficam dormentes depois de um tempo, a menos que esteja com elas em forma. Pode demorar dois ou três minutos. É preciso colocar pressão, enrolar o pescoço da vítima. Se afrouxar por um segundo, conseguem puxar um gole de ar e se recuperam imediatamente... chutando e se contorcendo".

Rader transmitiu uma quantidade incrível de detalhes ao longo de sua confissão de vários dias. No entanto, sem jamais demonstrar qualquer sinal de remorso.

"Tudo girava em torno dele", disse Landwehr. "Sempre girou e sempre vai girar."

PROFILE 3
profile 326

o eg o se ra sua ruína

QUEDA
LIVRE

A soberba precede a
ruína, e a altivez do
espírito precede a queda.
Provérbios 16:18

ANN WOLBERT BURGESS E STEVEN MATTHEW CONSTANTINE

MINDHUNTER PROFILE 3
CAPÍTULO 15

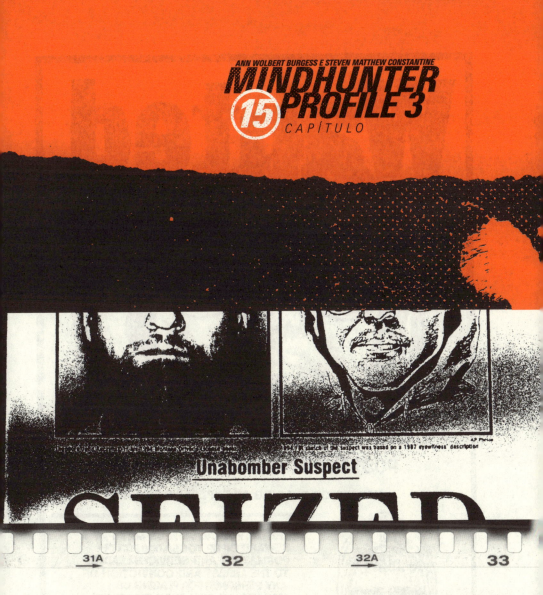

Em 1978, um ano após a primeira onda de assassinatos do BTK, um novo assassino em série apareceu em cena e pegou a mídia de surpresa. Os paralelos dele com o BTK eram impressionantes. No entanto, ao mesmo tempo, ambos os assassinos se destacavam como totalmente únicos em relação à maioria de seus pares. Era uma anomalia curiosa. Como seu símile, esse novo criminoso incorporava símbolos e mensagens enigmáticas na própria metodologia — uma forma de comunicação que, mais

The Hunt

WANTED BY THE
POSTAL INSPECTION SERVICE FOR

MAILING OR PLACING AN EXPLOSIVE DEVICE

White Male
25 - 30 Years Old
5'10" - 6' tall

THE U.S. POSTAL SERVICE MAY PAY A REWARD OF UP TO $50,000 FOR INFORMATION AND SERVICES LEADING TO THE ARREST AND CONVICTION OF ANY PERSON(S) FOR PLACING OR MAILING AN EXPLOSIVE DEVICE IN A POSTAL DEPOSITORY.

ON FEBRUARY 20TH, 1987 A PACKAGE EXPLODED AT A COMPUTER BUSINESS AT 270 E. 900 S. SALT LAKE CITY, UTAH 84111. BOMBS HAVE BEEN EITHER RECEIVED IN THE MAILS AND OR PLACED IN THE FOLLOWING STATES: UTAH, PENNSYLVANIA, ILLINOIS, CALIFORNIA, MICHIGAN AND WASHINGTON. THIS INCIDENT HAS BEEN LINKED TO 11 OTHER INCIDENTS WHICH HAVE OCCURED ACROSS THE UNITED STATES SINCE 1978 INJURING 21 PEOPLE AND KILLING ONE.

PROFILE 3
profile

tarde, evoluiria para uma necessidade incessante de manter contato direto com os principais meios de comunicação dos Estados Unidos. E como BTK, o assassino era ardiloso, exercendo um nível meticuloso de controle sobre seus crimes e deixava poucas pistas para os investigadores seguirem. Contudo, não era um imitador — os MOs desses dois assassinos não poderiam ser mais diferentes. Enquanto o primeiro possuía uma satisfação perversa no contato físico direto e estrangulava lentamente as vítimas até lhes retirar a vida, esse novo assassino mantinha distância. Era um dinamiteiro. A satisfação dele vinha da histeria em massa e do terror que era capaz de infligir. Pretendia remodelar o mundo para que se adequasse a uma construção idealizada de como pensava que este *deveria* ser, uma fantasia indescritível que se repetia sem parar em sua própria mente.

Apesar das crescentes preocupações com seus ataques, o protocolo padrão era que a BSU não ajudava em um caso até que fôssemos explicitamente solicitados a fazê-lo. Assim, de maio de 1978 a junho de 1980, não tivemos escolha a não ser assistir do lado de fora enquanto as notícias dos atentados se repetiam nas primeiras páginas dos principais jornais nacionais. Éramos espectadores como todos os outros.

O primeiro ataque ocorreu em 25 de maio de 1978. Um pacote abandonado foi descoberto em um estacionamento e levado de volta a um professor da Northwestern University chamado Buckley Crist, cujo nome estava no endereço do remetente. Embora a caixa tivesse seu nome, Crist insistiu que nunca a tinha visto antes, muito menos enviado o pacote, para começo de conversa. O professor entrou em contato com um oficial de segurança do campus, o oficial Terry Marker, que abriu o pacote e inadvertidamente detonou a bomba caseira que havia dentro. A explosão resultou em ferimentos leves na mão esquerda do oficial, felizmente não causando nenhum outro dano além disso. O segundo ataque também ocorreu no campus da Northwestern University. E, mais uma vez, produziu um resultado (relativamente) positivo de pequenos cortes e queimaduras — desta vez tendo ferido um estudante de pós-graduação desavisado chamado John Harris.

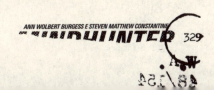

Os dois ataques seguintes foram notavelmente diferentes em seu *modus operandi*. Em vez de mirar em indivíduos, o homem-bomba aumentou as apostas ao mirar em companhias aéreas — mostrando uma nova camada de complexidade que dialogava com o crescente senso de autoconfiança do suspeito. Primeiro, em novembro de 1979, uma bomba foi detonada no voo 444 da American Airlines, enchendo o avião de fumaça espessa e forçando o piloto a fazer um pouso de emergência. No ano seguinte, o presidente da United Airlines, Percy Wood, recebeu um pacote em seu endereço residencial que havia sido manipulado para explodir quando fosse aberto. Essa explosão resultou em graves queimaduras no corpo e no rosto da vítima, mas Wood conseguiu escapar com vida. Mesmo assim, pelo dano físico que causou, foi o ataque mais bem-sucedido do bombardeiro até então.

O caso estava inicialmente sob a jurisdição do Serviço Postal dos EUA e do Departamento de Álcool, Tabaco e Armas de Fogo. Mas os ataques às companhias aéreas, que eram indicadores claros da mente criminosa em rápida evolução e que estava apenas aprendendo a se expressar, levaram a BSU a se envolver. Foi quando os investigadores forenses analisaram os dispositivos explosivos lado a lado e encontraram uma semelhança nos pedaços de fio de lâmpada, prendedores e interruptores do tipo cavilha que haviam sido recuperados nas cenas do crime. O design era bastante singular. Quase todas as peças tinham sido meticulosamente trabalhadas em madeira, até os parafusos feitos à mão. Isso tornou os materiais impossíveis de serem rastreados, além de singulares em sua construção. Esse era o trabalho de um dinamiteiro em série.

A BSU ficou encarregada de analisar os elementos comportamentais dos ataques para fornecer um perfil preliminar. No entanto, além dos próprios fragmentos das bombas e das pessoas visadas, havia pouquíssima informação disponível para nós. Até o codinome do caso refletia como sabíamos pouco. Estávamos chamando de UNABOM, sigla que significa Universidade (UN) e Bombardeio de Companhia Aérea (ABOM). Contudo, após o sétimo atentado — 2 de julho de 1982 —, houve informações suficientes para começar a traçar formalmente o perfil do suspeito no caso, o Unabomber, como passou a ser conhecido. Douglas, pela primeira vez em sua carreira, foi designado como o principal perfilador do caso.

"Este é realmente difícil de perfilar", admitiu Douglas. "Temos as bombas e as vítimas, mas nenhuma interação e nenhuma cena de crime típica. Não há muito com o que possamos trabalhar."

"Vamos começar com as bombas", sugeri. "São a ferramenta dele, e sabemos que são artesanais, de modo que deve haver algum tipo de significado presente. Quais são as especificidades que descobrimos sobre elas até agora?"

"Descobrimos que não são rastreáveis", respondeu Douglas. "As duas primeiras eram bombas simples, construídas com cabeças de fósforo, baterias e alguns elementos de madeira. A terceira bomba, que estava no porão do voo da American Airlines, tinha um detonador controlado por um altímetro. Não explodiu, mas o desenho do sistema de detonação indicou um novo nível de complexidade no MO do Unabomber."

"Estou mais interessado na sexta bomba, aquela com pólvora sem fumaça que foi remetida à Vanderbilt University. O que achou disso?", Ressler interveio, olhando para o especialista em incêndios criminosos Dave Icove, que havia participado da reunião como especialista no caso.

"Acho que ele está melhorando no que faz", disse Icove. "Estamos claramente lidando com um homem de inteligência acima da média. Os produtos químicos que mistura e os dispositivos de ativação que está começando a construir — isso não é química de nível colegial. A maioria das pessoas já teria se explodido."

"Ann, e a vitimologia? O que está vendo aí?", perguntou Douglas.

"Foram universidades ou companhias aéreas até agora", observei. "Mas não há nada consistente sobre os indivíduos visados. Isso me faz pensar que a mensagem em si é mais importante do que as vítimas reais. Meu pensamento atual é que estamos lidando com um assassino ideológico. Então, qual é a mensagem que ele está tentando enviar? Ou qual é a mensagem que pretende atacar?"

"Teríamos que saber mais a respeito dos elementos ritualísticos." Douglas parou para pensar. "Ele está construindo os próprios componentes de madeira em vez de comprar componentes elétricos baratos

que poderia obter em qualquer loja de ferragens. E começou a abrigar as bombas em elaboradas estruturas de madeira que está construindo. As vítimas dele também têm conexões com madeira, seja como parte do nome ou endereço."

"Precisamos voltar ao protótipo para casos de bombardeio", disse Ressler. "Se você olhar para o caso George Metesky,[1] ele mostrou a importância da assinatura para esses tipos de crimes, o aspecto de um cartão de visita. Metesky fazia isso colocando cartas em suas bombas e escrevendo cartas raivosas para o jornal que culpava a Consolidated Edison pelo desenvolvimento da tuberculose. Essas cartas ajudaram os investigadores a descobrir que se tratava de um funcionário insatisfeito. Foi isso que o levou à prisão."

"Mas esse cara não está escrevendo nenhuma carta", retrucou Icove. "E seu método de fazer bombas mostra que está se esforçando mesmo para se esconder o máximo possível. Quer dizer, ele fez o próprio adesivo derretendo cascos de veado, pelo amor de Deus. Não há sinais de que vá começar a nos dizer quem é."

"Eu não teria tanta certeza disso", comentei. "Há uma razão para o suspeito agir assim. Está tentando transmitir uma mensagem. Em termos de comportamento, a única coisa que o separa de todo o resto é seu grau de cautela. Ele está chegando perto de fazer algum tipo de grande gesto para racionalizar seus ataques — essa é apenas a natureza dos criminosos em série. Mas está tentando garantir que haja um holofote grande o suficiente iluminando-o primeiro."

"Estou com a Ann nisso", concordou Douglas. "Esse cara está construindo algo. E aposto que está se sentindo muito bem consigo mesmo agora."

"Certo." Ressler assentiu. "Então usamos isso contra ele. Alimentamos a mídia com tudo o que podemos em termos de fotos, análises e os tipos de detalhes que manterão esse cara no noticiário. Jogamos a favor do ego dele. E quando o sujeito baixar a guarda para receber crédito pelo trabalho, estaremos prontos para capturá-lo."

---

1 O infame assassino em série de Nova York conhecido como Mad Bomber (Dinamiteiro Louco) passou anos aterrorizando Nova York com bombas estrategicamente colocadas por causa de uma vingança pessoal que mantinha contra seu ex-empregador, a Consolidated Edison.

• • •

Em maio de 1985, após um silêncio de três anos, o Unabomber desencadeou uma nova onda de atividade. E em dezembro daquele ano, nossos piores medos se concretizaram quando o dono da loja de informática Hugh Scrutton foi morto do lado de fora de sua loja em Sacramento, Califórnia. Essa foi a primeira fatalidade no caso, e sinalizou um ponto de virada profundamente perturbador. O Unabomber agora havia passado do que chamamos de dinamiteiro do tipo técnico — um criminoso cuja satisfação vinha do projeto, construção e detonação bem-sucedida de seus dispositivos — para um motivado pelo poder — um criminoso fixado na autogratificação através da destruição e do terror. Em outras palavras, o Unabomber não estava mais satisfeito em criar armas funcionais. Sua intenção agora era matar.

A morte de Scrutton deu ao Unabomber exatamente o que desejava. Ele deixou toda a nação nervosa e dominou o noticiário por semanas. Tornou-se um jogo de poder, e o criminoso estava apenas começando a perceber como poderia assumir o controle total. Em resposta, o FBI — que até então havia desempenhado um papel mais consultivo no caso — foi designado para se encarregar da investigação. Porém, apesar de comprometer centenas de agentes e recursos consideráveis, o Bureau viu pouco progresso. O Unabomber tinha um grande plano — e era terrivelmente habilidoso em escondê-lo.

"Olha", disse Douglas, depois de nos reunirmos na sala de conferências subterrânea no final de dezembro daquele ano. "A sede está supervisionando este caso agora. Não pediram nossa opinião, e com certeza não parecem interessados nela, mas estarão. Vão precisar de nós neste caso em algum momento, e estaremos prontos quando isso ocorrer."

"Que informações estamos recebendo?", perguntou Ressler.

"No momento, não muitas", disse Douglas. "Eles estão segurando bem as coisas por lá. Veem isso como uma vantagem."

"Como isso faria sentido?" Ressler olhou ao redor da mesa para cada um de nós, como se alguém pudesse ter uma resposta.

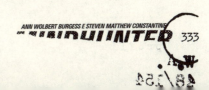

"Ah, mas não faz." disse Douglas. "Estão fazendo exatamente o oposto do que sugerimos há três anos. Precisam compartilhar o máximo possível de informações para aumentar o ego desse cara e trazer a ajuda do público."

"Ouvi dizer que estão preocupados com imitadores", disse Hazelwood.

"Mas então o que vão fazer? Isso justifica ficar esperando e deixar esse cara explodir o que bem entender?"

"Só estou dizendo que o que sugerimos não vai acontecer", disse Hazelwood. "Não com o tipo de atenção que estamos recebendo deste caso. Eles ficarão nos bastidores e adotarão a abordagem analítica o maior tempo possível."

Tanto Douglas quanto Ressler estavam prestes a falar, mas eu os interrompi. "Não tenho certeza se veremos muito mais ataques nesta rodada. O suspeito parou antes, e acho que isso indica uma personalidade paranoica. Vai querer que as coisas esfriem um pouco agora."

"Achei que todos concordássemos que esse cara se sente atraído pela atenção que está recebendo. Que vai fazer algo para justificar os ataques e depois reivindicá-los como seus", disse Ressler.

"Acho que é isso mesmo, mas também tem uma carga emocional para o sujeito", expliquei. "Parte da razão pela qual ele está cometendo esses ataques é porque ainda está elaborando qualquer que seja sua ideologia subjacente. Essa é a parte que ainda não sabemos — o porquê dos ataques. O que nós *sabemos* é que os ataques o ajudam a colocar seu motivo em destaque e também o tornam paranoico. Essa é a razão para os longos lapsos entre rompantes de ataques — é a maneira dele de tentar resolver os diferentes tipos de informações que está recebendo."

"Concordo com a Ann nessa", disse Douglas. "Também acho que tem a ver com o fato de que não o pegamos cedo o suficiente. Ele está planejando seus próximos passos e teremos que ajustar o perfil de acordo."

"Tudo bem", concordou Hazelwood. "E qual será o nosso conselho quando a sede ligar?"

"A estratégia não mudou", respondeu Douglas. "Diremos a mesma coisa que foi falada da última vez — que o melhor é divulgar todos os detalhes e informações relevantes que temos sobre o caso. Estressamos o cara para que nos responda. Quebramos o senso de controle do criminoso e o forçamos a cometer um erro."

. . .

Nas semanas que se seguiram, a equipe se manteve ocupada com um número incomumente alto de casos. Havia o Assassino da Rainha da Beleza (Beauty Queen Killer) perseguindo mulheres em todo o Sul; o Assassino em Série de Longview (Longview Serial Killer), que matava adolescentes no estado de Washington; e o Assassino de Green River, um dos mais prolíficos de todos os tempos, que estrangulava mulheres e meninas menores de idade em todo o noroeste do país, na costa do Pacífico. Estávamos todos trabalhando até tarde quando alguém disse: "Parece que Douglas desapareceu de novo".

Fiz uma pausa. A frase era um código, e eu sabia exatamente o que significava. A BSU era um zumbido constante de comoção: telefones tocando fora do gancho, copiadoras embaralhando com papel e aparelhos de fax *bip, bip, bip* em um coro de tons agudos difíceis de ignorar. Douglas às vezes precisava de uma pausa para acalmar os nervos e organizar os pensamentos. Jamais dizia a alguém para onde estava indo, no entanto eu sempre sabia onde encontrá-lo. Assim, peguei o elevador da Academia até a biblioteca, no último andar, e me encaminhei para o canto noroeste. Douglas estava sentado em sua mesa de sempre, parcialmente escondido atrás de uma pilha de livros e pastas cheias de documentos oficiais. Não me viu quando me aproximei.

"Eles estão perguntando de você lá embaixo", falei.

Douglas não ergueu o rosto.

"Eu só precisava de um tempo." Ele suspirou. "Às vezes, tudo começa a parecer um pouco louco lá embaixo, sabe?"

Concordei com a cabeça. "Difícil acreditar que entramos nessa voluntariamente."

Douglas, geralmente rápido em fazer uma piada, não riu. "Gosto da perspectiva que tenho aqui. Tudo no térreo parece muito pequeno e distante. É como se isso não importasse. Bem, não que não importe, exatamente, mas faz com que os casos pareçam um pouco menos opressores."

"Em qual você está pensando?", perguntei.

336. PROFILE 3
profile

"O dinamiteiro. Já deveriam tê-lo apanhado. Caso tivessem seguido nosso conselho..."

"Você não pode levar para o lado pessoal. A criação de perfil é muito mais do que qualquer um esperava. Funciona. O problema é que, no segundo em que provamos isso, tornou-se a ferramenta de controle do Bureau. Eles decidem quando usá-lo e qual aconselhamento querem seguir."

"Entendo", disse Douglas. "Nós não somos mais o projeto paralelo que costumávamos ser. Só estou dizendo que às vezes gostaria que ainda fôssemos assim. Era muito mais fácil fazer as coisas naquele tempo. Não havia a quem responder. Bastava que fizéssemos o que sabíamos que estava certo."

"Esse é o preço do sucesso. Você acaba se tornando parte do sistema que estava tentando consertar."

"Cara, esse é um pensamento deprimente."

"Não se preocupe muito com isso, John. Tenho certeza de que você vai encontrar algum novo problema em que se meter logo, logo."

Isso o pegou. Douglas riu. "É melhor voltarmos para ver como a equipe está se saindo."

No caso do Unabomber, seu grande passo em falso foi tentar alavancar os holofotes de seus crimes para o próprio ganho pessoal. Isso aconteceu em junho de 1995 — menos de dois meses depois de enviar uma bomba poderosa ao presidente da Associação Florestal da Califórnia, Gilbert P. Murray, e matá-lo em seu escritório em Sacramento. Em um movimento surpresa, o Unabomber enviou um manifesto de 35 mil palavras, "Industrial Society and Its Future" [Sociedade industrial e seu futuro], ao *New York Times* e ao *Washington Post*. Ele vinha tentando se comunicar com a mídia e com uma vítima em potencial desde 1993 por meio de cartas. Porém, foi somente com o manifesto que enfim declarou o motivo de seus ataques. Queria a "destruição do sistema industrial mundial". Tentou justificar esse objetivo, bem como suas ações violentas, explicando os motivos pelos quais acreditava que a tecnologia era má. Via a si próprio como uma espécie de profeta — um salvador, e sentia que era sua responsabilidade convencer o resto da sociedade a derrubar o sistema

tecnológico e voltar aos costumes dos grupos agrários. Fez questão de chamar o FBI de "uma piada", o que — não surpreendentemente — feriu alguns orgulhos no alto escalão.

A mensagem do Unabomber não importava para mim, mas o fato de ele ter entrado em contato proativamente nos apresentava uma oportunidade única. Era o clamor público por atenção que eu estava esperando. Era exatamente o que o perfil havia previsto no início e poderia levar aos tipos de informações e detalhes adicionais que precisávamos para desvendar o caso. As cartas e o manifesto deram aos psicolinguistas do Bureau a chance de analisar o estilo de escrita do Unabomber para saber mais sobre a escolaridade, psique, formação, demografia e motivação do autor. E poderíamos usar nossas descobertas como uma ferramenta para engajar a ajuda do público. Porém havia um problema. O Unabomber só pararia de matar, escreveu em suas cartas, se seu manifesto fosse publicado em jornais de alcance nacional. Eles teriam três meses para tomar uma decisão.

Este foi um desafio direto. Chamar o FBI de piada já era ruim o suficiente, mas um ultimato como aquele causou mais do que orgulho ferido: colocou o Bureau em uma posição de fraqueza. No entanto, após um acalorado debate interno — alimentado, em parte, pelo fato de que certos investigadores acharam que era um mau precedente dar a um criminoso violento um fórum tão público — chegamos a um consenso. O manifesto foi publicado em 19 de setembro de 1995, como um suplemento de oito páginas no *Washington Post*. Para satisfazer a demanda do Unabomber de querer que ambos os jornais publicassem o tratado, o *Post* e o *New York Times* divulgaram uma declaração conjunta dizendo que haviam decidido publicar o documento "por razões de segurança pública". Acrescentaram que "vamos dividir os custos de publicação. Está sendo impresso no *The Post*, que tem a capacidade mecânica de distribuir uma seção separada em todas as cópias de seu jornal diário".

Imediatamente, milhares de pessoas responderam, escrevendo para sugerir possíveis suspeitos. Um se destacou. Era de um homem chamado David Kaczynski, que reconheceu o estilo familiar de redação de seu irmão e algumas das ideologias desconexas do manifesto.[2] O Bureau pediu a David que fornecesse quaisquer outros documentos escritos que pudesse. Quando remeteu um documento de 23 páginas de seu irmão que parecia um rascunho inicial do manifesto publicado, a análise linguística determinou que o autor de ambos os documentos tinha uma provável similaridade.

Três meses depois, em 3 de abril de 1996, os investigadores prenderam Ted Kaczynski na cabana que ele mesmo havia construído perto de Lincoln, Montana. A busca descobriu uma bomba completa, vários componentes para fabricação desses artefatos e cerca de 40 mil páginas manuscritas de diários que detalhavam seu processo de fabricação de bombas e descreviam cada um de seus crimes.

Um dos principais objetivos da BSU era desenvolver técnicas para ajudar a identificar e prender criminosos em série violentos mais cedo do que sempre se pensara ser possível. Mas isso nem sempre significava que os capturávamos em dias ou semanas. Às vezes levávamos anos. Esse foi o caso do BTK e do Unabomber. Demorou décadas para levar esses dois assassinos à justiça. Em ambos os casos, nossas inclinações e perfis iniciais serviram como um roteiro, orientando as investigações à medida que se aproximavam cada vez mais da identificação dos dois criminosos, concentrando-se em sua psicologia comportamental e em falhas profundamente autointeressadas.

Na época da prisão de Kaczynski, deixei meu trabalho de ciência comportamental para me concentrar mais no lado do julgamento da violência em série. Depois de décadas trabalhando diretamente com investigadores para ajudá-los a entender melhor esses tipos de crimes, queria fazer algo semelhante nos tribunais. Ainda assim, em uma noite de primavera em 1996, estava grudada no meu aparelho de TV como todo mundo, vendo as primeiras imagens de Kaczynski surgirem no noticiário. Ele era mais velho do que o nosso perfil original havia previsto

---

2   David levou três semanas para reler o manifesto da internet em uma biblioteca local e depois compará-lo com as cartas raivosas que o irmão havia enviado para sua casa ao longo dos anos. Tomou a difícil decisão enquanto observava sua esposa comer cereais certa manhã. Olhou para ela e disse: "Querida, sabe, acho que pode haver uma chance de cinquenta por cento de que Ted tenha escrito o manifesto".

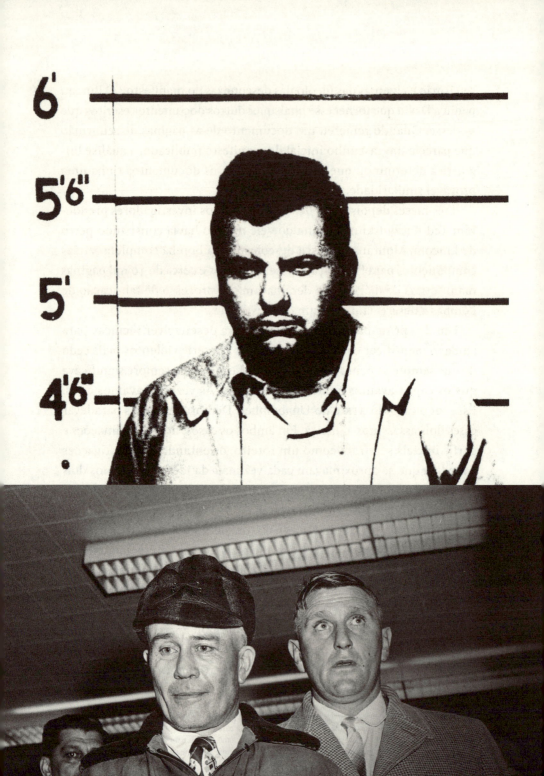

e parecia exausto. Apesar de termos acesso a poucos elementos para trabalharmos, acertamos muitas outras das peças: ele havia crescido na região de Chicago, havia se isolado da sociedade, estava vivendo como um eremita em Montana e acabaria cedendo à necessidade de seu ego por reconhecimento. Mais importante, nossa sugestão de uma estratégia de mídia proativa funcionara. Os investigadores precisaram de dezesseis bombas, 23 feridos e três mortes para finalmente nos ouvir — a estratégia havia sido evitada por anos com medo de que, de alguma forma, pudesse desequilibrar a investigação ou inspirar homens-bomba imitadores e nada disso aconteceu. No entanto, alistar a ajuda do público provou ser a chave para desvendar o caso. E estabeleceu um precedente de como o sistema de aplicação da lei e a mídia poderiam trabalhar juntos no futuro.

Ainda assim, uma coisa me preocupava no que tange a esses tipos de casos de mídia e seu retrato geral de assassinos em série: vinham com um efeito de condicionamento. O público estava começando a aceitá-los como histórias arquetípicas dos clássicos americanos. Em algum momento, o choque inicial do público em relação a assassinos como Ed Gein e John Wayne Gacy mudou de repulsa para fascínio. Chegou ao ponto em que o retrato falado do Unabomber feito pela polícia se tornou uma camiseta. Era perturbador. Pois, apesar de serem assassinos obviamente horríveis, a despeito de sua total brutalidade e da dor que infligiam às suas vítimas, eles, de alguma forma, haviam sido romantizados. Eram um novo tipo de celebridade. E todos os detalhes inconvenientes que interferiram nessa narrativa — a perda de vidas, problemas de saúde mental e as próprias vítimas — eram simplesmente ignorados. Isso não era algo que eu estava disposta a aceitar.

PROFILE 3
profile — 342

ícones culturais

GRANDE
ABISMO

A alma se tinge com a
cor de seus pensamentos.
Marco Aurélio

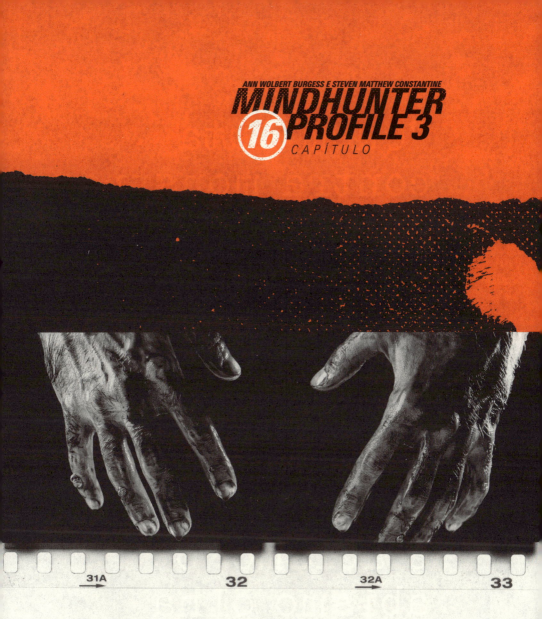

ANN WOLBERT BURGESS E STEVEN MATTHEW CONSTANTINE

MINDHUNTER
PROFILE 3
CAPÍTULO 16

Você nunca se acostuma com a ideia de assassinos em série. Nunca se sente complacente. Pelo menos eu não me sinto. Contudo, é possível ficar dessensibilizado. Eu tinha visto isso acontecer com agentes que não estremeciam mais em cenas de crime particularmente horríveis — o tipo em que o sangue de uma vítima se espalhava pelo chão e pelo terço inferior das paredes como se fosse tinta — ou achava mais fácil bater o ponto e desviar o olhar em vez de ficar trabalhando até mais tarde. Nesse ponto,

"Quem luta contra monstros deve cuidar para não se tornar também um monstro. Quando você olha muito tempo para o abismo, o abismo olha para você."

Friedrich Nietzsche

eles não estavam mais compartimentando os elementos mais terríveis do trabalho. Haviam se resignado. Ressler, que às vezes era uma espécie de filósofo, redigiu uma citação de Nietzsche: "Quem luta contra monstros deve cuidar para não se tornar também um monstro [...], pois, quando você olha muito tempo para o abismo, o abismo olha para você".

Em 1995, eu já sabia a verdade dessa citação por mim mesma. Tinha olhado fundo o bastante e por tempo suficiente para as mentes de assassinos em série para entendê-los de forma tão completa quanto podia. E enquanto fazia isso, eles me estudavam e me analisavam de volta. Vários sabiam os nomes dos meus filhos, outros liam todas as minhas publicações, e um me mandava um cartão de Natal anual, ano após ano. As fronteiras entre nós haviam se tornado tênues. Era hora de seguir em frente.

Então, no verão daquele mesmo ano, me afastei do cargo que tinha no FBI para me concentrar no lado legal da psicologia criminal e continuar meu ensino e pesquisa como professora universitária. Para ser clara, nunca encerrei oficialmente meu trabalho com o Bureau — até hoje, ainda sou consultora em casos quando me chamam. O que fiz foi tomar a decisão de levar minha experiência para uma nova direção. Já estava pensando nos próximos passos desde aquela conversa na biblioteca com Douglas, em meados dos anos 1980, quando falamos a respeito de nos sentirmos presos dentro do sistema que estávamos tentando consertar. Sabia, então, que uma mudança estava por vir. Só não tinha certeza de quando ou qual seria essa mudança. Porém, quando aconteceu, foi como uma revelação.

Certa manhã, no verão de 1995, enquanto eu andava de um lado para o outro nos corredores de Quantico, ouvi dois jovens agentes falando dos caminhos que os tinham levado a ingressar o FBI. A história do primeiro era bastante comum. Tinha sido militar no passado e foi recrutado após uma viagem de quatro anos de serviço no exterior. Mas o caminho do segundo para o Bureau chamou minha atenção. Diminuí o ritmo para ouvir mais atentamente. Ele estava falando especificamente a respeito da BSU e dos artigos que lera descrevendo nossos casos de sucesso, quando disse algo que me fez parar.

"Mas o caso Kemper... não sei se você já ouviu falar dele. Ele às vezes é chamado de Assassino das Universitárias. O cara fez algumas coisas bem loucas e não foi pego por anos. Ele é meu assassino em série favorito."

Essa última fala soou forte na minha cabeça. Era muito estranha. O que significava ter um assassino em série favorito? Então, de repente e com grande clareza, fiquei atônita com o significado da observação. Assassinos em série estavam ganhando notoriedade por seus crimes. À medida que o fascínio público por esses criminosos crescia, de forma semelhante crescia a mitologia em volta deles. As histórias deles estavam se tornando familiares, atraentes, e serviam até de entretenimento, oferecendo um vislumbre jamais visto dos cantos mais sombrios da natureza humana. Os assassinos estavam se distanciando da carnificina hedionda que haviam deixado para trás e transcendendo para o status de ícones culturais. E isso os tornava poderosamente atraentes. As pessoas se sentiam atraídas pela realidade perturbadora de como a humanidade poderia realmente ficar sombria, a aparente escuridão infinita do que os humanos *poderiam* se tornar se as normas sociais fossem retiradas ou totalmente desconsideradas. Identificavam-se com as emoções de raiva ou mesmo pensamentos violentos contra outro ser humano, mas não a ponto de agir de acordo com esses impulsos. Nos assassinos em série, o público via a si próprio — desmascarados e livres, porém, ainda assim, inteiramente possíveis.

Foi nesse momento que percebi a necessidade de compartilhar minha visão com o público geral. Eu não podia continuar me isolando, enterrando minha pesquisa seis andares abaixo do solo em uma agência do governo. Para mim, refinar os dados já não era mais o bastante. Eu precisava torná-los públicos. Assim como havia trabalhado para dissipar as percepções errôneas do público em relação ao estupro no final dos anos 1970, era hora de fazer a mesma coisa para as crescentes concepções errôneas em torno dos assassinos em série. Tive a chance de acertar as contas, mas a janela estava se fechando depressa. Sentia que precisava descobrir uma maneira de fazer isso antes que a mitologia desses criminosos se tornasse grande demais para ser controlada.

Naquela época, eu já podia ver a fronteira entre realidade e a ficção sangrando de um lado para o outro. Filmes populares como *O Silêncio dos Inocentes*, *O Massacre da Serra Elétrica* e *Assassinos por Natureza* estavam tomando elementos emprestados de assassinos em série do mundo real para criar vilões de livros de histórias que se encaixavam em um molde de entretenimento. No entanto, tinham feito isso simplificando demais as coisas. Tinham pegado a nuance e a realidade da psicologia criminal profundamente perturbadora e a reduzido a uma narrativa familiar do bem contra o mal. Tinham criado personagens fáceis para o público entender, consumir e simpatizar. E a técnica funcionara. O sucesso desses filmes levou a um aumento de produções sobre *true crime* na TV, o que levou as prisões a serem inundadas com cartas de fãs, que clamavam saber mais a respeito dos criminosos presos nelas. Havia até mesmo "*groupies*" de assassinos em série, que declaravam seu amor por meio de propostas de casamento.

Surpreendentemente, tudo fazia sentido. Essa curiosidade mórbida por assassinos em série era uma consequência lógica da perpétua campanha de relações públicas de Hoover. Os atos heroicos dos homens do governo só prendiam a atenção do público até certo momento. Era apenas uma questão de tempo antes que o interesse migrasse para os anti-heróis. É claro que essa atenção tinha consequências. De maneira usual, os holofotes do entretenimento encobriram a realidade e se concentraram nos assassinos em série apenas em suas formas mais atraentes. Como Hannibal Lecter em *O Silêncio dos Inocentes*, os assassinos eram frequentemente retratados como carismáticos, até simpáticos. Eram recobertos por qualidades de empatia e charme que tornavam mais fácil separá-los da malícia inimaginável de suas ações. Tinham sido transformados em seres humanos. Mas isso foi só um jeito útil de reduzi-los. O que aprendi no meu trabalho foi que os assassinos em série tinham emoções, sim, mas essas emoções não tinham profundidade. Não se importavam com os outros. Não desejavam fazer amigos. Não possuíam empatia. Só queriam fazer vítimas. A conexão — por meio de charme, bajulação ou humor — fazia parte do ato. Nada mais era do que um meio para um fim. E com essa base egocêntrica como a estrutura pela qual eles navegavam pelo mundo, eram livres. Faziam o que queriam. E isso os tornava perigosos.

A ironia do que eu via se desenrolar na cultura pop não passava despercebida para mim. Na verdade, parte de mim até queria rir. Passei anos na BSU tentando analisar as mentes de assassinos em série para que os investigadores pudessem entender melhor quem esses assassinos eram. Agora, a mídia estava adotando uma abordagem semelhante. Mas o objetivo final dela servia mais ao entretenimento do que à verdade, e as implicações disso eram profundas. O entretenimento não existe simplesmente em uma bolha; ele tem um efeito de condicionamento. O público estava simpatizando com assassinos em série em detrimento de suas vítimas. Eu já conseguia ter uma ideia de como isso teria consequência em julgamentos do mundo real, com um júri do mundo real tendo crenças ficcionais. Seriam enganados pelo mito. A verdade é que, assim como vi acontecer com casos de estupro naqueles anos todos lá atrás, a história estava se repetindo. Contudo, desta vez eu estaria pronta.

Dos meus anos de experiência com a BSU, eu havia conquistado uma reputação na esfera profissional como uma das principais especialistas em vitimologia, trauma e no fenômeno dos assassinos em série. Ao mesmo tempo, havia passado os últimos anos testemunhando cada vez mais no tribunal sobre os tipos de casos bizarros quando ninguém mais podia. Eu podia não ter os recursos para agir de igual para igual com a forma de retratar assassinos em série da mídia, mas ainda poderia fazer a diferença onde mais importava: nos casos probatórios do tribunal. Poderia falar com um júri e eliminar todos os equívocos, simplificações exageradas e reduções convenientes. Conseguiria dizer uma verdade que poucos sabiam — e, ao fazê-lo, encontrei-me em uma posição em que finalmente poderia usar essa verdade para ajudar as vítimas e suas famílias a receber a justiça que desesperadamente mereciam.

Minha oportunidade veio no verão de 1996, quando Ressler e eu recebemos um telefonema sondando nosso interesse em dar um parecer técnico no julgamento do assassino em série Henry Louis Wallace. O caso preenchia todos os quesitos. Era amplamente divulgado, cativante e o grande catalisador de atenção da mídia nacional. Também era notavelmente singular. Wallace — que já havia confessado ter estuprado e assassinado nove mulheres entre 1992 e 1994 e que mais tarde confessou ter matado mais duas — foi o primeiro assassino em série negro que encontramos. Além disso, Wallace conhecia cada uma de suas vítimas antes de tirar suas vidas. A maioria dos assassinos anteriores que catalogamos eram homens brancos cujas vítimas eram, em sua maioria, desconhecidas. Wallace representava a possibilidade de um perfil criminoso inteiramente novo — tanto para a BSU quanto para a mídia.

Porém, havia um problema.

Não foi o promotor que nos procurou.

Foi a defesa.

A novidade do caso estava se mostrando um desafio para eles. Os defensores queriam saber o que havia motivado os crimes de Wallace, o quanto eram deliberados e a natureza de sua saúde mental. Em outras palavras, precisavam de alguém com nosso nível de experiência para avaliar Wallace formalmente antes de seu julgamento.

Esse pedido me pegou desprevenida. Sempre considerei a equipe de defesa de um assassino em série uma adversária da justiça. Mas Ressler, que havia se aposentado recentemente do Bureau e agora estava interessado em aprender como o sistema legal funcionava, via as coisas de forma diferente.

"Nós não estamos aqui para escolher lados, Ann. Pelo menos esse nunca foi nosso trabalho. A questão sempre foi pegar algo complicado e tentar encontrar o sentido. Trata-se de encontrar a verdade."

Ressler estava certo. Condenar assassinos em série não era o objetivo. Estávamos atrás de algo maior. Pretendíamos desmentir os mitos difundidos em torno dos assassinos em série para mostrar ao júri como as mentes desses criminosos realmente funcionavam. Não importava se seria a defesa ou a acusação que usaria nosso conhecimento técnico. O que importava era que estávamos revelando a verdade. Nada mais que isso.

Na semana seguinte, em junho de 1996, Ressler e eu entramos na Penitenciária do Condado de Mecklenburg em Charlotte, Carolina do Norte, onde Wallace estava detido. Contudo, as coisas haviam mudado desde nossos primeiros dias de questionários para a BSU. Quando Ressler era um agente ativo, seu distintivo nos dava acesso imediato a qualquer prisão do país, sem questionamentos ou complicações. A aposentadoria fez com que ele perdesse esse privilégio. Estávamos à mercê do mesmo processo burocrático que todos os outros. Não conseguíamos nem passar pelo portão da frente sem as cartas assinadas de uma das advogadas de Wallace, Isabel Day, e de James P. Cooney III, um documento do tribunal aprovando a entrevista e nossas carteiras de motorista emitidas pelo estado. Era um processo totalmente diferente.

Mais de meia hora se passou antes que finalmente fôssemos escoltados por três estações de segurança e uma série de detectores de metal, e então nos pediram para esperar, perto de duas portas trancadas, pela chegada de um segundo guarda. Outros cinco minutos se passaram antes que as portas se abrissem lentamente e recebêssemos um aceno para entrar. Em silêncio, seguimos o guarda por um longo corredor, cujas laterais eram emolduradas por detentos que nos espiavam por detrás das grades de suas celas. Mantive meus olhos fixos em frente. Ser uma visitante feminina em uma prisão masculina não é como nos filmes. Não há cantadas, comentários sugestivos, pratos batendo nas grades de uma cela. Esse comportamento seria fácil de descartar — infantil e ingênuo. O que assusta é o silêncio. É carregado e absoluto. É atento. E eu pesquisei o suficiente para ouvir através do silêncio. Sabia o que os presos estavam pensando.

Nosso guarda nos levou a uma pequena sala com uma mesa, três cadeiras e uma cozinha para funcionários. Ele nos disse para "ficarmos à vontade", então saiu para buscar Wallace. Ressler começou a trabalhar na montagem do equipamento de gravação de vídeo.

Precisávamos de uma sala silenciosa para ajudar a criar o clima ideal para conduzir a entrevista, e aquele espaço parecia adequado. Olhei em volta para as luzes fluorescentes no teto, as paredes nuas, e então levei um susto. Uma toalha estava pendurada na cozinha. Fiquei chocada. Aquele homem havia matado a maioria de suas vítimas estrangulando-as com uma toalha. Corri e enfiei a toalha em uma gaveta assim que a porta estava se abrindo. Ali, com mais de 1,90 metro de altura e mais de 130 quilos, Wallace bloqueou a luz enquanto abaixava a cabeça ligeiramente para entrar na sala. Estava algemado e com as pernas acorrentadas, forçado a andar com passos desajeitadamente restritos; o metal grosso chacoalhando e ecoando no chão de concreto. Nosso guarda parecia uma criança em comparação a ele.

Aquele era o horário nobre.

Henry Louis Wallace era mais comumente conhecido como Estrangulador de Charlotte (Charlotte Strangler) ou Estrangulador do Taco Bell (Taco Bell Strangler) — este último por ter trabalhado como gerente de um Taco Bell. Quase todas as suas vítimas eram colegas de trabalho ou amigos e colegas de trabalho de sua namorada, que trabalhava em um restaurante local de Bojangles.

Ressler estendeu a mão em apresentação. "Sou Bob Ressler, agente aposentado do FBI."

"E eu sou Ann Burgess da Universidade da Pensilvânia", acrescentei, oferecendo minha mão também e apertando desajeitadamente a mão de Wallace, apesar do impedimento de suas algemas. "Somos parte de sua equipe de defesa. Estamos ansiosos para falar com você hoje."

"Eu estava esperando para ver vocês", disse Wallace. Ele foi educado, sorrindo amplamente enquanto olhava cada um de nós nos olhos. "Não tive…" Uma voz ressoou nos alto-falantes no corredor. Um som abafado de estática chamou os presos para uma reunião.

"Vamos ouvir mensagens como essa o dia todo", Wallace se desculpou. "Nunca param."

Ressler convidou Wallace para se sentar. O homem grande se arrastou até o outro lado da mesa e ocupou a única cadeira que ficava em frente à câmera e nossos dois assentos. A fim de obter seu consentimento, peguei uma folha de papel do meu caderno e pedi a Wallace que assinasse a autorização para a gravação da conversa, que seria usada para análise e ensino.

"Espero que aprendam a meu respeito", respondeu, lentamente assinando seu nome na folha na frente dele. "Porque eu não sei por que fiz o que fiz."

Houve uma pausa. A presença dele de repente fez a sala parecer claustrofóbica. Ressler então enfiou a mão em sua pasta e tirou uma pilha de revistas *True Detective*.

Wallace endireitou-se na cadeira. Inclinou a cabeça e observou atentamente enquanto Ressler colocava as revistas na mesa.

"Nós lemos todos os seus registros", disse Ressler, dando um tapinha na pilha de revistas de uma forma que ocultasse momentaneamente a visão de Wallace da capa da revista principal. "Sabemos que quando menino você gostava de ler os romances da sua mãe e também revistas policiais."

Wallace confirmou com a cabeça enquanto Ressler tirava uma revista da pilha e a colocava perto do centro da mesa. A capa mostrava a foto de uma mulher cujas roupas estavam quase todas rasgadas. Ela estava amarrada — com as mãos atadas sobre a cabeça — com uma mordaça enfiada na boca e encolhia-se por causa de um homem que segurava uma faca de caça contra seus seios grandes.

"O que está acontecendo aqui?", perguntou Ressler.

Wallace olhou para a capa. "Parece que ele está gostando."

Ressler tirou outra publicação e a colocou em cima da primeira. "E aqui? A que essa imagem está levando? Qual é a sua fantasia aqui?"

"Vejo uma estrela pornô, uma mulher se tornando agressiva com o homem. Eles estão trocando de papéis."

Isso foi e voltou ao longo de quase uma hora — tempo suficiente para discutir quinze revistas diferentes — com Wallace demonstrando uma animação cada vez mais visível ao longo de todo o processo. Começou a apontar para as fotos de que mais gostava, quase pulando na cadeira ao fazê-lo.

Ressler ergueu uma capa de *bondage*. "Isso combina com suas fantasias?"

Não houve hesitação. "É o controle", disse Wallace. "Prefiro relacionamentos forçados. Tive namoradas e 'encontros'" — a palavra que ele usava para prostitutas — "mas é a força que me dá o poder que procuro."

Wallace então admitiu que as revistas o tinham levado de volta à adolescência. Lembrava-se distintamente de espalhar as revistas pelo chão de seu quarto de infância e saborear sua coleção pornográfica, às vezes se masturbando e às vezes só ficando ali, nu e excitado. Nesse ponto, Ressler devolveu as revistas à pasta. As mãos de Wallace desapareceram sob a mesa e ele se mexeu um pouco na cadeira, admitindo que as fotos eram muito excitantes.

Anotei uma rápida observação no meu caderno: *Bondage é a pornografia dele.*

As revistas, é claro, eram apenas um teste inicial. Outros criminosos violentos reagiam da mesma maneira. Por exemplo, o Assassino BTK, Dennis Rader, disse aos investigadores que "estava ficando de pau duro" quando lhe mostraram seus próprios desenhos e fotos de suas vítimas mortas. Mas era importante observar a reação de Wallace dentro de um cenário estruturado para que pudéssemos estabelecer uma linha de base. Estávamos tentando descobrir o que, se é que havia algo, o diferenciava de seus pares. E a influência e a conexão entre revistas de detetives e certos criminosos sexuais violentos era algo bem compreendido. Até o momento, de qualquer forma, Wallace era apenas um assassino em série comum. Precisávamos descobrir mais a respeito de suas fantasias de estupro e assassinato — quando haviam começado, como tinham se desenvolvido e o que o havia levado a se tornar um sádico.

Em seguida, pedimos a Wallace que descrevesse sua infância, criação e cada um de seus assassinatos. Ele já havia feito isso com detetives e investigadores em Charlotte, mas esse processo havia servido principalmente para preencher formulários institucionais. Estávamos interessados em algo mais profundo. As respostas descuidadas de Wallace nos dariam as informações que realmente procurávamos — revelariam como ele se via. Mas, para alcançar a parte mais íntima de sua psique, precisávamos que o criminoso confiasse em nós. Oferecer as revistas era uma forma de estabelecer nossa intenção de comunicação de boa fé. Precisávamos fazer com que sentisse estar no controle de novo.

O controle é o elemento central de tudo o que os assassinos em série fazem. É um sintoma da maneira altamente padronizada deles de pensar. É a própria estrutura de suas fantasias e interações com as vítimas. E esse sempre foi o modo com o qual ele interagia conosco. É por isso que, apesar de já conhecer muito do passado de Wallace antes de conversar com ele, ainda assim lhe perguntamos a respeito de sua criação, para ver se haveria uma suavização dos fatos ou uma narrativa falsa. Não o questionaríamos caso alterasse a verdade — queríamos que ele se sentisse relaxado e aberto —, porém era importante entender como alteraria os fatos que já conhecíamos caso tentasse nos ludibriar. Compreender isso nos ajudaria a prever melhor o modo com o qual poderia manipular detalhes menos conhecidos de seus assassinatos.

Nossa consciência da dinâmica de controle estava no topo da lista de coisas que influenciaram o modo como estruturamos o questionário. Nos primeiros dias das nossas entrevistas com o FBI, aprendemos que era mais eficaz que uma única pessoa fizesse a maioria das perguntas relacionadas a um assunto, evento ou tema específico. Dessa forma, caso o entrevistado ficasse aborrecido, o outro entrevistador poderia assumir e mudar rapidamente de assunto, deixando para trás a associação negativa com as perguntas anteriores.

Dessa vez, eu começaria. Pensava que Wallace ficaria menos paranoico comigo, menos cauteloso. Testaria minhas reações. Tentaria descobrir ângulos diferentes buscando compreender o que eu representava. Porém esse processo de testar limites seria mais rápido comigo. Sempre era. Na mente dos infratores, eu era só uma mulher, gênero que jamais é encarado como uma ameaça. Essa é a forma de pensar dos assassinos sexuais. Faz parte da arrogância previsível deles e é algo que aprendi a usar a meu favor.

Convidei Wallace a começar falando de sua infância, e ele respondeu na cadência monótona de alguém desinteressado em recapitular uma história familiar. Descreveu a infância sem encanamento ou eletricidade em casa. A água da família vinha de um poço ao ar livre, e seu banheiro era um conjunto de penicos que ele tinha que esvaziar como parte de suas tarefas. Também mencionou que a casa era cheia de conflitos. Amava sua bisavó, a qual interveio para ajudar a criá-lo, mas não se dava bem com sua mãe. As duas discutiam com frequência, muitas vezes tarde da noite, depois que sua mãe voltava de longos turnos de trabalho em uma fábrica de tecidos onde costurava meias. Wallace caracterizou sua mãe como uma disciplinadora rígida de pavio curto e temperamento violento. Ela começou a bater nele quando ainda era muito jovem, antes mesmo dos dois anos de idade, muitas vezes por comportamentos normais da infância, como se sujar ou chorar quando estava chateado. Além disso, a mãe muitas vezes gritava com Wallace e lhe dizia desejar que ele nunca tivesse nascido. E nos dias em que estava muito cansada do trabalho, ordenava que a irmã de Wallace, Yvonne, três anos mais velha que ele, e que tentava ser o mais protetora possível, saísse de sua casa feita de blocos de concreto para encontrar uma vara, que seria usada para bater no irmão enquanto a mãe ficava assistindo. Essa educação incutiu nele um profundo sentimento de medo que continuou mesmo muito tempo depois que Wallace ultrapassou a mãe em altura, passando de 1,90 metro.

"Eu tinha pavor dela desde criança até a adolescência — temia que ela tentasse me matar."

"Por que ela o mataria?"

"Os espancamentos eram brutais. Ela dizia que ia me matar. Chegou a me apunhalar com uma faca de açougueiro uma vez. Eu me abaixei e ela arrancou um grande naco da parede. Minha mãe não era uma pessoa expressiva e amorosa. Na verdade, havia pouca demonstração de amor por parte dela. Era inferido."

"Fale de sua irmã." Mudei de assunto.

"Sempre gostei muito de Yvonne e me espelhava muito nela. Morávamos em uma casa pequena sem banheiro." Durante toda a infância, a irmã cuidava dele e o guiava da melhor maneira que podia. Sua voz ficou claramente mais suave ao falar sobre Yvonne, completamente distinta do tom nitidamente distante usado para retratar a mãe.

Wallace continuou: "Sempre me perguntei como seria o meu pai — quem ele era e como era. Vi uma foto dele uma vez, e quando perguntei à minha mãe sobre ele, ela disse que era um dos professores da escola dela. Teve uma vez que ele ligou lá pra casa e disse que vinha me ver. Fiquei em casa em vez de ir para escola para vê-lo. Esperei e esperei, observei todos os carros que passavam, mas ele nunca veio".

Perguntei a Wallace se havia algum modelo em sua vida. Se havia algum homem que ele admirava.

"Minha mãe tinha um namorado de quem eu gostava muito", disse Wallace. "Mas eu sabia que não era meu pai e por isso não era um modelo. Ele era casado e estava apenas brincando com a minha mãe."

A descrição de Wallace de sua criação não foi surpreendente. Ela se encaixava no molde comum que o estudo dos assassinos em série estabelecia sobre mães solteiras, uma infância violenta e nenhum modelo masculino. No caso dele, pelo menos, tivera a sorte de possuir uma ligação com a irmã e com a bisavó. Contudo essa conexão não era suficiente. Havia toda uma história de fantasia dominante que começara na escola, quando testemunhou um estupro coletivo no bairro.

"Essa foi sua primeira experiência sexual?", perguntei. "O que você se lembra sobre ela?"

"Não..." Wallace hesitou. Inclinou-se sobre a mesa e olhou para mim sem mostrar muita expressão. E começou a descrever como cresceu com um "pequeno exército de crianças" e disse que sempre havia algo acontecendo, "podiam ser brigas, tiroteios ou esfaqueamentos". Em suas lembranças devia ter entre 8 ou 9 anos quando fez sexo pela primeira vez; a menina, por outro lado, era adolescente.

"Achei que estava em apuros", admitiu Wallace. "Vi a mãe dela lhe batendo e depois ir contar para minha mãe o que tinha acontecido entre mim e a menina. Também fiquei com medo de levar uma surra. Em vez disso, minha irmã e minha mãe começaram a rir e me provocar, perguntando por que eu não tinha escolhido uma garota mais bonita. Foi a provocação o que mais me incomodou em tudo aquilo."

Wallace então testemunhou o estupro coletivo pouco tempo depois. "Todos nós tínhamos ido ao jogo de futebol da escola. A garota Bush foi tirada do jogo à força por alguns caras e meu amigo e eu os seguimos. Nós a vimos suspensa no ar e os caras a estuprando. Ela ficava dizendo: 'Espera um pouco, espera um pouco'."

"Você pensava nisso com frequência? Isso alguma vez lhe vinha à mente durante seus próprios crimes?"

"Ah, sim. Achei aquele o jeito perfeito." Ele sorriu.

Fiz uma anotação sobre o uso da palavra *perfeito* por Wallace para descrever como a garota Bush tinha sido humilhada e controlada. A memória claramente o agradava. Era provável que usasse isso como combustível bruto para as próprias fantasias.

"No dia seguinte", continuou, "soube que dois vizinhos estavam sendo acusados de estupro. Quando começaram a ter problemas com a lei, aquilo se tornou mais excitante para mim. Comecei a querer ver alguém amarrado e isso veio de ter presenciado os meninos fazendo aquilo."

Acrescentei às minhas anotações originais que testemunhar o ataque da garota Bush havia aberto novas possibilidades para Wallace. Alguém que enxergava a violência como uma ferramenta para recriar o trauma de sua infância. Só que, desta vez, estaria no banco do motorista. Ele se sentia atraído por experiências de controle.

Ao longo desta parte da conversa, a confiança de Wallace aumentou visivelmente. Não era agressivo nem nada do tipo, mas exibia indícios de algo semelhante a orgulho — como se tivesse se acomodado em suas memórias e encontrado um mundo de confortos familiares. De certa forma, compartilhava algo muito pessoal conosco. Era apenas uma mudança sutil de comportamento, mas para Wallace, que tinha uma memória visual muito forte, o cuidado com que descrevia os eventos passados, a atenção aos detalhes — parecia uma oferta. Parecia que estava nos deixando entrar em sua mente.

A partir desse ponto, Wallace assumiu o comando da conversa sem nenhum aviso. Estava se autodeclarando. Sabia que havíamos estudado seus crimes e tínhamos interesse genuíno no que havia feito. Então ele falou. Descreveu o início de seu período no ensino médio em 1979, dizendo que seus colegas gostavam dele e os professores o consideravam cooperativo e educado. Quando sua mãe não permitiu que ele se juntasse ao time de futebol, foi se juntar ao time de líderes de torcida como o único homem. Apesar de ser bem mais alto que as garotas da equipe, ninguém tinha medo dele. Seus colegas o consideravam otimista,

entusiasmado e criativo. Wallace se orgulhava dessas amizades na escola. Sentia-se aceito por seus colegas, enquanto em casa era muitas vezes tratado como um estranho, uma aberração — provocado por ser mais alto, mais lento e ter a pele mais escura do que o resto deles.

Em maio de 1983, Wallace se formou no ensino médio e tentou seguir os passos de sua irmã ao frequentar a faculdade. No entanto, foi reprovado em duas escolas, em dois semestres, por falta de motivação e devido a uma tendência a fantasiar sobre mulheres em vez de se concentrar em seus estudos. Wallace demonstrou um notável desânimo ao discutir esses fracassos, então perguntei a ele se alguma coisa daqueles anos o tinha feito se sentir bem-sucedido. Ele se animou com a pergunta e pensou por um segundo. "Gostei muito do meu trabalho noturno como DJ na estação de rádio local, WBAW." Era conhecido como o Cavaleiro da Meia-Noite (Midnight Rider) por causa de sua voz suave e profunda. E ele se inspirava no lendário DJ de rock and roll Wolfman Jack, que transmitia todas as noites e era conhecido por tocar música boa nas ondas do rádio, especialmente música negra que não estava recebendo muita exposição. Porém, o trabalho durou pouco. Wallace foi demitido depois de vários meses quando foi pego roubando os CDs da rádio.

Com a faculdade sendo um fracasso e sua potencial carreira no rádio de cabeça para baixo, Wallace decidiu mudar de rumo e se juntar à Reserva Naval dos EUA. Isso marcou o período mais estável de sua vida. Entre dezembro de 1984 e os oito anos que se seguiram, Wallace manteve-se longe de problemas e construiu uma reputação de sucesso como marinheiro, subindo na hierarquia para suboficial de terceira classe. Foi também durante esse período que Wallace se casou com sua namorada de longa data, Marietta Brabham, e tornou-se padrasto da filha de Brabham. No entanto, a fase de lua de mel não durou muito. A tensão crescia no pano de fundo. Wallace queria desesperadamente ter um filho próprio, enquanto Marietta se recusava a sequer considerar essa opção. A decepção foi maior do que ele poderia suportar. Wallace encontrou refúgio no crack e em outras drogas, o que acabou levando à sua prisão e a uma sentença de dois anos por roubo de objeto de pequeno valor.

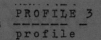

Marietta se separou dele, e Wallace não teve escolha a não ser voltar para casa com a mãe e a irmã, que agora moravam perto de Charlotte, na Carolina do Norte.

"Você já pensou em matar Marietta?", perguntei.

Wallace olhou para a mesa. "Sim, já", murmurou. "Cheguei até a ir à casa dela e ficar do lado de fora por um bom tempo. Mas depois fui embora. Não consegui."

"Porque você sabia que teria que voltar e limpar?", perguntou Ressler.

"Fiquei muito preocupado com o sangue e as impressões digitais", disse Wallace suavemente. Mas o tom de remorso dele não durou muito.

Wallace logo mudou de assunto e falou de como a mudança para Charlotte lhe deu a chance de começar de novo, de conhecer novas garotas. Ficou emocionado quando conseguiu engravidar uma de suas namoradas — mesmo que o relacionamento não tenha durado —, porque finalmente se tornou pai. O bebê nasceu em setembro de 1993. Ele lhe deu o nome de Kendra e a estimava mais do que qualquer outra coisa no mundo.

"O que o levou aos assassinatos?", perguntei, afastando Wallace de um assunto que poderia torná-lo sentimental e menos falante.

"Bem, não era dinheiro. Não tinha problemas financeiros. Meu trabalho era ótimo. Trabalhava no Walmart no departamento de prevenção de perdas. Gostava do trabalho, mas fui pego furtando. Furtava equipamentos, principalmente câmeras, e usava minha posição para explorar a situação. Se não fosse pego, conseguia limpar as coisas. Eu usava uma sala no depósito que tinha uma fechadura e me utilizei de um cortador de fechadura para abri-la.

"Mas quando me separei de minha esposa, Marietta, comecei a sentir raiva dela. Ela alegou que tinha sido estuprada na faculdade e que isso a tinha levado a uma gravidez. Perguntei se ela já tinha pensado naquele estupro enquanto estávamos fazendo sexo e ela disse que sim. Isso me fez sentir como se eu a estivesse estuprando quando fazíamos sexo. Foi quando as memórias da minha infância voltaram e comecei a agir. A coisa toda me deu uma perspectiva de ação totalmente diferente, e o hábito da cocaína aumentou e passei a cometer os assassinatos."

Wallace cometeu seu primeiro homicídio no início de 1990, dois anos após sua dispensa da Marinha, em sua cidade natal de Barnwell, Carolina do Sul. Usando uma arma, forçou Tashonda Bethea, uma conhecida, a entrar em seu carro. Mas mesmo com a arma, ela resistiu. Wallace então dirigiu até uma área arborizada, forçou sexo oral, estuprou-a e disse que ninguém jamais a encontraria. Depois que terminou, cortou a garganta da vítima e jogou o corpo dela em uma lagoa.

"Na manhã seguinte ao assassinato", contou Wallace, "me senti paranoico e não tinha certeza se ela estava morta. Voltei e olhei no lago. Não era tão fundo, mas não consegui encontrar o corpo. Peguei minha arma e atirei no lago. Depois atravessei a rua para ver se o corpo dela descia. Eu tinha certeza de que os policiais viriam. Estava tão paranoico que, por alguns dias, fiquei muito estressado. Continuei voltando à cena por um total de mais três ou quatro vezes e nunca a vi."

O corpo de Bethea apareceu várias semanas depois. Com poucas pistas para o assassino, a polícia questionou muitos conhecidos de Bethea sobre seu desaparecimento. Isso incluiu Wallace, cuja ficha criminal levantou uma espécie de alerta, mas ele nunca foi considerado um suspeito sério.

O segundo assassinato de Wallace ocorreu em maio de 1992, enquanto estava no que descreveu como "encontro" com Sharon Nance, uma conhecida prostituta e traficante de drogas condenada.

"Falei que queria sexo anal, e ela respondeu: 'É assim que você gosta?'. Essa pergunta me deixou louco. Então, depois do sexo, ela exigiu dinheiro e eu não tinha, e nós brigamos, então espanquei-a até a morte. Levei o corpo no meu carro até uma área deserta perto de alguns trilhos de trem e o joguei fora."

O cadáver foi encontrado alguns dias depois.

Pouco a pouco, a confiança de Wallace foi crescendo em cada um de seus crimes. Ele havia conseguido evitar uma investigação séria da polícia sem pensar muito, nem mesmo se esforçar. Sentia que conseguiria sair ileso de qualquer coisa que fizesse. Sentia-se intocável.

"O único problema", acrescentou Wallace, ficando tenso enquanto falava, "era morar com a minha mãe. A coisa ficou tão feia que tive que colocar linhas telefônicas separadas em casa. Ela me tratava como se eu tivesse 15 anos quando já estava com 25. Não gostava de algumas das mulheres que eu levava para casa. Mandou fazer cópias das chaves do meu carro. Me chamava de idiota."

"Em que ponto você perdia o controle?", perguntou Ressler.

"Variava com cada vítima", respondeu Wallace. "Shawna e eu ficamos sentados por uma hora e apenas conversamos. Levantei — como sempre fazíamos — e a abracei e beijei. Então o monstro saiu. O ataque a Jumper aconteceu assim que entrei na casa dela. *Bang*, eu já estava em ação. Nunca pensei que isso aconteceria com a Jumper. Baucom estava em casa na hora — um acidente —, uma fatalidade para quem estava em casa na hora errada. Massacre, poderia ter sido qualquer pessoa.

"E quanto à raiva, a irritação, a hostilidade? Você esfaqueou sua última vítima 38 vezes."

"Isso só aconteceu mais tarde. Mas entre o estupro e o assassinato houve uma infinidade de estupros que cometi contra prostitutas e tive várias parceiras sexuais que levaram ao assassinato. Foi aí que descobri que preferia sexo forçado."

"Deixa eu perguntar uma coisa: um ponto muito importante para mim é que você conhecia todas as suas vítimas, exceto uma. Por quê?"

"Fazia parte da minha personalidade fazer com que confiassem em mim."

"Ok. Mas por que não estranhas?", Ressler persistiu.

"Quando eu conhecia as pessoas, havia coisas sobre a personalidade delas que se conectavam ao meu passado — minha mãe, irmã e esposa", explicou Wallace. "Com uma estranha, eu não conseguiria essa conexão."

Depois de uma pequena pausa à tarde, decidi adotar uma abordagem diferente. Peguei uma pilha de papel em branco e lápis de cor e perguntei a Wallace se ele queria desenhar seus assassinatos. Ele concordou com a cabeça. Não foi preciso muito estímulo a partir daí. Wallace imediatamente se concentrou em desenhar bonecos de palitinho que representassem o padrão de seu estrangulamento preferido, depois usou as mesmas imagens simples para esboçar seus estupros e estrangulamentos. Fez diversos desenhos com contornos básicos que representavam as várias casas nas quais havia entrado e como via os cômodos. Sempre eram traços limpos e

formas básicas, uma simplicidade que indicava sentimentos de distanciamento. A expressão dele também refletia sentimentos de distanciamento — um olhar de concentração para o conteúdo que desenhava enquanto transferia cuidadosamente as memórias de sua cabeça para a página em branco. Tudo isso sugeria que, para Wallace, o ato de violência em si não era o ponto. O que realmente mexia com ele era repetir esses crimes inúmeras vezes em sua cabeça, refinando cada lembrança até que pudesse recordar vividamente de todos os detalhes horríveis. Cometia seus crimes para se lembrar deles. Esse era o meio dele de encontrar e manter as conexões emocionais que não conseguia criar de outra maneira.

Ressler deu uma segunda olhada em um dos desenhos de Wallace e comentou: "Parece que você está olhando de cima".

"Era assim que me sentia." Wallace assentiu. "Como se estivesse assistindo. Eu pairava sobre a cena, observando. Não me sentia conectado a ela. Às vezes, levava horas para baixar a adrenalina depois do assassinato. É por isso que retornava às cenas dos crimes."

"Você poderia ter parado se quisesse?", perguntei.

"Não." Wallace balançou a cabeça. "Uma vez que as tocasse, acabava. Eu poderia pensar a respeito, mas estava fora do meu controle."

"Como você entende o que fazia?" Perguntei, pois sentia que não estávamos entendendo o que ele tentava nos dizer.

"É..." Wallace hesitou. "Sinto que dentro desta concha estão duas pessoas. Uma é uma pessoa má, que vai se adaptar a qualquer situação. A outra é uma pessoa de confiança. Uma pessoa boa. Quase convence a outra pessoa, tomando todas as medidas para esconder a segunda identidade, uma pessoa louca, raivosa, explosiva e destrutiva."

Essa explicação em particular, duas pessoas no mesmo corpo, me chamou muito a atenção. Quebrava a tendência de outros assassinos em série de uma maneira excepcionalmente perspicaz. Primeiro, ilustrava como a dualidade podia se desenvolver em resposta a ambientes estressantes e complexos no início da vida. E segundo, a evolução de duas identidades paralelas de Wallace demonstrava uma falta fundamental de integração, tanto dentro dele quanto na sociedade. Isso fazia com que ele se sentisse desconectado do mundo ao redor. Tínhamos visto outros exemplos de dualidade em entrevistas anteriores, no caso de Kemper, por exemplo, que descreveu ter um lado bom e um lado ruim. Porém a distinção importante no caso de Wallace era que este possuía plena consciência dessa dissociação. Muitos assassinos em série não tinham um grau tão grande de auto-observação.

"O que você pensava? Quando saía à noite, qual era o seu plano?"

"Aquele não era eu", disse Wallace, na defensiva. "Era a outra pessoa à espreita. Que fica mais confortável quando está escondido. Ele as perseguia.

"A Vanessa Mack eu persegui por vários meses. Fantasiava com fazer sexo bruto com ela. Era uma mulher muito atraente. Saímos algumas vezes, mas então veio a rejeição. Ela não gostava dos jantares. E me levou a acreditar que seríamos mais do que amigos, mas aí engravidou de outra pessoa.

"Na noite de seu assassinato, tinha certeza de que ela estava em casa. Eu usava um suéter preto por dentro da calça. Sabia que ela estava em casa. Não a via desde o nascimento do bebê, e ainda assim sabia que estava chateada comigo por eu ter sumido. Naquela noite eu estava chapado de cocaína. Queria ver se ela tinha dinheiro. Tentei abraçá-la. E fui empurrado. Pedi uma bebida. Ela não quis me dar nada. Então tentei de novo — tive que ficar atrás dela para sufocá-la. Finalmente consegui que me fizesse uma bebida e depois fiquei atrás dela. Ela ficou dura. Disse para que cooperasse comigo. Entramos no quarto. Mandei-a tirar a roupa e a despi com uma das mãos. Ela fez sexo oral em mim e depois a estuprei. Enquanto se vestia, amarrei uma fronha em seu pescoço e ela desmaiou. Então coloquei o cobertor do bebê em volta do pescoço dela. O bebê estava no quarto dormindo."

"Você fez alguma coisa com o bebê?"

"Não. Fiquei preocupado com a criança. Eu tinha uma filha, uma mãe e uma irmã. Pensando agora, eu estava entorpecido com o que estava acontecendo naquela hora. Agradeço a Deus que a filha mais velha dela não estivesse lá ou eu teria feito aquilo com ela."

"Por quê?"

"Eu só teria feito. Tinha a ver com quando eu fui molestado e quando molestei uma mulher quando era adolescente. ==Precisava que outra pessoa fizesse aquilo parar.==

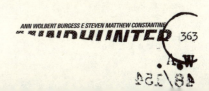

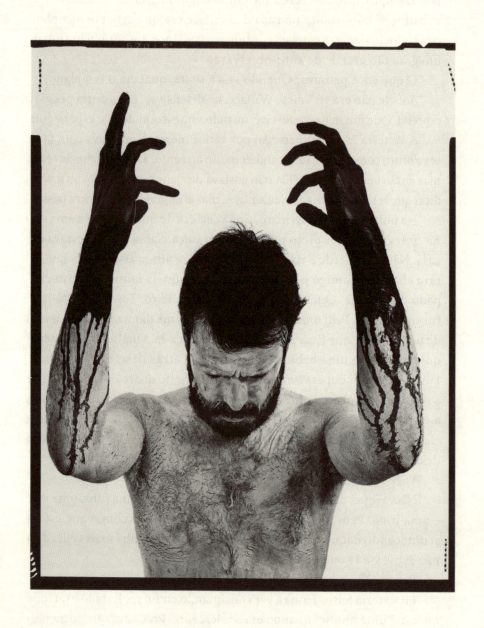

364 PROFILE 3
profile

. . .

Na última parte da nossa conversa, Ressler e eu pedimos a Wallace que recontasse cada assassinato individual. Ele percorreu a lista de forma mecânica, delineando seus processos de pensamento, lembrando-se das palavras finais das vítimas e detalhando com uma especificidade arrepiante a agonia nos olhos das vítimas quando as estrangulava, ato que, além de ser sua assinatura, tornava-as impotentes antes de estuprá-las.

Ele explicou que vinha fantasiando com estuprar Caroline Love, uma amiga da sua namorada, Sadie McKnight, por semanas que antecederam o crime. Nada era capaz de fazê-lo parar de pensar nela. A única forma de recuperar o controle sobre si era agir de acordo com suas fantasias. Então, invadiu o apartamento da mulher, esgueirou-se atrás dela enquanto a vítima assistia TV, colocou as mãos em volta de seu pescoço, sufocou-a e depois a levou para o quarto, onde a despiu, amarrou-a e estuprou a mulher que estava semiconsciente. Quando terminou, Wallace a matou estrangulada e jogou seu corpo em uma ravina rasa na periferia da cidade.

"Cerca de dois dias depois, voltei e o corpo tinha se decomposto até quase parecer couro, uma boneca ET ou algo assim. O corpo dela tinha apodrecido muito. Voltei cerca de uma semana depois e a única coisa que restava eram ossos."

Em contraste, Wallace descreveu o assassinato de Shawna Hawk, com quem havia trabalhado no Taco Bell, como inesperado. Os dois tinham se tornado amigos e às vezes saíam depois do trabalho. Wallace parou na casa dela depois de um turno de trabalho, certa noite; no entanto, quando Shawna começou a provocá-lo comentando sobre uma briga recente que ele tivera com a namorada, seu mau gênio assumiu o controle.[1] Ele a empurrou para o quarto dela, forçou-a a tirar a roupa e ordenou que lhe fizesse sexo oral. A vítima estava com medo e chorava o tempo todo, o que Wallace gostou — ficava ainda mais irritado quando as mulheres

---

[1] Provocar era uma maneira infalível de incitar Wallace. Trazia à tona uma enxurrada de memórias dolorosas de sua infância — um período em que as crianças da vizinhança constantemente o importunavam e ele não sentia ter nenhum controle.

revidavam. Wallace então a instruiu a vestir as roupas de volta, levou-a para o banheiro, posicionou-a para o estrangulamento e apertou seu pescoço até que a mulher desmaiasse. Antes de sair, pegou água para uma banheira, onde ajeitou o corpo dela já sem vida, depois apanhou cinquenta dólares da bolsa da vítima enquanto se afastava da cena.

Audrey Spain foi outra colega de trabalho de Wallace cuja amizade lhe custou a vida. Ela se tornou vítima depois que os dois fumaram maconha juntos no apartamento dela. O mo de Wallace seguiu um padrão agora familiar: depois de subjugá-la amarrando-a pelo pescoço, arrastou-a para o quarto dela, depois a estuprou e a matou estrangulada. Em seguida, roubou o cartão de crédito de Spain para abastecer o carro e voltou ao apartamento mais tarde naquela noite para usar o celular dela, o que fez acreditando que confundiria a polícia na tentativa de acertar a hora da morte.

Ao contrário de algumas das outras mulheres, muitas das quais conhecia de forma superficial, Wallace admitiu que Valencia Jumper era como uma irmãzinha para ele. Jamais planejou matá-la. Simplesmente aconteceu. Tinha ido até o apartamento dela duas vezes na noite de 10 de agosto de 1993. A primeira tinha sido só para conversar. Na segunda, com a intenção de matá-la. Wallace colocou Jumper em posição de estrangulamento, como de costume, mas afrouxou o aperto quando ela implorou para que não a machucasse, assegurando-lhe que poderiam fazer sexo caso a deixasse ir embora depois. Wallace concordou, mas a estrangulou após concluírem o ato. Ele sabia que a mulher o entregaria e que não seria possível se safar de seu crime. Então tirou as baterias do detector de fumaça do apartamento, acionou o fogão da cozinha para acender o fogo, cobriu o corpo de Jumper com rum e incendiou seu cadáver sem vida com um fósforo. Ele roubou joias ao sair e as vendeu em uma loja de penhores local.

"A única com que tinha uma ligação forte era a Jumper. As outras foram casuais ou com quem eu não tinha tido contato por semanas ou meses."

As histórias continuaram assim por um tempo, com Wallace lembrando friamente como atacava as mulheres que conhecia: asfixiando-as, forçando sexo oral e em seguida as estuprando e matando. E embora o padrão de seus crimes permanecesse o mesmo, a natureza de seus ataques tornava-se cada vez mais cruel ao longo do tempo. Era preciso mais violência e um risco maior de ser pego para satisfazer suas necessidades. Wallace estava atrás de um barato que acabava cada vez mais rápido. Havia menos lógica por trás de cada um de seus assassinatos, mais desespero. Estava se tornando mais difícil satisfazer suas fantasias: havia perdido o controle. Isso ficou especialmente evidente no encontro com sua penúltima vítima, Brandi June Henderson.

Wallace foi apresentado a Henderson pelo namorado dela, Berness Woods, a quem conhecia há vários anos e de quem era amigo. Wallace descreveu o planejamento do assassinato para a noite de 9 de março de 1994, sabendo que Woods estaria no trabalho e que Henderson ficaria em casa para cuidar de T.W., seu filho de dez meses. Por volta das cinco da tarde, Wallace parou no apartamento da vítima para dizer que estava deixando algo para o amigo. Henderson o convidou a entrar e, quando ela se virou para pegar uma bebida para Wallace, foi estrangulada por trás e instruída a ir para o quarto.

Wallace lhe disse que era um assalto e exigiu dinheiro. Henderson deu a ele uma lata de Pringles com aproximadamente vinte dólares em moedas e disse que não havia mais dinheiro na casa. Depois de ordenar que Henderson se despisse, Wallace agarrou seu filho, T.W., e o deitou no peito dela. Wallace estuprou Henderson enquanto o bebê estava pressionado entre eles. Achei esse último detalhe particularmente perturbador, observando para mim mesma que poderia representar um assassinato simbólico da criança que Wallace via dentro de si ou talvez do filho que desejara tão desesperadamente, mas nunca conseguira ter com Marietta.

Quando terminou, Wallace disse a Henderson para se vestir enquanto ele pegava uma toalha do banheiro, a qual usou para sufocá-la até a morte, colocando seu corpo sem vida na cama de T.W. O bebê começou a chorar, então Wallace deu-lhe uma chupeta e vasculhou a geladeira em busca de algo que a criança pudesse beber, sem sucesso. Frustrado, Wallace pegou outra toalha do banheiro e a amarrou firmemente no pescoço do neném, puxando até que a criança parasse de se mexer. Ao

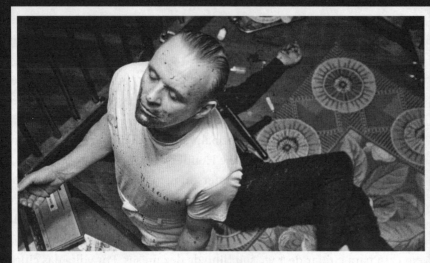

sair, roubou um aparelho de som e uma televisão, alguns alimentos que haviam sido entregues e o recipiente de moedas. Vendeu os eletrônicos por 175 dólares, que usou para comprar crack e cocaína.

Mesmo para nós, Wallace era um caso muito raro. Tratava-se de um estuprador e assassino em série confesso que não se encaixava em perfis criminais previamente estabelecidos. No entanto, podem ter sido essas diferenças que o tinham ajudado a permanecer anônimo por tanto tempo. "Ele está em todo o espectro", observou Ressler. "Nunca recebi uma boa declaração dele sobre por que agia daquele modo."

Ressler estava certo quanto a Wallace ser difícil de entender. Parte disso era por causa da vitimologia e dos relacionamentos que o criminoso mantinha com suas vítimas. E parte se devia ao fato de que ele foi um dos primeiros assassinos em série não brancos que encontramos.

Também tinha crenças e uma atitude geral singulares que não seguiam os padrões estabelecidos pelos outros, ainda que compartilhasse algumas características da mentalidade de *outsider* que prevalecia entre seus pares. Ao contrário do predador lobo solitário que esperávamos, Wallace se orgulhava de ser um bom amigo — uma afirmação estranha considerando a conexão estabelecida com suas vítimas antes de lhes tirar a vida. Ele não lutava para encontrar seu lugar e não via o mundo como injusto. Mostrava traços de paranoia às vezes, contudo isso poderia ser atribuído ao uso de drogas. Não enxergava a autoridade e a vida como inconsistentes, imprevisíveis ou instáveis. Em vez disso, sabia desde o início que sua onda de crimes um dia chegaria ao fim. Confiava nas instituições e acreditava que a lei o encontraria e o levaria à justiça mais cedo ou mais tarde.

A verdadeira distinção era a crescente obsessão de Wallace pelo controle. Ainda mais do que os outros assassinos em série que entrevistamos, ele era controlado por sua própria obsessão pelo domínio. É por isso que escolhia vítimas que conhecia — para dominar mais plenamente seu espaço no imediatismo do mundo ao seu redor. Ao contrário de outros assassinos em série, que usavam violência e controle para consertar o que viam como falhas no mundo ao seu redor, esse criminoso

não estava interessado em consertar o mundo. Interessava-se, sim, em criar e manter uma realidade completa. Via-se como um deus, flutuando acima de seus crimes enquanto observava o "Henry Mau", seu nome para o monstro que habitava dentro dele, cometer atos horríveis de violência lá embaixo. E seu mundo de fantasia meticulosamente elaborado o ajudava a preencher a lacuna entre sua autoimagem e o modo como interpretava seus crimes.

Porém, a obsessão de Wallace pelo controle era ainda mais profunda. Enquanto o ato de estupro satisfazia sua necessidade de ser *visto* como dominante, isso não bastava para satisfazer sua necessidade primária de querer se *sentir* dominante. Para atingir esse nível era necessário um absoluto desrespeito pela vida dos outros. Em sua visão distorcida, a transição do estupro para o assassinato era a expressão máxima de sua soberania. Permitia-lhe ser criador e destruidor em um ato completo. Era um domínio total, uma forma de não apenas remodelar o mundo, mas também de remodelar o passado, o presente e o futuro. Como uma fita cassete sendo regravada repetidamente até que nada de seu conteúdo original permanecesse, Wallace usava suas vítimas para regravar a própria história, sufocando seu passado com sons de violência e terror até que apenas os ecos mais fracos de seu próprio trauma de infância pudessem ser ouvidos.

PROFILE 3
profile 372

Percepções de Bem & Mal

MONSTRO
INTERIOR

Paramos de procurar monstros debaixo
da cama quando percebemos que
eles estavam dentro de nós.
Charles Darwin

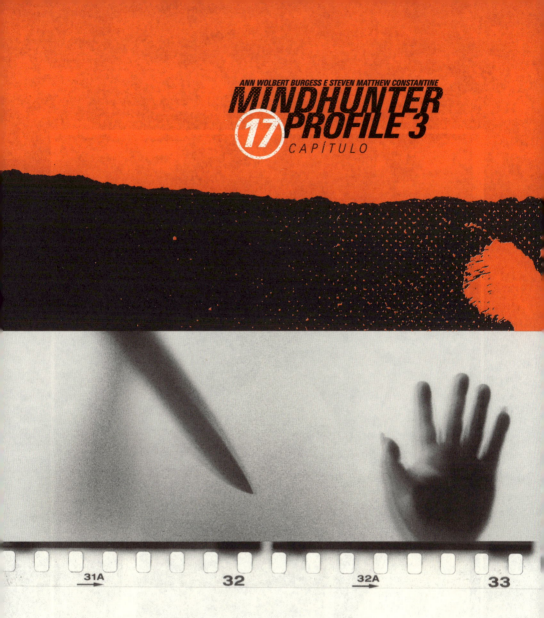

CAPÍTULO 17
MINDHUNTER PROFILE 3

ANN WOLBERT BURGESS E STEVEN MATTHEW CONSTANTINE

Em seus dois anos de terror, durante os quais o Cavaleiro da Meia-Noite, Henry Louis Wallace, roubou a vida de nove jovens negras por toda a cidade de Charlotte, o caso permaneceu amplamente ignorado — pela polícia, mídia e público em geral. Era estranho. O grande número de vítimas deveria ter chamado a atenção para o caso por si só. Considerando isso e a natureza horrível dos crimes, não pude deixar de me perguntar por que a resposta não tinha sido mais forte. O Departamento de

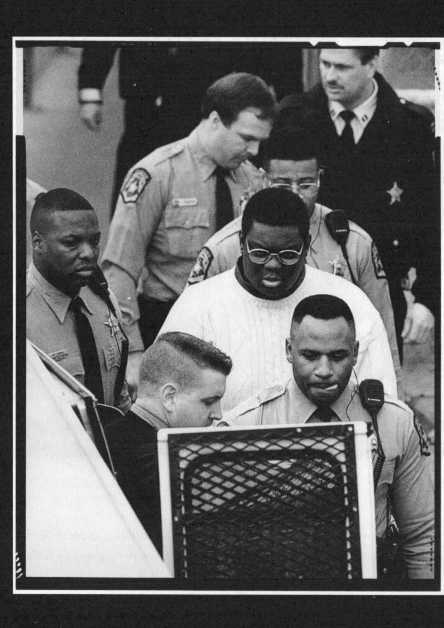

Polícia de Charlotte alegou que tentaram, que pediram ajuda ao FBI no início de 1994, mas que o Bureau não acreditava que os assassinatos se encaixassem no perfil de um assassino em série. E com base em como cada um dos assassinatos era tratado separadamente — várias das vítimas tinham sido registradas como "pessoas desaparecidas", outras nem tinham sido notadas e, em geral, os médicos legistas locais não tinham conseguido identificar de forma consistente o estrangulamento como a causa da morte —, provavelmente havia alguma verdade no raciocínio do FBI. Contudo, ficou claro para mim que questões raciais também tinham desempenhado um papel.

As vítimas de Wallace não eram mulheres brancas: eram negras. E, assim como eu tinha visto no início da minha carreira enquanto estudava vítimas de estupro, esse era simplesmente mais um exemplo de como o estigma podia ser um poderoso inimigo da justiça. Se algo sobre uma vítima não se encaixasse nos moldes, se parecesse de alguma forma ameaçador ou deixasse os investigadores desconfortáveis, havia muitas maneiras de ignorar o caso. Essa era uma das maiores razões pelas quais a atuação de Wallace se prolongou por tanto tempo sem interrupção. Como Dee Sumpter, mãe da quarta vítima de Wallace, Shawna Hawk, disse: "As vítimas não eram pessoas preeminentes, com status socioeconômico. Não eram especiais. Além de serem negras".

E, no entanto, assim que os investigadores identificaram Wallace, um sujeito fisicamente imponente de 1,93 metro e 82 quilos, como o culpado, seguiu-se um frenesi retroalimentado. O tamanho dele e o método de assassinato — matando estranguladas mulheres incapazes de escapar do poder de seu alcance — encaixavam-se no que o público considerava um monstro perfeito. E a cor da pele tornou sua história ainda mais atraente, adicionando uma nova reviravolta ao arquétipo público de um assassino em série. O *Charlotte Observer* o apelidou de "um assassino calculista a sangue-frio". O *New York Times* citou um vice-chefe da investigação, dizendo: "As mulheres nesta comunidade podem se sentir mais seguras, agora, quando vão para a cama". E a revista *Time* — rápida em usar o tropo do monstro sem nenhuma sutileza — escreveu um artigo sobre a investigação intitulado "Danças com Lobisomens".

Ao mesmo tempo, a cobertura também observou que Wallace havia caído em oração, chorado e pedido perdão após a prisão. Citava amigos que o caracterizavam como inteligente, gentil, atraente. E até o artigo exagerado da revista *Time* fez questão de descrever como "as mulheres, impressionadas com seu sorriso doce, atitude solícita e aparência agradável, confiavam nele".

A estratégia da mídia era familiar. Wallace estava sendo pintado com o mesmo pincel largo usado em todos os assassinos em série — um equilíbrio entre horror e entretenimento. Exibiam-no como um indivíduo atormentado cujos atos extremos de violência colidiam e despencavam contra uma humanidade que ainda existia dentro dele, enterrada em algum lugar bem no fundo. Era reducionista — essa técnica de resumir Wallace a uma caricatura bidimensional de quem ele realmente era —, mas o tornava mais acessível e era mais reconfortante. Ao simplificá-lo tanto dessa maneira, Wallace se tornou mais uma iteração na narrativa conveniente do bem contra o mal. Não havia nada mais para ele do que isso.

Esse mito moderno do assassino em série americano estava sendo codificado nas mentes de milhões por meio da familiaridade e da repetição. Não importava se o júri via ou não as notícias de um caso específico. Não importava que Wallace fosse inerentemente diferente de todos os assassinos que tinham vindo antes dele. O padrão havia sido estabelecido, reafirmado, solidificado.

E era exatamente contra isso que eu estava lutando.

O julgamento de Wallace começou em setembro de 1996 no Tribunal Superior do Condado de Mecklenburg. Era uma configuração familiar: tábuas gastas perto do banco do juiz, uma pequena mesa de estenógrafo do tribunal e os assentos em camadas da tribuna do júri, onde doze indivíduos ouviriam em silêncio as evidências para que pudessem dar um veredicto sobre o caso. Ainda assim, eu estava nervosa. Wallace era visto por mim como o culminar de tudo que aprendi ao longo dos anos — sobre estupro, assassinos em série e psicologia criminal. Além disso, o caso estava sendo acompanhado de perto não apenas pela comunidade jurídica, mas também pelo público. A maneira como retratavam Wallace, o modo como caracterizavam seus crimes e a integridade com que suas vítimas tinham sido lembradas: tudo importava. Estava diante de uma chance única de acabar com os mitos crescentes em torno dos assassinos em série. Essa era a minha chance de expor as verdades cruas e profundas no cerne de quem era um assassino em série. Eu precisava acertar todos os detalhes.

Para a defesa, o plano era simples. Como aquele era um caso de pena de morte, e porque Wallace já havia confessado seus crimes — sua confissão havia sido formalmente admitida nos registros do tribunal —, a única opção disponível era convencer o júri de que ele não estava totalmente são. Isso reduziu o escopo do julgamento a uma questão de sentença: execução ou prisão perpétua. E colocou o ônus do caso diretamente nos ombros de Ressler e nos meus. Em nossa posição de peritos — especializados em criminosos em série, classificação de crimes, desenvolvimento psicossocial e transtorno mental —, tornamo-nos responsáveis por moldar a compreensão do júri quanto aos qualificadores agravantes ou atenuantes[1] do crime levado a julgamento. Os fatores agravantes no caso de Wallace incluíam assassinato durante um estupro cometido na frente de uma criança e vários outros homicídios. Contudo, também havia vários fatores atenuantes que o júri precisava considerar. ==Ressler e eu pudemos fornecer uma visão rara da psicologia de Wallace na época de seus assassinatos, contextualizando-os em antecedentes comportamentais.== Poderíamos explicar a ciência das ações de um assassino em série como passamos a entendê-la ao longo de anos no campo.

Claro, isso não era uma tarefa simples. O preconceito inerente do júri contra Wallace apresentava um desafio quase impossível. Afinal, estavam diante de um assassino em série confesso. E os promotores já haviam construído um caso emocionante ao repetidamente — e de forma dramática — se colocarem na frente da tribuna dos jurados e lhes pedirem que "olhassem para as famílias das vítimas. Coloquem-se no lugar

---

[1] Os fatores agravantes são uma forma de contextualizar um ato criminoso para que a gravidade dos crimes de um infrator possa ser medida em relação a crimes semelhantes cometidos por infratores semelhantes. Fatores atenuantes fornecem contexto para a experiência vivida de um infrator específico. Eles geralmente se concentram em deficiências físicas, psicológicas ou intelectuais e visam mostrar por que um réu não pode ser totalmente responsável por seu próprio desenvolvimento e comportamentos.

deles". Ainda assim, Ressler e eu não jogaríamos esse jogo. Tínhamos conhecido Wallace. Tínhamos o entrevistado, bem como a sua mãe, a sua irmã e até a sua noiva, enfermeira da prisão. E embora pudéssemos fazer nossos próprios apelos emocionais, não faríamos. Nos ateríamos aos fatos. Isso tornava a coisa mais difícil, porém esse era o método com o qual operávamos. Nosso tempo na BSU nos ensinara a acreditar na solidez de nossos métodos, independentemente de pressões externas ou dúvidas. Não havia sentido em comprometer essa abordagem agora. Tudo o que podíamos fazer era testemunhar o melhor de nosso conhecimento a respeito da ciência comportamental e psicológica do estado de espírito de Wallace no momento de seus assassinatos, bem como fornecer o aspecto histórico de sua infância. Diríamos a verdade imparcial. Estaria nas mãos do júri depois disso.

Ressler foi primeiro e testemunhou que Wallace exibia sinais de instabilidade psicológica. "Wallace sempre parecia dar um passo para frente e dois para trás. Pegava itens e os colocava no fogão para queimá-los e depois se esquecia de ligar o fogão."

Ressler passou a explicar que os crimes de Wallace apresentavam características tanto organizadas quanto desorganizadas. Deu exemplos diretos de como os comportamentos de Wallace correspondiam à diminuição da capacidade mental ou transtorno mental. Apontou especificamente para o raciocínio de Wallace para matar sua segunda vítima, Sharon Nance, citando a própria explicação do assassino do modo como nos foi passada durante nossa sessão de entrevista.

"O motivo para o homicídio foi uma pergunta da vítima que o 'engatilhou'. Desse modo, depois do sexo, quando ela pediu o pagamento, foi espancada até a morte." Ressler fez uma pausa antes de acrescentar: "Ele está em todo o espectro. Nunca consegui uma boa declaração dele sobre por que fez o que fez [...]. Se ele escolheu se tornar um assassino em série, estava agindo da maneira errada".

A conclusão era simples: esses tipos de assassinatos não planejados só poderiam ser atribuídos à influência de distúrbios mentais ou emocionais. Wallace era particularmente perturbado. E quando esses distúrbios o afetavam, controlavam a mente do réu.

Era a minha vez de falar. Sentei-me no banco das testemunhas, organizei meus pensamentos e então, por meio de um exame direto, apresentei minha compreensão honesta de quem era Wallace e de como sua mente funcionava.

"O réu apresenta elementos de transtornos mentais suficientes para que eu possa dizer com confiança que ele é incapaz de formar uma intenção específica ou decretar um motivo premeditado. É um homem que cria fantasias elaboradas, age a partir delas e não consegue diferenciar o mundo de dentro da sua cabeça do mundo ao seu redor. Isso é evidente no padrão do réu de visar vítimas conhecidas. Minha opinião profissional é que Wallace sofre de transtornos mentais, o que nega sua capacidade de formar uma intenção específica".

Continuei explicando meu raciocínio, começando com o fato de que Wallace era, em muitos aspectos, um candidato improvável a se tornar um assassino em série. Era muito querido na escola, podia ser charmoso e cativante e era bem-sucedido na Marinha. No entanto, da mesma forma que todo comportamento criminoso se baseia na cultura em geral, a natureza dos assassinos em série estava sempre evoluindo, testando nossos preconceitos a respeito do que poderia ou não acontecer. A violência era uma expressão fluida de certas personalidades. Respondia ao seu ambiente e se manifestava de maneiras profundamente pessoais.

Para Wallace, tudo isso era resultado de sua luta para ter uma vida emocional autêntica. Esse era o catalisador dele. Tudo começara com sua família — especialmente sua mãe e esposa —, que era agressora, bem como seus únicos vínculos emocionais verdadeiros e positivos. Ao escolher as vítimas com quem tinha conexão, Wallace tentava resolver os laços emocionais fracassados de seu passado. Era uma compreensão confusa acerca dos próprios vínculos emocionais, ainda mais desorientada pela natureza dualista de Wallace. No entanto, independentemente de seu caos interno, os métodos externos de violência dele permaneciam calmos e compostos. Usava ódio, sexo e assassinato para realizar seus ideais de poder e controle.

O *modus operandi* de Wallace era igualmente raro. Era possível dizer que ele, na maioria dos casos, era um assassino organizado. Perseguia pessoas que conhecia, explorava amizades e usava drogas para intensificar

sua grandiosidade e afrouxar suas inibições. Poucos outros infratores compartilhavam do nível de competência social de Wallace. Não tinha muita importância o fato de que *ele* se sentia desconectado das pessoas. O que importava era sua capacidade de fazer as pessoas se sentirem conectadas a ele. Isso se tornou uma arma importante no arsenal de Wallace, que lhe permitiu escapar de vários assassinatos.

Outro ponto que fiz questão de ressaltar foi a importância da fantasia no desenvolvimento de Wallace na infância e na adolescência. Ele se sentiu incrivelmente desconectado do mundo ao seu redor por meio dos abusos repetitivos de sua própria mãe e do abandono de seu pai e, por sua vez, ficou obcecado por criar e controlar um mundo próprio. Essa ausência de conexão, de relacionamentos significativos com outras pessoas, tornou-se a estrutura de sua fantasia, bem como o contexto através do qual escolhia suas vítimas. Apesar disso, a maneira como se expressava era contraintuitiva e excepcionalmente cruel. Wallace era incapaz de exteriorizar seus sentimentos de ódio, agressão, vingança e medo em estranhos. Atacava as pessoas que conhecia traindo a confiança delas. Depois de anos vivendo em um mundo de fantasia estruturado em torno do tremendo vazio de uma infância conturbada, essa era a resposta dele. Buscava afirmação. E encontrou alívio no assassinato ritualístico daqueles que lhe mostravam amor. Era a maneira dele de se enxergar como um ser completo. Era como se sentia mais conectado à vida.

No final do meu depoimento, reiterei a incapacidade de Wallace de separar a realidade da fantasia. Expliquei que tinha uma personalidade dualista e que era incapaz de diferenciar ou manter o controle sobre as duas. Citei esse e outros fatores como sugestivos de um estado mental desequilibrado. "Wallace, na minha opinião — independentemente da natureza horrível de seus crimes —, não pode ser totalmente responsabilizado por suas ações. Os crimes dele são inevitáveis. São parte de como ele é, de sua psicologia, uma combinação de traços herdados e exposições ambientais que o transformaram em um assassino. Mas nada disso significa que há um monstro dentro dele, como o próprio Wallace acredita; significa apenas que ele é um ser humano complexo e profundamente falho, incapaz de funcionar na sociedade sem representar uma ameaça perigosa."

• • •

Em 7 de janeiro de 1997, após um julgamento de quatro meses que incluiu mais de cem testemunhas e quatrocentas provas, doze jurados consideraram o réu culpado de nove acusações de homicídio qualificado. De acordo com o Relatório de Apelação, "cada acusação foi baseada em malícia, premeditação e deliberação". Três semanas depois, em 29 de janeiro, o mesmo júri decidiu que Wallace deveria pagar por seus crimes com a vida. A declaração de punição do juiz Robert Johnston com nove sentenças de morte incluiu as penalidades por estupro e a multiplicidade de outras acusações pelas quais Wallace foi condenado.

Entendi a decisão, embora não concordasse com ela, mas fiquei animada porque o júri apreciou quarenta fatores atenuantes e considerou mais da metade deles relevantes para a sentença. Afinal, esse era o principal objetivo de testemunhar por Wallace — mostrar que os assassinos em série eram mais complexos do que o tropo familiar de monstros violentos. Pedimos ao júri que considerasse fatores psicológicos, educação e toda a realidade multifacetada de como os indivíduos se desenvolviam e todas as maneiras pelas quais esse processo podia descarrilar. E, no mínimo, fomos ouvidos.

Após sua sentença, Wallace teve a chance de falar. Aproveitou a oportunidade para fazer uma declaração às famílias de suas vítimas, surpreendendo-me ao mostrar um nível de empatia e compreensão que não esperava dele. "Nenhuma dessas mulheres, nenhuma de suas filhas, mães, irmãs ou familiares, de forma alguma merecia o que receberam", disse ele. "Não fizeram nada para mim que justificasse a morte delas."

Naqueles dias eu raramente tinha um momento para recuperar o fôlego, muito menos para pensar sobre um caso. Era uma corrida constante de novos julgamentos para os quais deveria me preparar, além de aulas universitárias para ministrar e obrigações persistentes com a BSU que nunca pareciam desaparecer por completo. Mesmo assim, não conseguia deixar de pensar em Wallace de vez em quando. O caso

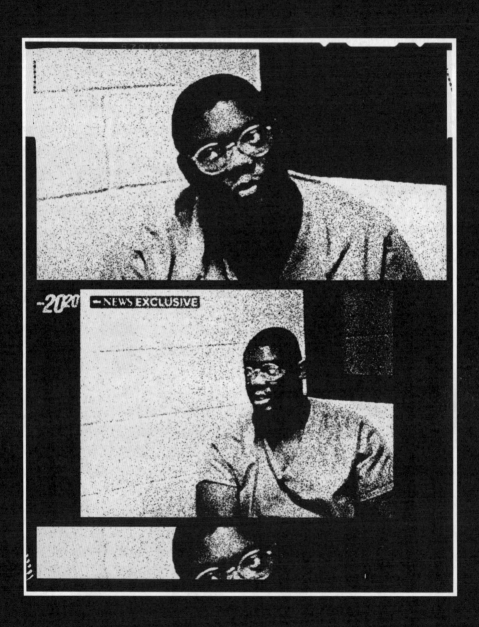

PROFILE 3
profile

dele tinha sido um ponto de virada para mim. Desencadeara uma onda de pedidos para eu dar depoimentos de especialista em audiências de casos amplamente conhecidos, inclusive para os irmãos Menendez, o caso Bill Cosby e o caso Duke Lacrosse. Ainda assim, consegui tempo para verificar os apelos de Wallace e ler os artigos ocasionais que tentavam entender seus crimes.

Mas não era apenas por Wallace que me interessava. Nessas primeiras entrevistas, como parte de sua defesa, tive a oportunidade de conhecer as mulheres que fizeram parte da vida de Wallace. À sua maneira, eram vítimas. E em razão das conversas que mantive com elas, nos conectamos. A mãe dele, Lottie Mae, a irmã, Yvonne, e a noiva, enfermeira da prisão, Becky, compartilharam informações valiosas a respeito de Wallace. E ouvindo-as, aplicando as lições que aprendi ao fornecer aconselhamento especializado a vítimas de estupro desde cedo, ofereci a elas algo de valor também.

Soube por Lottie Mae que a própria mãe dela havia morrido jovem e que seu pai abandonara a família. Quando lhe perguntei do pai de Wallace, ela descreveu ter sido explorada por um de seus professores, um homem casado, com quem fazia sexo no auditório da escola durante o horário de almoço. Esse homem a engravidou duas vezes. A primeira vez foi considerada um acidente, mas quando Lottie engravidou de novo, o professor ficou bravo e disse que entendia um erro, mas não dois. E a abandonou grávida, largou o emprego e voltou para sua família. Ela se desligou da escola pouco depois. Foi traumatizante e, olhando para trás, ela se questionou se sua raiva não tinha sido descontada em Wallace.

A irmã de Wallace, Yvonne, me contou como era próxima do irmão. Sempre tentara protegê-lo, mas a infância deles não tinha sido fácil. Sentia que Wallace enfrentava dificuldades particularmente por ser um menino que tinha crescido sem pai. E por causa de seu tamanho e natureza de fala mansa sofria *bullying* frequente dos colegas. Yvonne achou que poderia ser especificamente significativo que algumas das meninas da vizinhança provocassem Wallace de maneira sexual devido ao fato de que ele era bem maior do que os outros meninos.

Rebecca Torrijas era uma pequena enfermeira loira que conheceu e se apaixonou por Wallace enquanto ele aguardava julgamento na prisão do condado. A enfermeira renunciou ao emprego por causa do relacionamento, e me disse: "Eu sabia que ele tinha passado dos limites". E embora tivesse total ciência da história do namorado, sentiu que ele era incompreendido e o apoiou durante todo o julgamento — compareceu ao tribunal todos os dias e lhe trouxe roupas limpas. Casou-se com Wallace em uma breve cerimônia de quinze minutos com a defensora pública de Wallace, Isabel Day, servindo como testemunha oficial e fotógrafa. O casamento foi realizado ao lado da câmara de execução onde seu noivo foi condenado à morte. "Você não conhece o lado mais suave de Henry", me disse pelo telefone.

Ela estava certa, é claro. Embora eu tenha recebido uma carta ou outra esporadicamente de Wallace para me atualizar de seu caso, certamente não conhecia o lado mais suave dele. O que sabia eram suas complexidades — as tensões avassaladoras em sua cabeça que se fragmentavam em um caos de violência do mundo real. Foi o que me fez pensar nele. E quanto mais pensava a respeito de quem era aquele homem, mais percebia algo novo acerca do fenômeno dos assassinos em série. Até Wallace, eu sempre olhara para o fenômeno através de uma lente clínica — como se assassinos em série representassem uma doença que eu pudesse, de alguma forma, rastrear, patologizar e aprender a prever. No entanto, a descrição de Wallace do monstro interior ajudou a ampliar minha perspectiva. Ele realmente se via como dois indivíduos distintos, a ponto de distinguir seus comportamentos passados como atos do "Henry Bom" ou do "Henry Mau", mas nunca uma coesão de ambos. Era uma forma fragmentada de compreender a si próprio e refletia a soma fragmentada das experiências de sua vida. Como a maioria dos assassinos em série, a dor que Wallace infligia aos outros possuía uma natureza defensiva, uma resposta corretiva à dor que havia sofrido. Ou pelo menos tinha sido assim que começara. Porém, se o interruptor virava uma vez, todas as apostas eram canceladas. A violência era permanente.

• • • •

O que leva um ser humano a matar? O que separa esses indivíduos do resto de nós como um todo? Passei minha carreira tentando descobrir essa resposta, mas ela não é tão simples.

Estuprar, torturar ou matar outro ser humano é destruir as expectativas mais fundamentais da condição humana. Esses atos violam o contrato social tácito que une a humanidade. Profanam a vida. Corrompem-na. E, no entanto, aos olhos de um assassino — um indivíduo que existe à margem da humanidade —, esses atos de completo e absoluto desrespeito pela vida humana são uma maneira de criar significado. São um senso de propósito. Uma forma de encontrar equilíbrio. Para um assassino, a violência é uma expressão de algo sagrado.

O que nos fascina na mente criminosa é como ela é, ao mesmo tempo, estranha e perturbadoramente próxima da nossa. E, no entanto, a fixação por "descobrir" — por resolver o quebra-cabeça — muitas vezes ofusca a razão pela qual esse trabalho é tão importante em primeiro lugar.

Minhas décadas estudando assassinos em série não foram para servir a um jogo de gato e rato, nem porque eu achava esses assassinos divertidos. E não me dediquei a esse tema porque simpatizava com a situação deles ou porque estava tentando reabilitá-los e reformá-los.

Para mim, o interesse sempre foi com as vítimas.

Elas são a razão pela qual persisto. São a razão pela qual olhei para a escuridão tantas e tantas vezes. Elas são o trágico custo humano da autodescoberta de um assassino em série, as vítimas indefesas do acaso e das circunstâncias. São corpos vivos que respiram, que estão cheios de possibilidades ilimitadas, reduzidos a manchetes e estatísticas. E embora muitos dos nomes das vítimas tenham sido perdidos na história ou relegados a notas de rodapé nas recontagens de assassinos em série e seus crimes, nunca me esquecerei de nenhuma delas.

São as vítimas que importam. Essa história é tanto delas quanto minha.

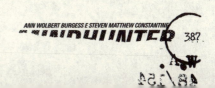

FBI
Law Enforcement Bulletin

December 1986

Side B

℗1986

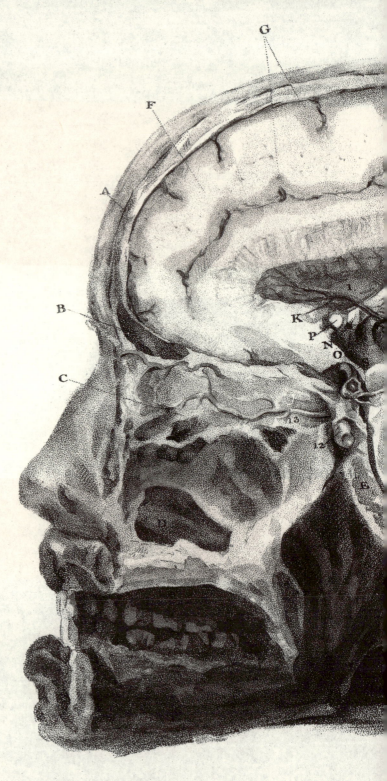

Charles Bell delt

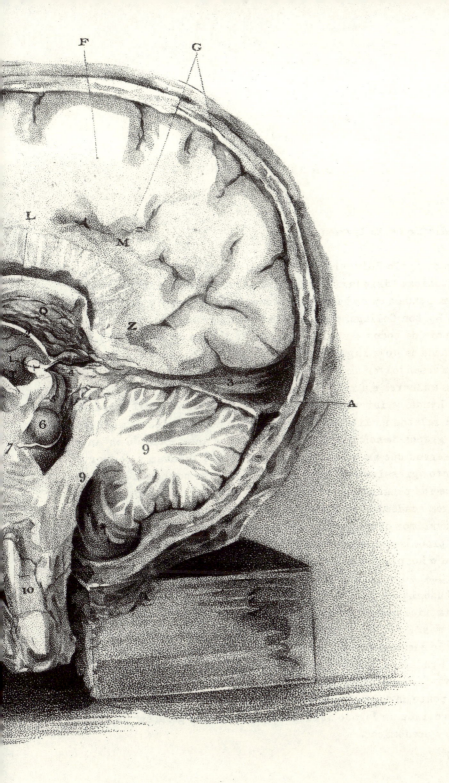

T. Medland sculp.

AGRADECIMENTOS

Dedicamos este livro a:

Lynda Lytle Holmstrom (1939-2021)
Estudiosa visionária e pioneira na colaboração interdisciplinar. Lynda e eu nos conhecemos quando éramos professoras novas no Boston College, onde ministramos um curso de saúde. Mesmo depois de todos esses anos, ainda me lembro daquela tarde iluminada da Nova Inglaterra quando Lynda falou comigo sobre querer desenvolver um novo ramo de pesquisa que impactasse a vida das mulheres e a relação entre os sexos.

Lynda se interessou pelo tema da agressão sexual depois de ler relatos na literatura feminista e depoimentos de mulheres em grupos de conscientização no fim dos anos 1960. No entanto, observou que as pesquisadoras raramente tomavam o comportamento agressivo como tema de pesquisa. Isso me chamou a atenção e me fez pensar no que poderíamos aprender adotando uma abordagem acadêmica para esse ramo de conhecimento. Que insights poderíamos obter ao acompanhar as vítimas de estupro por meio do processamento institucional de suas interações com a polícia, o hospital e o sistema judiciário?

Quando sugeri adicionar um aspecto de aconselhamento ao estudo, Lynda perguntou: Uma socióloga e uma enfermeira psiquiátrica podem trabalhar juntas? Decidimos descobrir por nós mesmas. E foi essa vontade de buscar uma nova forma de colaboração que levou a uma nova conceituação de vitimização sexual.

Lynda era muito disciplinada em sua pesquisa. Nada escapava de seu olho de águia, e tudo era anotado. Nenhum detalhe ou ponto de dados lhe escapava. Sua marca no movimento do estupro deixou um legado duradouro para futuras gerações de mulheres e acadêmicos.

Robert Roy Hazelwood (1938-2016)
É raro que um indivíduo tenha um impacto significativo tanto
na prática investigativa quanto na pesquisa. E mais raro ainda
é um indivíduo que deixa uma marca tão indelével na escala em
que Roy Hazelwood deixou, impactando o sistema de aplicação da
lei, a ciência investigativa e a criação de perfis criminais. Roy
tinha grande energia, compaixão e dedicação a qualquer coisa
que botasse na cabeça. Era implacável em sua busca por justiça;
mas talvez seu maior legado seja o exemplo que deu ao promover
interações colaborativas e intercâmbio intelectual entre acadêmicos, cientistas forenses e profissionais, unindo diferentes campos de estudo.

Robert Kenneth Ressler (1937-2013)
Bob era uma lenda na Unidade de Ciências Comportamentais do
FBI. Sua visão e coragem de lutar contra os monstros, parte de
sua busca para tentar entender os criminosos violentos, eram
notáveis. Ele é creditado por ter cunhado o termo assassino em
série e trabalhou incansavelmente para alargar os limites da
ciência investigativa. No entanto, mais importante do que isso
tudo, Bob entendia o impacto traumático nas vítimas e sempre
organizava suas investigações em torno da vitimologia. Era
solidário, possuía um grande coração e sempre tinha tempo para
estar disponível para a família, colegas e amigos. Um líder poderoso entre os agentes, um professor inspirador para seus alunos e um herói para seus leitores. Seu legado se expande para
além dos Estados Unidos e alcança fronteiras internacionais.

Também devemos um grande agradecimento às muitas pessoas
que me ajudaram a moldar este livro ao longo do caminho.

À nossa agente, Alice Martell, que acreditou rapidamente
neste trabalho e tem sido uma defensora feroz desde o primeiro
dia. Para nossa editora, Carrie Napolitano, cuja empolgação e

dedicação foram uma inspiração maior do que ela jamais saberá. E a todos da Hachette Books que ajudaram a concretizar este projeto: Michelle Aielli, Michael Clark, Christina Palaia, Ashley Kiedrowski, Lauren Rosenthal, Lindsay Ricketts, Jeff Stiefel, Amanda Kain, Mary Ann Naples, Michael Barrs, Monica Oluwek, Julie Ford, e toda a equipe de vendas da HBG.

Nossa profunda gratidão a John Douglas, que foi o parceiro original de Bob Ressler no estudo dos assassinos em série, e a Ken Lanning, ambos estrelas em Quantico e que mantiveram o trabalho ativo.

Somos muito gratos à hierarquia do FBI que acreditou na pesquisa e nos apoiou: diretor William Webster; diretores-assistentes James McKenzie, Larry Monroe e dr. Ken Joseph; e chefes de unidade Alan E. Burgess (Smokey), John Henry Campbell e Roger Depue. Agradecimentos especiais aos amigos e colegas da Unidade de Ciência Comportamental do FBI que apoiaram o projeto e coautoraram alguns artigos: Dick Ault, Al Brantley, Greg Cooper, Bill Haigmeier, Joe Harpold, Jim Horn, Dave Icove, Cindy Lent, Judd Ray, Jim Reese, Ron Walker, Art Westveer e Jim Wright.

Outros colegas do Departamento de Justiça que apoiaram o projeto: Candice DeLong (FBI de Chicago), Bob Heck (Departamento de Justiça dos EUA) e John Rabun (Centro Nacional para Crianças Desaparecidas e Exploradas), e o Conselho Consultivo de Personalidade Criminal: dr. James L. Cavanaugh Jr.; dr. Herman Chernoff; Charles R. Figley, PhD; dr. Thomas Goldman; William Heiman, *Juris Doctor*; Marvin J. Homzie, PhD; enfermeira Joyce Kemp Laber, *Juris Doctor*; enfermeira Vallory G. Lathrop, doutora em enfermagem; dr. Richard Ratner; dr. Kenneth Rickler; e dr. George M. Saiger.

Um agradecimento muito especial ao grupo do Boston City Hospital, que passou longas horas decifrando caligrafia, inserindo e analisando dados e escrevendo relatórios para o estudo: Al Belanger, programador; Allen G. Burgess, DBA, projeto de pesquisa; Holly-Jean Chaplick, assistente administrativa; Marieanne L. Clark, editora de nossos artigos e livro; Ralph B. D Agostino, estatístico da Universidade de Boston; Renee Gould, assistente de pesquisa; Carol R. Hartman, doutora em enfermagem, responsável pela interpretação de dados da psicodinâmica; Deborah Lerner, administradora; Arlene McCormack, PhD, interpretação de dados; Caroline Montane, transcritora; e Karen Woelfel, transcritora.

Colegas maravilhosos nos ensinaram e acreditaram nesse conceito futurista de investigação criminal: A. Nicholas Groth, Carol Hartman, Susan J. Kelley, Anna Laszlo, Maureen P. McCausland, Arlene McCormack, Robert Prentky e Wendy Wolbert Weiland.

Seríamos negligentes se não agradecêssemos os nossos colegas e lideranças do Boston College, que apoiaram nosso trabalho: reitora da Escola de Enfermagem Connell, Susan Gennaro; presidente William P. Leahy, SJ; reitor David Quigley; Christopher Grillo; Tracy Bienen; e Mary Katherine Hart.

Obrigada aos colegas da Universidade da Pensilvânia e da Williams House; Dean Claire Fagin, Ellen Baer, Jacqueline Fawcett e Neville Strumpf, e a pesquisadora associada Christine Grant.

Por último, mas não menos importante, gostaríamos de expressar nosso sincero apreço e gratidão a nossas famílias — Allen, Elizabeth, Benton, Clayton e Sarah Burgess; e Monica e Milo Constantine —, que mostraram muita generosidade e paciência em suportar, na hora do jantar, incontáveis conversas a respeito do tema que povoa estas páginas e não é nada favorável àquele momento. Obrigada pelo apoio.

FONTES

BURGESS, Ann Wolbert; HOLMSTROM, Lynda Lytle. "Rape Trauma Syndrome." *American Journal of Psychiatry,* v. 131, p.981-986, 1974.

_____. "The Rape Victim in the Emergency Ward." *American Journal of Nursing,* v. 73, p. 1741-1745, out. 1973.

LANNING, K. V.; BURGESS, A. W. "Child Pornography and Sex Rings." *FBI Law Enforcement Bulletin,* v. 53, n. 1, p. 10-16, jan. 1984. NCJ Number 93131.

RESSLER, R. K.; BURGESS, A. W. (Orgs.). "Violent Crimes." *FBI Law Enforcement Bulletin,* v. 54, n. 8, p. 1-31, 1985.

RESSLER, R. K.; BURGESS, A. W.; DOUGLAS, J. E. *Sexual Homicide: Patterns and Motivation.* Nova York: Free Press, 1988.

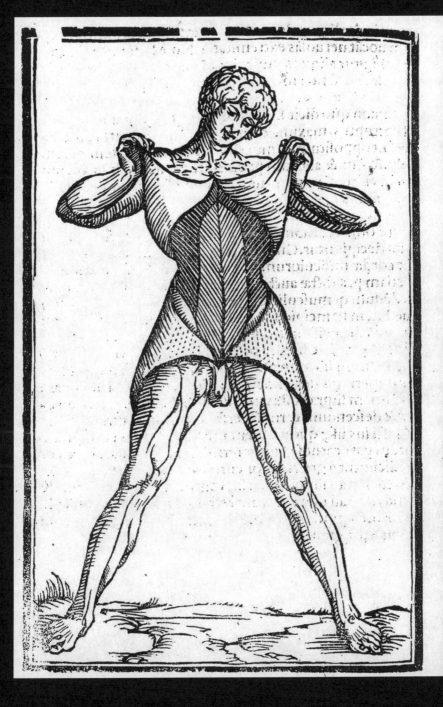

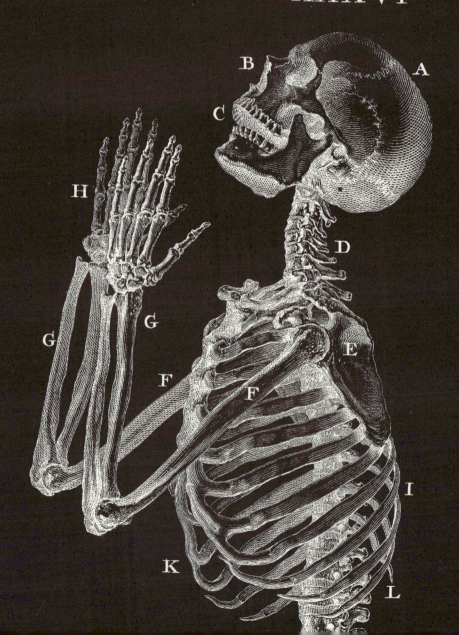

A

abrigo antiaéreo, o (escritórios da Unidade de Ciências Comportamentais) 20, 23, 57, 157, 197
abuso sexual infantil, assassinos sexuais 273, 277
Academia do FBI 20
  experiência da autora 89, 92
  palestras da autora 76, 99
aéreas, companhias
  Unabomber 331
agentes do FBI, narrativa de Hoover sobre 297
agravantes, fatores 377
agressão sexual, pacientes do sexo feminino no Spring Grove State Hospital e 31, 35
agressão sexual violenta, mordida e 280
Aluffi, Mickey 266
AMC Gremlin, Dugan e 161
American Airlines, bombardeio ao voo 444 330, 331
análise da cena do crime 48, 51, 52, 60, 103, 105, 106, 108, 115, 190, 203, 216, 226, 239, 312
análise psicolinguística 302, 303
antecedentes militares, de agentes do FBI 31, 87, 97, 98
Arquivo X (série de televisão) 297
artigo de pornografia infantil da autora e Lanning 93
assassinato da família Otero 321
Assassino da Rainha da Beleza (Beauty Queen Killer) 335
Assassino das Universitárias 262, 346
Assassino de Green River 335
Assassino dos Corações Solitários 297
Assassino em Série de Longview 335
assassinos em série
  analisando dados de registros policiais e entrevistas com agentes 117
  assassinatos como forma de criar sentido 380
  caça da Unidade de Ciências Comportamentais 20
  cobertura da mídia de 313, 373
  como celebridades 320
  contato não solicitado com a autora 314
  controle 354, 357
  desejo de matar e incapacidade de se conectar 267
  desenvolvimento de 73
  dessensibilização para 343
  educação e personalidade compatíveis com os padrões de seus crimes 45
  entrevistas com 23, 33, 42, 45, 46
  exposição na mídia e efeito de condicionamento 341
  mitologia dos 346, 376
  necessidade de atenção como isca para captura 307
  padrão de raciocínio 276
  pico em número na década de 1980 77
  primeiro negro 349
  que incorporaram violência sexual ou estupro em crimes 43
  retratos na cultura popular 297
  suscetíveis a comportamentos violentos e probabilidade de violência diante de gatilhos específicos 267
assassinos sexuais, história de abuso sexual na infância e mutilação de vítimas 276, 277
assinatura 215, 216, 227, 275
Atascadero State Hospital 261
Ault, Richard (Dick) 99, 394
autoerótica, estudo de Hazelwood sobre mortes por asfixia 88, 89, 99
autora, depoimento em tribunal da 235, 382, 385
autorrelato 250
avaliações psicológicas, estudo de personalidade criminal e exame de 47
avaliações/reconstituições de crimes, no processo de geração de perfis criminais 47
A Vítima de Estupro na Ala de Emergência "The Rape Victim in the Emergency Ward" 36

B

Baucom, Betty Jean 361
Berkowitz, David (Filho de Sam) 304, 307, 313, 320, 321
bondage, Wallace e 67, 278, 315, 352
Boston City Hospital 36, 83, 394
Brabham, Marietta 358
Brown, Frances 299
Brussel, James 105, 106, 107
BTK (Amarrar, Torturar, Matar) 309
assassino 309, 311, 312, 313, 315, 316, 319, 320, 321, 322, 323
como sádico sexual com vida de fantasias vívidas 317, 322, 325
comunicações de 311, 321, 322
confissão e conversa sobre os assassinatos 323
conselhos sobre como envolvê-lo 316
desejo de reconhecimento através da mídia 313
diagnósticos psiquiátricos de 315
estágios de seus assassinatos 323
estratégia proativa de mídia para induzi-lo a se expor 313
excitação sexual ao ver desenhos/fotos de vítimas mortas 353
Filho de Sam e 313, 320
força-tarefa "Caça-fantasmas" 314, 315
fotografando vítimas post-mortem 316
identificando-se com a polícia 322
imitando elementos de outros assassinos em série 316, 319
inatividade entre crimes 316
perfil da BSU de 315, 319
primeiro envolvimento da BSU 311, 312
Rader identificado como 323, 325
segundo envolvimento da BSU 314, 315, 316, 317, 319, 320
Bundy, Ted 275, 307

C

Calabro, Carmim 279, 280
Cantella, Dan 158, 162, 163
caso "Bobbies" 150, 151, 155
atenção da mídia direcionada ao 150
validação do trabalho de criação de perfil no FBI e 150, 151, 152
caso de assassino em série de Nebraska com criança
briefing sobre o caso 57, 61
caso se invasão 69
feridas infligidas pelo assassino em vítimas 59
histórico de Joubert 72, 73, 75
Joubert conta como matou Danny 71, 72
perfil após o segundo assassinato 67, 68
perfil preliminar do suspeito 60, 61
primeira vítima (Danny E.) 55, 58, 59, 60
prisão e confissão de Joubert 71, 72
segunda vítima (Christopher W.) 63, 64
semelhanças e diferenças entre dois assassinatos 64
vítimas 55, 58
caso de sequestro de criança em Illinois 157, 158, 159
carro envolvido 158, 160, 165
descoberta do corpo de Melissa 169
descrição do assassino pela testemunha 161, 165
entrevista com Opal 158, 160, 162, 163, 164, 165
pesquisa inicial em 162
testemunha Mike Marquardt 161
testemunha Opal Horton 157, 158, 159, 163, 169
vítima Melissa A 158, 169
caso do Bebê Lindberg, análise de linguagem no caso 301
caso do Mad Bomber (Dinamiteiro Louco) 105
caso "Esfaqueador de Woodford" 76
casos de sequestro de crianças, perfil da BSU 109, 111, 112, 157, 161
cenas do crime
categorias de 118
desorganizadas 118

dinâmica das 48
mistas 118
organizadas 118
provas colhidas vinculadas a um tipo específico de perpetrador 108
Centro Nacional de Análise de Crimes Violentos (NCAVC) 151, 231
Centro Nacional para Crianças Desaparecidas e Exploradas (NCMEC) 93
Chang, Pete 266
Charlotte Observer (jornal) 375
Chicago Tribune (jornal) 291
colaboração
  a maior vantagem da BSU 150
  entre perfiladores, agentes e investigadores locais 151
  importância da ação conjunta 60
como sádico se BTK (Amarrar, Torturar, Matar)
identificando-se com a polícia 319
comportamento pós-crime 236
condenação e sentenciamento quando adolescente.
  condenação e sentenciamento quando adolescente 261
conexão com a vítima, Kemper vs. Rissell 236
Consolidated Rail Corporation 191
controle
  a obsessão de Wallace por 370, 381
  assassinos em série e 60, 67, 311, 369
  estupro e 35, 36, 40
  homens perpetradores de violência e obsessão 33
  sobre agente em entrevistas com assassinos em série 23, 33
  violência sexual e 33, 36, 67, 214, 276
Cooney, James P. 350
Cooper, Annette (vítima do caso Johnston) 281, 282, 283, 289
corpos, pose dos 317
credibilidade
  das declarações da vítima 192
  da vítima em julgamentos de estupro, questionamento da 192
criação de perfis criminais 21, 107
  avaliação criminal da 227
  como arte e ciência 228
  como resposta à onda de crimes irracionais 108, 110
  de casos de assassinato não resolvidos 49
  desenvolvimento de 107, 117
  estágios da 48, 226, 227
  informações para criação de perfis 227
  leitura de cena do crime e a 103, 105, 106, 109, 110, 112
  modelos de processo de decisão em 48, 225
  natureza colaborativa da 227
  no caso de sequestro de Jaeger 109, 111, 112
  novo respeito pela, depois do caso "Bobbies" 151
  prova como ferramenta eficaz no caso Joubert 76
  técnica de padronização 224, 225
crime
  evolução do 249, 277
  necessidade de compreender tanto a vítima quanto o agressor 35
  violento, aumento da violência 108
criminoso assertivo de poder 205
criminosos, buscando contato com a mídia 297, 298, 299, 309, 313, 317, 320
criminosos desorganizados 226, 236
  motivação dos 226
criminosos organizados 227
criminosos sexuais, objetivos dos 218
criminosos sexuais violentos, motivados por seus próprios padrões únicos de pensamento 277
Crist, Buckley 329
Cruz, Rolando 174

D

Day, Isabel 350, 386
decapitação, Kemper e 263
DeLong, Candice 158, 163, 168, 169
Departamento de Polícia de Charlotte 375
Departamento de Polícia de Logan 283
Departamento de Polícia de Los Angeles 37
Departamento de Polícia de Sandwich 159
Departamento de Polícia de Somonauk 159
Departamento de Polícia de Wichita, pedidos de ajuda com o assassino BTK do 312, 315
Departamento do Xerife do Condado de DeKalb 160
departamentos de polícia, mensagens de assassinos enviadas para 298, 301
Depue, Roger 99, 115
    agente desconfiado de 115
    assassinatos de crianças em Nebraska e 52
    enviando a autora para se encontrar com a força-tarefa do Estuprador da Balaclava (Ski Mask Rapist) 202
    Relatório da Manhã 298
desmembramento 271
    assassinos em série 265
    Calabro e 279, 281
    de Todd Schultz e Annette Cooper 283
    frustração sexual 279, 281
    Kemper e 262, 263, 265, 266
    palestra da autora para agentes da Academia sobre 286, 288
    razões para 276, 277
    Schaefer e 279
dinâmica vítima-agressor 302
dinamiteiro
    tipo técnico 333
distúrbios parafílicos 380
Douglas, John 22, 23, 215, 301
    antecedentes e início de carreira 94, 98
    atribuições de escola itinerante 49, 95
    como "aprendiz" de Ressler 114
    como integrante da primeira geração de perfiladores da BSU 86
    dando as boas-vindas à autora como integrante da equipe da BSU 75

Douglas, John sobre ajustar o perfil do Unabomber 334
    entrevista com Berkowitz 320
    entrevista com Calabro 280
    entrevista com Rissell 244
    entrevistas com assassinos encarcerados 23
    estudo de personalidade criminal e 41, 42, 46, 49, 51
    habilidade como perfilador 223, 224
    John antecedentes e início de carreira 95
    NCAVC e 231
    pausa da comoção dentro da unidade 335, 337
    perfil do assassino BTK e 313, 314, 315, 317, 319, 320, 321
    perfil do caso do assassino em série de Nebraska e 61, 62, 63, 65
    perfil do Unabomber e 331, 332
    pesquisa sobre o desenvolvimento de assassinos em série 277
    psicolinguística e mensagens de criminosos 301, 302, 303, 305
    Relatório da Manhã e 298
    Ressler e o estudo das entrevistas a assassinos 91
    sobre ajustar o perfil do Unabomber 334, 335
    sobre a personalidade refletir o comportamento 274
    sobre Kemper 253
    sobre o significado de morder 280

E

efeito de condicionamento 341
efeito espectador 189
Elveson, Francine 279, 280
empatia, assassinos em série e 75, 249, 316
enfermagem psiquiátrica 29, 35, 101
entretenimento
    baseado em mitos de assassinos em série 320, 346, 348, 349, 376
    efeito de condicionamento do 341
entrevistas
    abordagem cognitiva 208
    método cinético 208

metodologia 43, 46
técnica Reid 208
entrevistas com vítimas de estupro 24, 32
entrevistas de assassinos em série 23, 43, 75, 115
escoteiros, Joubert e 67, 71
estudo de personalidade criminal 42, 45, 47, 75, 83
   autora como codiretora do 83
   criação de perfil 47, 49
   partes do 45
   Ressler e o 115
   três fases do 117, 118
estudo de psicologia das mentes criminosas 24, 86
estuprador de estilo de confiança 215
estupro
   estigma do 34
   estilo blitz 214, 215
   estilo de confiança 215
   estudo da resposta da vítima a 35
   falta de opções de tratamento na década de 1970 243, 346
estupros na Suburban Station 190, 191, 193

fatores atenuantes 377, 383
FBI
   aumento acentuado de crimes sexuais violentos no final da década de 1970 37
   avaliação de agentes de medição com base em suas falhas/fraquezas 22
   caso "Bobbies" e a validação do trabalho da BSU no 152
   crítica da decisão de perfilamento institucionalizado 108
   cultura do 22, 29, 40
   lançamento da BSU e atribuição de tarefas de desenvolvimento de perfis 107
   Programa de Aptidão de Gestão 87
   Unidade de Explosivos 91
Filho de Sam 313, 320
Finney, Howard 106
Fitzpatrick, Henry 190, 191, 193
fotografias forenses, estudo de personalidade criminal e exames 47
Freud, Sigmund, Kemper e 267
Funicello, Annette 323

F

fantasias dos criminosos 216
   consciência de assassinos em série da obsessão com 276
   de bondage e sadomasoquismo 279
   de desmembramento e sadismo 274
   do assassino BTK 316, 317
   dos assassinos em série 68
   evolução com cada assassinato 276
   evolução da violência nas 276
   incapacidade de Wallace de separar a realidade da 382
   realidade vs. 268
   Rissell e Kemper e 236
   tipo de cena do crime e 118
fantasia sexual, assassino tentando viver e próprio trauma sexual 68
fantasias fantasias
   Rissell e Kemper e 236
fase de criação de perfil criminal, no estudo de personalidade criminal 45, 46, 47

G

Gacy, John Wayne 341
Gary, Carlton 275
gatilhos para a violência, assassinos em série e 267
Gein, Ed 341
Glatman, Harvey (Assassino dos Corações Solitários) 87, 301, 316
grooming 93
Groth, Nick 46, 89, 304, 395

H

Haines, Frank 94
Hallett, Sally 265
Harris, John 329
Hawk, Shawna 365
Hazelwood, Roy
  criando perfil para o caso de predador
    sexual 199, 201, 202, 203
  dando as boas-vindas à autora como
    integrante da equipe da BSU 84
  entrevista com Simonis 208, 210, 211
  explicando a cultura do FBI 22
  facilitando o encontro da autora com
    Ressler e Douglas 42
  histórico e início de carreira 83
  mensagens de assassinos para a mídia e
    297, 298, 302
  no perfil preliminar do caso do
    assassino em série de Nebraska
    52
  perfil/caso Unabomber e 334
  perfil do Assassino BTK 313
  recrutando Lanning para a equipe de
    criação de perfil 86
  sobre a assinatura do criminoso serial
    215
  sobre a falta de técnica totalmente
    padronizada para a criação de
    perfil 223
Hazelwood, Roy-
  entrevista com Simonis 209
Henderson, Brandi June 367
Hickey, Charles 159, 166
Hickey, Jeff 160
Holmstrom, Lynda Lytle 35
Hoover, J. Edgar 297
Horton, Opal 158
  entrevista com 160

I

Icove, Dave 331, 332
informações forenses, processo de
  geração de perfis criminais 48
informações para perfis criminais 46
infratores
  catalogação 105, 116, 117
  incapacidade de parar o próprio
    comportamento criminoso 218
  motivação de 226, 233
Instituto Nacional de Justiça 83
intrusão de pensamento 163
investigação e apreensão, como fase final
  do processo de geração de perfis
  criminais 49

J

Jaeger, Susan, caso de abdução 109
Johnston, Dale, como suspeito nas mortes
  de Schultz e Cooper 282, 286
Johnston, Robert 383
Johnston, Sarah 282
Joseph, Ken 41
Joubert, John Joseph, IV
  falta de capacidade de empatia com os
    outros 75
  fantasias 73
  histórico 69, 72
  narrando como ele matou Danny 71
  visando crianças em Nebraska 76
  vítima de assassinato no Maine e 76
Jumper, Valencia 366

K

Kaczynski, David, identificando
  Unabomber 338
Kemper, Allyn 266
Kemper, Clarnell 256
  assassinada pelo filho 265
  relacionamento com o filho 256, 257,
    261
Kemper, Edmund 256
Kemper, Edmund, II 256
Kemper, Edmund, III [Assassino das
  Universitárias] 256, 262
  abordagem transacional da violência
    266
  antecedentes e infância de 256

assassinato da mãe e de Sally Hallett 265
assassinato dos avós 259
autoconsciência de 255, 268
autoidentificação como caçadores que colecionavam troféus 262
bullying na infância e abuso de 257
como ponto fora da curva entre os assassinos em série 234, 235
comparado a Rissell 257
confiança crescente como assassino 263
desmembramento/decapitação e 262, 263, 265
devaneios 258
dualidade e 362
fantasia como realidade e 268
fantasias 258, 261, 262, 263, 265, 266
fascinação por cabeças 263, 265
madrasta e 258
matando estranhos 261, 262
relacionamento com a mãe 256, 257
ressentimento em relação à família 256
senso de controle 268
sobre por que ele matava 273
Kemper, Susan 256
Kirsten C., vítima no caso "Bobbies" 150

L

Landwehr, Ken 322, 325
Lanning, Ken 86
análise comportamental de molestadores de crianças 235
análise comportamental de predadores de crianças 92, 93
caso do assassino em série de Nebraska e 62, 65
como integrante da primeira geração de perfiladores da BSU 86
entrevista com Simonis 209, 212
histórico e início de carreira 91, 92, 93
lembranças
infratores organizados e 226
linha do tempo do crime 226
Linscott, Kenny 283, 287
Love, Caroline 365
Luchessa, Anita 262

M

Mack, Vanessa 363
mães, relacionamento dos assassinos em série com 238, 239, 257, 259, 261, 263, 278, 360, 363, 382
Mais Procurados da América, Os (série de televisão) 297
marcas de mordida 67, 279, 280
Marker, Terry 329
Marquardt, Mike 161
Massacre da Serra Elétrica, O (filme) 347
McDermott, John 41
McKenzie, James 151
McKnight, Sadie 365
Meirhofer, David 110, 111, 113
Metesky, George (Bombardeiro Louco)
envolvimento com a mídia e 332
Metesky, George (Dinamiteiro Louco)
bombardeio da Consolidated Edison 332
Brussel e 106, 107, 108
método cinético de entrevista 208
mídia
comunicações de assassinos com 317, 319, 320, 321, 322
relacionamento da BSU com a 322
retrato de assassinos em série e efeito de condicionamento 341, 349
retrato de Wallace 376
modelos de processo de decisão 48, 225, 226
molestadores de crianças 92, 93, 235
sinais e comportamentos 93
molestadores de crianças situacionais 92
molestadores preferenciais de crianças 92
MO (*modus operandi*) 206, 246
Monroe, Larry 88, 89
mulheres, falta de, na Academia do FBI 31
Mullany, Patrick J.
caso de abdução de Jaeger e 109, 111, 112
criação da BSU e 108, 109
criação de perfis criminais como resposta à onda de crimes irracionais 110, 112
Murray, Gilbert P. 337
mutilação do corpo 275, 278

N

Nance, Sharon 360, 380
natureza colaborativa do processo de criação de perfis 227
necrofilia, assassinos em série e 265
New York Times
manifesto do Unabomber e o 337, 338
sobre Wallace 375
Nietzsche, Friedrich 344, 345
Novo Esquadrão da Psique do FBI, O 234

O

Ohio, análise psicolinguística de comunicações em caso de extorsão de 304, 307
o monstro, assassino BTK e Berkowitz referindo-se a lados assassinos como 313

P

pacientes do sexo masculino na ala forense, reconto de seus crimes e semelhanças comportamentais entre 33
pai 385
pais, assassinos em série e ausentes 237, 249, 250, 256, 257, 259, 355, 382
palestra da autora para agentes da Academia sobre 289
palestrante, autora sobre valor de 273
palestras da autora
sobre agressores sexuais violentos/ estupro 40, 189
sobre desmembramento 285, 286
perfiladores criminais
não estavam mais compartimentando os elementos 345
talento especial para o trabalho 86, 223
perfil criminal
construção do 45
de Carmine Calabro 279
do assassino BTK 353
do Unabomber 331, 333, 337
processo de geração de 48
uso por parte dos investigadores 329
personificação 216
Pesce, Mary Ann 262
poder, estupro e 199, 201

pontos fora da curva, catálogo de 234
predadores de crianças, análise comportamental 92
primeira geração de perfiladores criminais da BSU
John Douglas 22, 41, 94, 274, 394
Ken Lanning 62, 86, 89, 394
papel da autora 99
Richard Ault e Jim Reese 99
Robert Ressler 41, 86, 97, 109
Roy Hazelwood 38, 86
Programa de Apreensão de Criminosos Violentos (ViCAP) 233
Protti, Bernadette 150
psicologia criminal, agentes da BSU com compreensão inata 48, 86, 87
psicologia de infratores em crimes de estupro, agressão sexual e violência sexual 23
psicologia reversa, Brussel e 106, 108

R

Rader, Kerri 323
rede de criminosos ligados à pedofilia 93
Reese, Jim 99
regressão hipnótica 285
Reid, técnica de entrevista 208
relatório policial preliminar, processo de geração de perfil e 48
relatórios de crimes, estudo de personalidade criminal e exame 42
relatórios de médicos legistas, estudo de personalidade e exame de 47
relatos de casos, o foco de Teten e Mullany 108
Ressler, Robert 21
atribuições de escola itinerante 95
atualização no caso Schultz e Cooper 289
Caso de abdução de Jaeger e 109
caso do assassino BTK (Amarrar, Torturar, Matar) e 311
caso do assassino em série de Nebraska e 55, 57, 58, 60, 63
Centro Nacional de Análise de Crimes Violentos e 151
como integrante da primeira geração de perfiladores da BSU 86

como testemunha especialista no julgamento de Wallace 377, 380
criação do perfil do Unabomber e 331, 339, 341
Douglas e o estudo de entrevista de assassinos 97
em mensagens de assassinos para a mídia 311, 313
entrevista com Berkowitz 320
entrevista com Calabro 280
entrevista com Kemper 258, 273
entrevista com Rissell 243, 248
entrevistando assassinos encarcerados 23
estudo de personalidade criminal 115
estudo de personalidade criminal e 42, 75
histórico e início de carreira 97, 98
incluindo o caso Joubert como parte das tarefas da Tarefas da Academia 75
interesse em trabalhar com a autora 114
nomeado gerente de Programa de Apreensão de Criminosos Violentos (ViCAP) 233
o "aprendizado" de Douglas com 95
pesquisas sobre desenvolvimento de assassinos em série 277
programa de treinamento para novos agentes e 151
relatório de status para chefes do FBI 115
reunião com Wallace 351, 352, 353, 354, 355, 356, 357, 358, 359, 360, 361, 362, 365, 366, 367, 369, 371
sobre assassinos desorganizados 236
sobre assassinos em série cometendo erros 55
sobre o retiro da autora para a pesquisa 233, 234
testando a abordagem de Teten e Mullany para criação de perfil 97
revistas *True Detective* 352
revista *Time* 375
Rissell, Montie 235, 237, 240
  assinatura 244
  comparado a Kemper 236
  comportamento pós-crime 236, 243
  crimes cometidos sob supervisão psiquiátrica 250

culpar os outros pelas próprias ações 240
diagnóstico e tratamento de saúde mental 240
empatia com a vítima 249
"estressor" homicida 242
exibição constante de autoconsciência 249, 250
fantasias 246, 247, 249
histórico e infância de 237, 238, 239, 245
inserção em investigação de crime próprio 239
lembranças 243
mãe e padrasto 238
MO (*modus operandi*) 246
padastro 282
participante do estudo do FBI sobre assassinos em série 243, 257
primeiros crimes 238
senso de controle 238, 239
tendências violentas 237, 240
transição para estupro-assassinato 242
vítimas de estupro 245
ritual
  atribuições de escola itinerante 49, 95
  cordas 62, 64, 67
  do criminoso 205
  interação do assassino com o corpo da vítima após a morte e 226, 236, 274
Roy Hazelwood
  admitindo falta de conhecimento sobre vitimologia de estupro 38

S

Schaefer, Gerard John, Jr. 278, 279
Schall, Cynthia 263
Schultz, Todd 281
  mutilação do corpo 283, 289
Scrutton, Hugh 333
sedução 93
Silêncio dos Inocentes, O (filme) 297, 347
Simonis, Jon Barry (Estuprador da
    Balaclava) 206, 208, 210
  autora prestando consultoria no perfil
      de 197, 200, 202, 203, 204
  composição psicológica 208
  entrevista com Hazelwood e Lanning
      208, 209, 210, 211, 212
  entrevistando Simonis na prisão 209,
      211, 212, 213, 214
  entrevistando vítimas de 213
  fantasia 216, 217
  Hazelwood criando perfil para 197,
      199, 201, 202, 203, 204
  perfil 208
  prisão de 206
  progressão da violência em 205, 208
  sentença para 217
síndrome do trauma de estupro 36, 191
Smallegan, Sandra Dykman 110
Sociedade Industrial e seu Futuro
    (Manifesto do Unabomber) 337
Spain, Audrey 366
Speck, Ricardo 42
Spring Grove State Hospital (Maryland),
    enfermagem psiquiátrica no 35
Stetson, Richard "Ricky" 76
Suburban Station (Filadélfia), estupros
    na 190
Sumpter, Dee 375
superpolicial falando diretamente com o
    assassino em coletivas de imprensa
    317, 322

T

técnica cognitiva de entrevista 71, 98
técnica de desenho, usada com
    testemunhas infantis 162, 163, 164,
    165, 166, 167, 168, 169
tecnologia, usando para ajudar a BSU a
    melhorar como unidade 303
Teten, Howard
  caso de abdução de Jaeger e 109

desenvolvimento da criação de perfis
    e 98
perfil criminal como resposta à onda de
    crimes irracionais 97
Torrijas, Rebeca 386
Trans AM, carro no caso do "Estuprador
    da Balaclava" 206
transtornos mentais, assassinos em série e
    226, 315, 377, 380, 381
trauma
  de infância, reconstituição de assassinos
      357, 371
  memórias parciais comuns em face
      do 192
troféus, Schaefer e 278
tropo do monstro, cobertura da mídia do
    caso Wallace e o 383, 386
túmulo, Cooper e Schultz 288

U

Unabomber 331, 333, 337, 338, 339, 341
  análise psicolinguística do manifesto
      338
  Departamento de Álcool, Tabaco e
      Armas de Fogo 330
  estratégia sugerida pela BSU 339
  evolução no bombardeio 330
  manifesto 337, 338, 339
  nova onda de atividade em 1985 333
  paralelos com o BTK 327
  perfil 333, 338, 339
  primeiros ataques 327
  sétimo bombardeio 330
  símbolos e mensagens 327
  Ted Kaczynski preso como 339
  vitimologia 331
Unidade de Ciências Comportamentais
    (BSU) 107, 393
  agentes com compreensão inata da
      psicologia criminal 86
  agentes vistos como desgarrados 100
  Assassino BTK 309, 353
  casos de assassinatos não resolvidos
      49, 226
  casos que ninguém mais poderia
      resolver 85
  desconfiança em relação à autoridade
      85
  elaboração de perfil 21, 109

falta de apoio 76
modernização do FBI 82
perfil do Unabomber 331, 339, 341
pesquisas originais 41
programa de treinamento 151, 152
relacionamento com a mídia 76, 150, 202, 297, 299
Relatório da Manhã 298
unidade de apoio e unidade de pesquisa 152
validação do trabalho 76
United Airlines, Unabomber e a 330

V

vieses, agentes confrontando seus próprios 150
violência sexual
   foco no poder e controle 34, 190, 214
   visão psicanalítica da 35
   Wallace e 67
vítima
   entrevistando o "Estuprador da Balaclava" 210
   estudo de personalidade criminal e exame de informações sobre 42
   interação do assassino com o corpo após a morte 226, 236
   interesse da autora 387
   Kemper vs. Rissell e conexão com 267
vitimologia 188, 189, 190, 191, 197, 203, 208, 233, 282
   apresentação do estudo de caso para os agentes da Academia do FBI 208
   caso Unabomber 331
   como forma de encontrar o infrator 189
   de crianças vítimas no caso de assassino em série de Nebraska 57
   de Wallace 369
   encontrando o motivo pelo qual o assassino escolheu a vítima 189
   estupros da Suburban Station 190, 193
   perfil do Assassino BTK e 319
   processo de geração de perfil criminal e 47
   resposta da vítima ao estudo de estupro 31
vitimologia de estupro, palestras da autora sobre 39
voyeurismo 207, 241

W

Wallace, Henry Louis (Estrangulador do Taco Bell)
   autora seguindo recursos e contato com a família 383, 385
   bondage 67, 279
   caraterísticas de organização e desorganização de homicídios 45, 381
   como caso raro e peculiar 369
   conexão 369
   consciência de duas identidades paralelas 362
   desejo de controle 367, 370, 381, 382
   desenhando assassinatos 361
   distanciamento 362
   ensino médio e faculdade 358
   entrevista com a autora e Ressler 363, 365, 369, 380, 385
   estrangulamento como sua assinatura 351, 365
   incapacidade de matar estranhos 382
   infância 380, 382, 385
   julgamento 376, 383, 386
   nascimento da filha 359
   necessidade de dominação 369, 370
   pai ausente 355, 356
   plano de defesa 377
   provocando 356
   razão para os assassinatos terem memória deles 357
   recontando cada assassinato individual 365, 366
   relacionamento com a mãe 381
   Reserva Naval dos EUA, na 358
   Ressler e a autora como perita no julgamento 349
   retrato da mídia 376
   sentença de pena de morte 377
   testemunhando estupro coletivo quando criança 356
   vitimologia 369
Wallace, Lottie Mae 385
Wallace, Yvonne 355, 385
Washington Post (jornal), manifesto do Unabomber e o 337, 338
Webster, William 45, 76
Wegerle, Vicki 321
Wichita Eagle (jornal) 311, 321, 322
Williams, Wayne 307
Wood, James 159
Wood, Percy 330
Woods, Berness 367

DRA. ANN C. WOLBERT BURGESS (1936) é uma renomada profissional da área forense e psiquiátrica que trabalhou com o FBI por mais de duas décadas. Ao longo de sua carreira, a dra. Burgess dedicou-se incansavelmente a compreender a mente dos criminosos e fornecer um olhar inovador sobre a psicologia do comportamento humano. Seu trabalho com vítimas de estupro e abuso sexual levou a uma colaboração com agentes do FBI na Unidade de Ciências Comportamentais. Juntos, obtiveram subsídios para conduzir pesquisas sobre assassinos em série, estupradores em série e molestadores e ajudou a solucionar inúmeros casos complexos. Foi essa colaboração que inspirou a série de televisão *Mindhunter*, da Netflix, com uma personagem — a dra. Wendy Carr, interpretada por Anna Torv — inspirada nela. Atualmente, Burgess é professora na Escola de Enfermagem Boston College Connell e mora em Boston.

STEVEN MATTHEW CONSTANTINE é diretor assistente de marketing e comunicações da Escola de Enfermagem Boston College Connell. Ele possui um MFA da Bennington Writing Seminars e mora em Boston. Coescreveu o livro com a dra. Ann C. Wolbert Burgess e dedica-se a fortalecer a Escola de Enfermagem Connell na comunidade e promover a excelência educacional e da pesquisa nessa área tão crucial.

ANN WOLBERT BURGESS E STEVEN MATTHEW CONSTANTINE

MINDHUNTER 3
MUNDO SERIAL KILLERS ENTRE PROFILE

Entender o mal é um caminho
para proteger os inocentes.

-- DARKSIDE, CRIMINAL PROFILER SINCE 2012 --

Crime Scene DARKSIDE

DARKSIDEBOOKS.COM

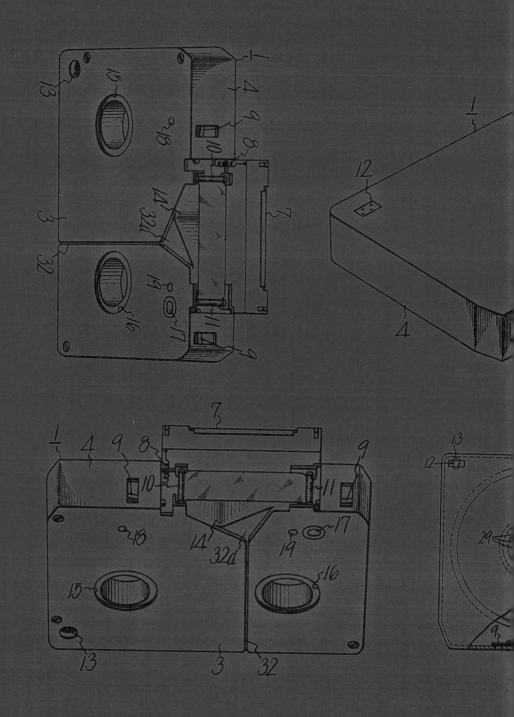